基于空间溢出效应的中国城市经济收敛性研究

郝良峰 著

中国财经出版传媒集团
中国财政经济出版社

图书在版编目（CIP）数据

基于空间溢出效应的中国城市经济收敛性研究／郝良峰著. --北京： 中国财政经济出版社，2021. 12

ISBN 978 -7 -5223 -0873 -9

Ⅰ. ①基… Ⅱ. ①郝… Ⅲ. ①城市经济 - 研究 - 中国 Ⅳ. ①F299. 2

中国版本图书馆 CIP 数据核字（2021）第 217386 号

责任编辑：谷兴华　　责任校对：胡永立
封面设计：思梵星尚　　责任印制：党　辉

中国财政经济出版社 出版

URL：http：//www. cfeph. cn

E - mail：cfeph@ cfeph. cn

社址：北京市海淀区阜成路甲 28 号　邮政编码：100142

营销中心电话：010 - 88191522

天猫网店：中国财政经济出版社旗舰店

网址：https：//zgczjjcbs. tmall. com

北京财经印刷厂印刷　各地新华书店经销

成品尺寸：170mm × 240mm　16 开　14 印张　201 000 字

2021 年 12 月第 1 版　2021 年 12 月北京第 1 次印刷

定价：56. 00 元

ISBN 978 -7 -5223 -0873 -9

（图书出现印装问题，本社负责调换，电话：010 - 88190548）

本社质量投诉电话：010 - 88190744

打击盗版举报热线：010 - 88191661　QQ：2242791300

目　　录

第 1 章

绪　　论

不同经济体之间的贫富差异一直是学术界关注的焦点。20 世纪 60 年代中期，以 Solow 和 Swan 为代表的学者提出新古典增长理论，描述了不同地区（国家）经济的收敛机制，即由于存在技术的收益边际递减效应，地区（国家）间的经济增长在长期将趋于收敛。然而，新古典增长理论并不能解释落后地区依然贫困的个别现象。在现实情况中，发达地区（国家）与落后地区（国家）的经济增长存在各自的“路径依赖”。随着内生增长理论的提出，技术进步的内生化并不支持新古典增长模型关于经济体最终趋于收敛的结论。相反，行业间的规模经济和人力资本的积累增强了经济的“循环累积因果效应”，从而扩大了地区间的差异。尽管新古典增长理论与内生增长理论提出不同的机制以说明不同地区经济的变动趋势，但是以上两种理论均未将区域的空间概念考虑在内。本部分将在我国城市化水平不断提高和城市间空间不断增强的现实背景下，提出基于空间溢出效应开展城市经济收敛研究的思路，并进一步介绍本书的研究内容和研究方法，以及对可能的创新点进行概括和总结。

1.1 选题背景与研究意义

1.1.1 选题背景

空间经济学研究的是关于资源在空间的配置和经济活动的空间区位问题，区域之间存在着要素的流动和空间的相互作用，关于封闭式经济活动的假设显然不成立。然而，由于空间经济学本身的某些特征，使得它最初成为主流经济学掌握的建模技术（方法）无法处理的领域（梁琦，2005）。直到 Krugman 将迪克西特—斯蒂格利茨的垄断竞争模型（D－S 模型）引入分析框架，区域的空间特征才逐渐体现出来，进而形成了新经济地理理论。根据新经济地理理论，区域之间存在空间依赖，处在不同区位的空间单元具有各自的结构特征。Fujita 等（1999）系统阐述了经济空间聚集的内在机制，并且提出区域存在一定的空间异质性，即经济活动聚集在某一特定区位，而并非均匀分布。因此，在研究经济收敛的问题时，区域间的空间相关性也成为不可忽略的因素（Fingleton，2006）。随着空间计量经济学的发展，地区间经济的空间溢出效应也逐渐得到体现，并取得了丰富的研究成果。就中国样本而言，在不同时间区间内，我国不同省份存在一定的空间经济收敛（林光平等，2006；吴玉鸣，2006）。潘文卿（2010）认为存在东部与中部两大俱乐部收敛（Club Convergence）的趋势，而西部地区的收敛特征并不显著。张学良（2010）认为物质资本积累是唯一使得长三角地区间差距缩小的因素，并主导着长三角地区经济收敛的方向。覃成林等（2012）同样发现长三角城市群存在空间俱乐部趋同。然而，通过梳理相关研究后发现，大部分文献基于省份层面研究空间经济收敛问题，或者基于东、中、西部地区的划分研究空间俱乐部收敛问题。

随着中国城市化水平的提高，城市已成为我国经济增长的重要载体，正是由于城市间存在经济的空间依赖和个体特征，从省级层面研究经济收敛问题将导致结论的偏差①。此外，根据新古典经济增长理论的表述，稳态的经济增长率取决于技术进步率，如果技术具有公共品特征，则所有区域将收敛于同一稳态值。因此，经济体之间的经济差距在理论层面取决于技术的差距。Easterly 和 Levine（2001）则认为经济增长的差距更多来自全要素生产率的差异，而不是要素积累。国内学者也发现经济增长差异的动力主要源自全要素生产率（李静等，2006；傅晓霞等，2009；孙元元，2015），张学良（2010）也通过研究表明技术效率改善与技术进步会使长三角地区的经济增长趋异。因此，本书有必要从城市层面对空间经济收敛进行系统分析，并尽可能地测度出我国城市的全要素生产率水平，从而对

① 在2011 年，中国的城市人口首次超过农村，只用了60 多年的时间就实现了城市化率从10%到50%的转变。2014 年，中国的城市化仍然以 1 个百分点的速度发展，相应增加城市人口约1300 万人。根据预测，到 2030 年中国将新增城市居民3.1 亿人，届时中国城市人口总数将超过10 亿人，中国城市化率将达 70%（《2013 中国人类发展报告》）。

城市间经济增长的差异有一个更加清晰的认知。

1.1.2 研究意义

新经济地理学的核心问题在于其解释了要素集聚的内在机制，其立场坚定地表明了运输成本、规模报酬递增以及关联效应对空间集聚的重要作用，特别是强调了关联效应的作用，而运输成本和规模报酬递增之间的权衡关系则成为构建空间均衡的基石。从一定意义上讲，新经济地理理论并不支持经济收敛的结论。然而，区域是一个开放的空间，存在空间依赖和空间异质性，地理邻近的区域之间存在着非线性的动态联系。新经济地理理论也讲述了这样一种空间均衡机制，即同时存在促使要素聚集的向心力和导致要素分散的离心力，而且两种力量的动态变化决定了经济体间的经济增长是趋同还是趋异。“中心—外围”理论和城市层级体系理论是新经济地理理论的基础模型。根据“中心—外围”理论，原来两个初始条件相同的地区由于外部冲击的不同而逐渐趋于分化，最终导致要素资源朝向一个地区，进而形成“中心—外围”结构。譬如，长三角地区现已发展成为中国的制造业中心，那么根据“中心—外围”理论，其他地区只能成为制造业的“腹地”。根据城市层级体系理论，当城市的规模和数量达到一种均衡，即当城市间的向心力和离心力相互抵消时，城市层级体系达到一种稳态。譬如，长三角城市群已形成了以上海为中心，南京和杭州为副中心的城市层级体系结构。当城市间的职能分工明确时，则有利于城市间“共生”发展，从而有利于缩小城市间的经济差异。因此，本书基于我国城市空间经济收敛或发散的实证分析，从而对新经济地理理论的合理性进行分析，具有一定的理论意义。

另外，在中国城市化水平不断提高和不同规模城市联系强度不断增强的背景下，本书具有一定的现实意义。斯蒂格利茨曾预言，21 世纪影响人类最大的两个事件，一个是高科技带来的产业革命，另一个则是中国的城市化。随着北京、上海、广州、深圳等特大城市人口的聚集和土地的扩张，高物价、高房价以及高通勤成本等降低了当地城市居民的边际效用，城市拥挤现象和环境问题开始显现，因此有理由猜想这些一线城市的集聚效应开始逐步减弱甚至趋于负值。随着城市空间的不断扩张，空间的溢出效应不断增强，城市间的经济差异呈现出缩小的趋势。一方面，以南京、杭州、天津、苏州等为代表的二线城市的经济水平迅速提升，生产要素不断向这些城市聚集，另外，随着要素流动性的增强和基础设施的完善，二线城市周边的中小城市也得到了迅速发展。另一方面，随着东部沿海劳动力和土地等成本的攀升，中国开始普遍出现针对中西部的劳动力回流和产业转移现象，中西部城市的追赶态势正逐步形成。例如，在2016年，以重庆、成都和西安等为代表的西部中心城市的经济增速均超过8%，高于全国平均水平，而上海、北京等一线城市的增速已放缓至6.7%，西部城市表现出强劲的后发赶超优势。因此，本书有必要基于空间溢出效应从城市层面对经济增长的收敛或发散进行分析，从而对我国不同地区城市的经济差异有清晰的认知，并在对城市全要素生产率（生产率）测算的基础上，探索引起经济增长收敛或差异的根源。此外，目前我国已形成七大国家级城市群，通过分析城市群的空间俱乐部收敛来研究我国资源分配的空间布局具有一定的战略含义。

1.2 研究思路与研究方法

1.2.1 研究思路

本书旨在考虑空间溢出效应的基础上研究我国城市的经济收敛问题，并通过测算城市全要素生产率试图寻找导致城市经济收敛（差异）的根源，同时对我国典型城市群进行空间俱乐部收敛性分析，进而针对我国城市间的协同发展提出相应的政策建议，研究的技术路线如图1.1所示，为实现这一目标，本书的总体思路如下：

第一，随着我国城市化和区域一体化水平的提高，城市间的空间互动和经济联系不断增强。为研究城市间的经济收敛性，本书先对有关经济收敛（发散）的相关理论进行梳理，并归纳总结基于不同理论所表达的区域间经济的演化机制。在理论分析的基础上，对有关经济收敛的国内外文献进行系统梳理。文献大致分为两类：一是有关区域间经济收敛的文献未考虑空间溢出效应，仅通过一般的截面数据法、面板数据法或者序列相关法进行分析，但不同的方法均存在一定的利弊，且均未考虑区域的空间属性。二是文献考虑了区域的空间属性，并通过不同的空间计量方法研究区域间的经济收敛。

第二，以我国的城市作为分析样本，首先对我国全域范围内城市经济的收敛分布进行分析，然后分别对典型城市群的收敛分布进行描述。为进一步研究引起我国城市经济收敛（差异）的根源，本书采用随机前沿模型对我国城市层面的全要素生产率进行测算，并进一步对全部城市和典型城市群内部全要素生产率的收敛分布分别进行分析。为克服统计数据带来的主观偏误，本书还采用城市的夜间灯光数据对结果进行检验和校正。

第三，通过构建不同的空间权重矩阵并选择合适的空间计量模型，对我国城市的经济增长分别进行绝对 β 收敛和条件 β 收敛分析。同样，为克服统计数据带来的主观偏误，本书采用城市的夜间灯光数据对结果进行检验和校正。另外，通过引入可能促进城市经济增长的控制变量对影响城市间经济收敛性的因素进行分析。为了将邻近城市间控制变量的影响因素考虑在内，并分析该变动对收敛趋势的影响，本书采用空间杜宾模型（SDM）进行对比分析。

第四，为进一步研究引起经济收敛（差异）的原因，本书继续采用不同空间权重矩阵和空间计量模型对我国城市的全要素生产率分别进行绝对 β 收敛和条件 β 收敛分析。另外，引入可能影响城市全要素生产率增长的控制变量进行分析，并采用空间杜宾模型将邻近城市间控制变量的影响因素考虑在内，系统研究引入影响因素前后对收敛趋势的影响。另外，本书进一步采用不同空间权重矩阵和空间计量模型对我国城市的全要素生产率

分解指标进行空间 β 收敛性检验，从而对引起全要素生产率收敛的原因有更加清晰的认知。

第五，我国目前已形成七大国家级城市群，而且每个城市群均由地理位置接近、文化历史背景相似的城市构成，符合收敛俱乐部的基本条件。为进一步对我国城市群进行空间俱乐部收敛性分析，本书选取发展相对成熟的五大城市群分别进行经济和全要素生产率空间俱乐部收敛检验，并结合不同城市群的发展背景对收敛结果进行分析。

第六，在对我国城市经济和生产率进行收敛性分析的基础上，提出推进城市间协同发展的路径与对策。另外，城市的集群化发展已成为我国经济增长的重要形式，结合不同城市群内部经济和全要素生产率的收敛情况对推进我国不同地区城市群良性发展提出相应的政策建议。

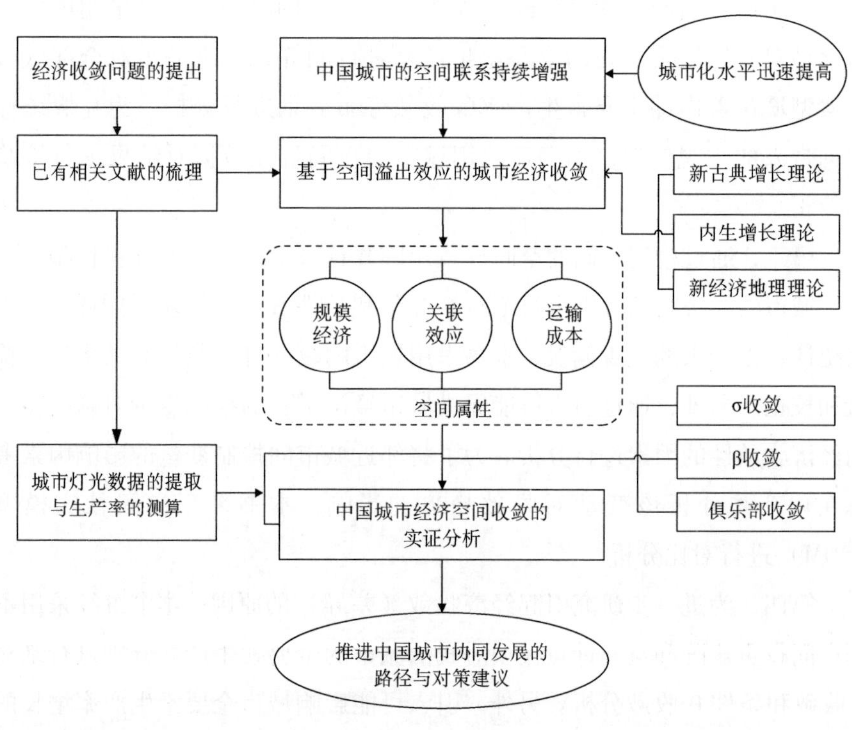

图 1.1 技术路线

1.2.2 研究方法

本书以城市作为研究对象，对城市经济增长和生产率分别进行σ收敛、β收敛以及俱乐部收敛检验，并通过城市的夜间灯光数据对结果进行校正。在分析过程中，本书需要对城市间的经济指标进行空间相关性检验，对城市的夜间灯光数据进行提取，同时还需要对城市生产率进行测算。另外，在进行实证研究时需要进行空间计量分析，具体方法如下：

1.2.2.1 探索性空间数据分析法

在进行空间经济的收敛分析时，先需要检验城市间的空间相关性，本书通过计算 Moran's I 指数反映空间联系。另外，为更加直观地对城市的收敛性和空间相关性有清晰的认识，本书还通过地理信息系统（GIS）可视化技术，对不同城市的经济指标进行图像描述。同时，为校正统计数据的主观性偏差，需要通过夜间灯光数据进行检验，因此还需通过地理信息系统的提取功能对灯光数据进行提取和校正。

1.2.2.2 随机前沿分析法

为进一步分析引起经济增长收敛（差异）的根源，本书对全要素生产率的收敛性进行了分析，而准确的测度城市生产率是进行收敛性分析的前提。鉴于随机前沿模型（SFA）采用超越对数生产函数可以在一定程度上放松对数据包络分析法（DEA）的假设，且随机前沿模型可以区别无效率项和随机误差项，从而更加真实地反映全要素生产率的增长，因此本书选择随机前沿模型分析法展开测算。

1.2.2.3 空间计量方法

在进行实证分析时，需要采用空间计量分析方法进行检验，本书主要采用空间滞后模型（SAR）和空间误差模型（SEM）进行分析，并通过 LM 统计量和 Hausman 统计值进行模型选择。另外，为进一步分析引入相邻城市控制变量前后对经济收敛趋势的影响，本书采用空间杜宾模型进行对比分析。空间权重矩阵被看作空间计量经济学的核心，本书通过构建三种不同的空间权重矩阵（邻接空间权重矩阵、空间距离权重矩阵、经济距离权重矩阵）分别进行分析，并分析不同权重矩阵作用下的经济收敛。

1.3 主要研究内容与创新之处

1.3.1 主要研究内容

本书在传统经济收敛研究的基础上引入区域的空间属性，并从城市的层面对经济的收敛性进行系统分析，主要包括以下三方面内容：

第一，采用统计方法对城市经济 σ 收敛的分布进行描述，并通过地理信息系统对城市的经济收敛和空间相关性进行刻画。同时，对城市层面的折旧率进行重新测算，并采用永续盘存法对城市资本存量进行估算，进而在对城市层面的全要素生产率进行测算和分解的基础上对其进行描述和刻画。

第二，采用不同的空间权重矩阵和空间计量方法对经济的收敛性进行实证研究，计算不同权重矩阵下的收敛速度和收敛周期，同时对影响经济收敛的因素进行分析。另外，为克服统计数据可能存在的主观性偏误，同时对城市夜间灯光数据进行提取和校正，并在此基础上进行空间计量检验。

第三，重新构建空间权重矩阵对我国发展成熟的五大国家级城市群分别进行空间俱乐部收敛性分析，并对不同城市群进行夜间灯光数据校正和生产率收敛性分析，从而根据分析结论提出相应的政策建议。

1.3.2 创新之处

关于经济收敛的研究已成为一个经典的话题，从新古典经济增长理论发展至今已取得了丰富的成果。然而，在对已有研究进行系统梳理后不难发现，大部分文献在分析我国经济的收敛问题时或者忽略了区域间的空间相关性，或者基于省级层面的数据进行分析，但随着空间计量经济理论的发展和我国城市化水平的迅速提高，有必要从城市的空间属性入手研究经济收敛问题。因此，本书基于不同的空间计量方法和经济衡量指标，多维度深层次地对我国城市经济的收敛性进行分析，并根据我国城市发展的历史背景对影响经济收敛的因素进行剖析。具体而言，本书具有以下三点创新：

第一，采用不同的空间权重矩阵和空间计量方法对城市的经济收敛进行多维度分析。对于空间计量模型而言，空间权重矩阵的构建是关键。以往研究多采用二值空间权重矩阵的处理方法进行计量分析。然而，二值空间权重矩阵具有一定的片面性，即不能反映非相邻城市或发生经济联系城市间的相互作用。因此，本书根据城市间不同的空间关系构建三种空间权重矩阵进行对比分析，从而克服了单一权重矩阵产生的偏差。另外，本书通过构建不同的计量模型（空间滞后模型、空间误差模型和空间杜宾模型）进行对比分析，并根据不同计量模型的运行机制对实证结果进行分析。

第二，对城市生产率及分解指标进行空间收敛性分析。已有研究多基于我国经济增长的收敛性进行分析，而很少关注全要素生产率的收敛。即使有部分文献涉及生产率的空间收敛问题，也仅限于省份层面，而并未考虑城市的个体特征。在对生产率收敛性进行分析之前，本书通过重新测算不同省份的折旧率，并应用到不同省份的城市中，这种处理方式比采用统一的折旧率更加精确。

第三，采用城市的全球夜间灯光对收敛结果进行校正。尽管国内生产总值（GDP）一直作为衡量中国省份或城市经济发展水平的重要指标，然而，由于各级政府的统计设施和方法存在较大的差异，从而导致 GDP 的数据存在较大的不确定性。另外，在晋升机制与 GDP 挂钩的形势下，对地方官员有更大的激励去虚构数据，从而造成更大的数据偏差。因此，为了更加客观地衡量经济发展水平的指标，大量学者开始采用由美国国家海洋和大气管理局（NOAA）发布的全球夜间灯光数据进行研究。研究表明，夜间灯光数据与 GDP 存在紧密的关联，采用卫星观测数据可以更加客观准确地衡量不同地区的经济发展水平。因此，本书采用全球夜间灯光数据对城市的经济收敛性进行进一步检验。

第四，对中国典型国家级城市群进行空间经济收敛性分析。关于中国俱乐部经济收敛的研究多采用东、中、西划分的方式，在城市集群化发展的趋势下这种划分方式显然不合理。根据空间俱乐部收敛的定义，其是指经济增长初始条件和结构特征相似且空间上相邻的一组区域的经济增长收敛于相同的稳态。因此，本书选取我国发展比较成熟的五大国家级城市群进行俱乐部收敛分析，研究包括经济增长收敛、全要素生产率收敛等方面，并对影响收敛的因素进行分析，从而提出相应的政策建议。

本章小结

自从 Solow 和 Swan 提出新古典增长模型以来，有关经济收敛（趋同）的理论探索和实证研究一直作为学者关注的焦点，并试图在效率与公平的辩证关系中寻找落后地区（国家）追赶发达地区（国家）的证据。本章从空间经济学理论的发展和我国城市空间联系不断增强的背景下提出了本书的现实背景和研究意义，详细介绍了本书的研究思路和研究方法，并在对已有研究进行梳理的基础上描述了本书的主要研究内容和可能的创新之处，包括采用不同的空间权重矩阵和空间计量方法对城市的经济收敛性进行分析，对城市层面（包括城市群）的生产率及分解指标进行空间收敛性分析，以及采用校正后的城市夜间灯光数据对收敛结果进行校正。在接下来的章节中，本书将按照本章所述研究思路和研究方法进行详细分析。

第 2 章

理论机制及文献综述

早在 20 世纪 60 年代，以 Solow 和 Swan 为代表的学者提出了新古典增长理论，其核心观点可以表述为资本产出比存在边际递减的趋势，经济增长最终将收敛于稳态值，从而形成了经济收敛理论的雏形。国内外学者经过数十年的理论拓展和经验检验，目前已形成了系统的理论体系并积累了丰富的实证成果。特别是近年来随着空间经济学的发展和空间计量经济学的兴起，有关空间收敛的概念逐渐进入人们的视野。为了对经济收敛的研究脉络有更加清晰的认知，本章重点对有关经济收敛的理论和方法进行梳理，并对相关文献进行归类和总结。

2.1 相关概念

在收敛理论中，σ 收敛、绝对 β 收敛、条件 β 收敛以及俱乐部收敛是经济收敛性研究中的基本类型，并通过是否考虑空间因素演化成为不同的空间收敛模型。

2.1.1 σ 收敛

σ 收敛作为一种分布函数，是指不同经济个体 i 人均收入的离差随时间的推移而趋于减小的过程，表现为对产出存量差异的描述。σ 收敛并不需要控制其他经济因素，而仅用来揭示地区间的收入水平最终是否趋于相同。β 收敛是 σ 收敛的必要条件，也就是说，如果要保证经济体之间的差异趋于减小，则需要满足落后地区具有更高经济增长率的先决条件，否则就不会产生收敛的结果。根据经济 σ 收敛的定义，本书通过人均 GDP 或生产率原始值标准差的变动趋势描述经济的收敛分布。

2.1.2 绝对 β 收敛和条件 β 收敛

如果不同经济体具有相同的储蓄率、人口增长率和技术进步率，那么经过长期演变这些经济主体将收敛于某个稳态值，这也正是β收敛中的绝对收敛。当然，各个经济单元通常具有各自的储蓄率、人口增长率等个体特征，因此根据Solow模型它们将递归到各自不同的稳态值，这就是β收敛中的条件收敛。绝对β收敛（Absolute Convergence）和条件β收敛（Conditional Convergence）是经济收敛研究中最常见的两种情形，因此通常将β省略。就两种收敛情形的表达式而言，令 y_{it} 表示经济个体i在时间点第t年的实际人均收入，而 y_{i0} 表示经济个体i在初始时期的实际人均收入，则t年间人均收入的实际增长率可表示为 $g_{it}=(\ln y_{it}-\ln y_{i0})/t$。由此，人均收入绝对收敛的函数可以表示为：

$$g_{it}=\alpha+\beta\ln y_{i0}+\varepsilon_{it},\ i=1,\ 2,\ \cdots,\ N \tag{2.1}$$

如果β值小于0，则表示存在人均收入的绝对β收敛；相反，则存在经济个体间人均收入的发散。与绝对β收敛不同，条件β收敛则表示经济个体之间存在一定的经济结构和初始条件差异，从而导致个体具有各自不同的收敛稳态。不同地区可能受不同因素的影响而导致彼此差异的扩大，即不存在收敛的趋势。因此，与绝对β收敛相比，条件β收敛需要引入控制变量 X_{it}，具体函数可表示为：

$$g_{it}=\alpha+\beta\ln y_{i0}+X_{it}+\varepsilon_{it},\ i=1,\ 2,\ \cdots,\ N \tag{2.2}$$

同理，当β值小于0时，则表示存在条件β收敛。根据Solow的新古典增长理论，影响经济收敛的控制变量包括劳动增长率n、储蓄率s，以及折旧率δ。然而，绝对β收敛和条件β收敛并未考虑经济个体的空间属性。事实上，经济个体之间存在一定的空间相关性和空间异质性，因此，如果忽略空间单元之间的相互影响，而仅通过一般（截面）面板回归衡量经济收敛性将存在结论的偏差（Laurini等，2005；Rey等，2006）。随着空间经济学理论的发展和空间计量方法的应用，经济收敛的相关研究开始关注经济个体间空间特性，进而发展成为空间绝对β收敛和空间条件β收敛。

2.1.3 俱乐部收敛

根据Barro和Sala－I－Martin（1991）对俱乐部收敛（Club Convergence）的定义，即在经济增长的结构特征和初始条件均相似的经济个体之间收敛于相同的稳态。如果经济个体间存在俱乐部收敛，则个体的空间组合称为收敛俱乐部。需要特别指出的是，虽然俱乐部收敛与条件 β 收敛均要求经济个体具有相似的结构特征和初始条件，但两者存在截然不同的收敛机制。具体而言，条件 β 收敛要求每个经济个体长期收敛于各自的稳态，而收敛俱乐部的成员长期收敛于相同的稳态。因此，俱乐部收敛意味着在全域范围内存在多重均衡。

对于收敛俱乐部而言，俱乐部成员的经济增长不但依赖于自身的要素投入，而且同样受邻近空间单元经济因素的影响，因此在进行俱乐部收敛分析时需考虑空间因素（Martin 等，1998），进而衍生出空间俱乐部的概念。

图 2.1 为经济收敛研究发展脉络。可以看出，经济收敛的研究主要包括两个阶段，即传统的经济收敛研究和基于空间相关性的收敛研究。传统的经济收敛研究始于绝对 β 收敛的概念，并根据不同个体的自身特征演化为条件 β 收敛。由于经济收敛必须满足经济指标离差随时间的推移而趋于减小的条件，由此进一步提出了 σ 收敛的概念。以上三种为经济收敛研究的基本类型，并通过不同的研究方法加以实现，包括非正式截面法、正式截面法、面板回归法以及分布法，其中面板回归法应用最为广泛，σ 收敛则通常采用经济指标标准差进行衡量。在临近空间个体间存在相似的历史文化背景，且地理区位邻近，具有局部地理收敛的特征，形成俱乐部收敛的概念。俱乐部收敛概念的提出为研究区域内部和不同区域之间的经济趋同和趋异提供了理论支撑。随着时间的推移和收敛研究的演进，出现了生产率收敛和时间序列收敛的概念。传统的收敛理论并没有考虑资源的空间配置和经济活动的空间区位问题。随着收敛理论的进一步发展，经济收敛的空间因素逐步被引入研究框架，但受当时空间经济学理论和计量方法的限制，考虑经济个体间的空间溢出效应一度无法实现。直到 Krugman 采用迪克西特和斯蒂格利茨的垄断竞争模型，将规模经济和不完全竞争的概念统一归化到经济模型中，经济的空间集聚（发散）的问题才得以化解。于是，在传统收敛机制的基础上加入空间因素成为新的研究方向。另外，关

于收敛研究方法的分水岭是空间的可度量化，随着空间计量经济学的发展，有关空间收敛的实证研究逐渐增多，目前已取得了丰硕的成果。

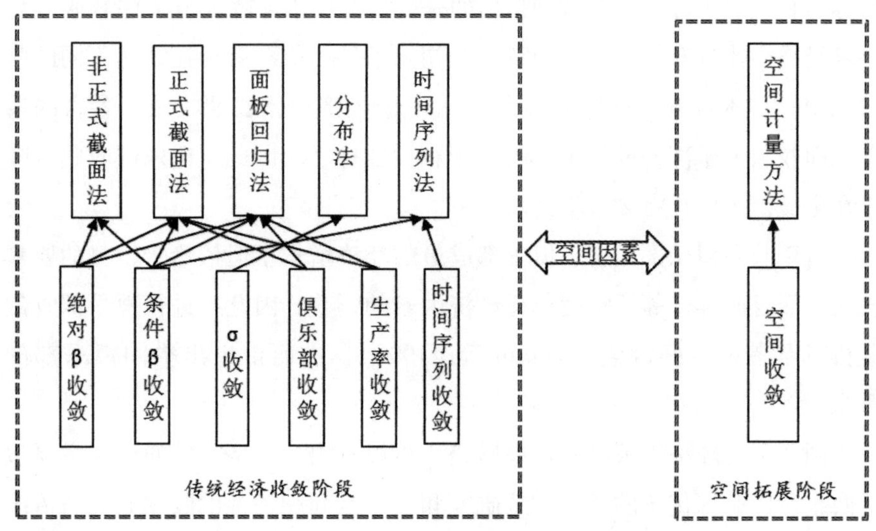

图 2.1 经济收敛研究发展脉络

资料来源：根据经济收敛的研究脉络整理而成。

2.2 传统经济收敛研究

传统收敛理论建立在新古典增长理论和内生增长理论的基础上，并根据不同的经济增长机制得到不同的收敛结论。

2.2.1 传统经济收敛的理论机制

20 世纪中叶，随着发达国家和发展中国家经济水平差距的拉大，如何实现发展中国家快速的工业化和可持续的经济增长成为学者关注的焦点，并诞生了丰富的理论研究。新古典主义增长理论较早地进行了这方面的研究，其主张资本积累对经济增长的促进作用更为重要，而且将一个国家的储蓄和投资作为推动经济发展的内在动力。

2.2.1.1　新古典增长模型

根据 Solow 的新古典增长理论，无论国家间是否存在初始的经济差异，只要国家间具有相同的储蓄率，经过资本长期积累，国家间的经济增长最终会收敛于同一稳态值。受这一思想的影响，发展经济学家将资本积累作为经济增长的首要任务。

（1）Solow 模型

Solow（1956）模型关注的焦点是经济增长的直接原因，并建立在一系列基本假设的基础上，具体而言包括以下四个方面：①经济仅由一个部门组成，且部门生产的产品既可投资又可消费；②经济体不存在政府部门，但存在国家间的贸易往来；③生产的规模报酬不变；④经济的技术进步率、人口增长率以及资本的折旧率均外生给定。新古典增长模型根据是否考虑技术进步而演化为不同的增长模型。其中，具有技术进步的生产函数可以表示为：

$$Y = F(AN,\ K) \tag{2.3}$$

根据生产函数，当技术变量 A 随时间推移逐渐增大时，表明存在技术进步，因此 AN 也称为有效劳动。如果 $\hat{y} = \frac{Y}{AN}$，$\hat{k} = \frac{K}{AN}$，则式（2.3）可转换为 $\hat{y} = f(\hat{k})$。另外，对 $\hat{k} = \frac{K}{AN}$进行求导，可进一步表示为：

$$\dot{k} = sf(\hat{k}) - (n + \delta + g)\hat{k} \tag{2.4}$$

式（2.4）为包含技术进步率的新古典增长模型，其中，n 表示人口增长率，δ 表示折旧率，g 表示技术进步率 $sf(\hat{k})$表示每单位有效劳动的实际投资，而$(n + \delta + g)\hat{k}$ 表示每单位有效投资保持的均衡水平。因此，经济要维持稳态必须不断增加资本存量，一方面源于已有资本的折旧，另一方面源于有效劳动数量的增加。根据经济增长文献的描述，稳态是指包括资本存量和产出在内的相关内生变量随时间推移而不变的状态。根据式（2.4）可知，经济达到稳态的条件为：

$$sf(\hat{k}) = (n + \delta + g)\hat{k}$$

现假设 $y = f(k) = k^{a}(1 < a < 1)$，则稳态的条件为 $sk^{a-1} = n + \delta$。当 sk^{a-1} 大于 $n + \delta$ 时，则人均资本的增长率为正值；相反，当 sk^{a-1} 小于 $n + \delta$ 时，则增长率为负值。图 2.2 为基于新古典经济增长模型的经济收敛示意图。当一个国家初始人均资本与稳态之间差距较大时，则 g_k 较大，经济收敛的速度也相应更快。这也意味着基于新古典增长理论的经济存在条件 β 收敛，即如果两个国家存在相同的储蓄率、人口增长率以及折旧率，则两个国家的人均产出水平将收敛于同一稳态值。

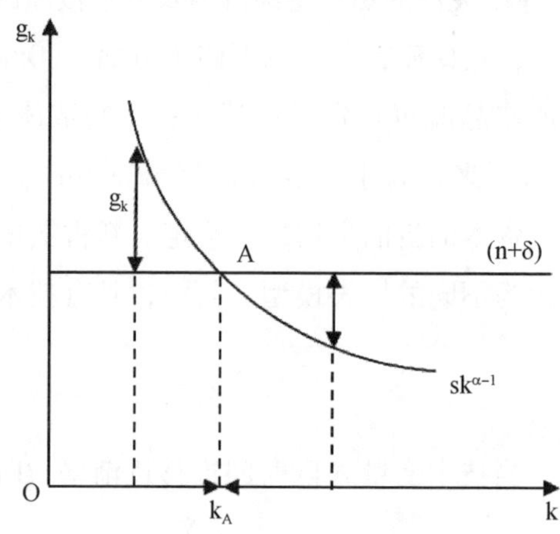

图 2.2　基于新古典经济增长模型的经济收敛示意图

资料来源：根据 Solow（1956）新古典增长模型整理而成。

（2）Ramsey - Cass - Koopmans 模型

为简化模型，Solow 模型假设储蓄率不变。然而，部分学者认为应当将持久收入和生命周期储蓄假设考虑在内，于是便扩展为 Ramsey - Cass - Koopmans 模型。对于没有引入技术因素的 Ramsey - Cass - Koopmans 模型而言，它假设人们的消费偏好随时间而变，且会考虑储蓄带来的回报率。根据模型最优的经济增长路径，如果时间偏好率低于资本回报率，则继续增加资本积累并不是最优的做法，因此资本积累对经济增长的促进作用并非可持续的。根据 Ramsey - Cass - Koopmans 模型经济增长的稳态表达式，资本存量稳定状态 K^* 等于时间偏好率与折旧率的加总，因此产出也将收敛于稳态值。与 Solow 模型的情况相似，在 Ramsey - Cass - Koopmans 模型中也可以考虑技术进步，进而实现经济的长期增长。这时，技术进步不仅能够保证资本存量持续增加，而且可以使资本回报率大于时间偏好率。当满足资本和技术比等于外生增长率 g 的条件时，经济存在正增长率的稳态。

（3） Mankiw - Romer - Weil 模型

在新古典主义增长理论的框架下，Solow 模型和 Ramsey - Cass - Koopmans 模型均使用狭义的资本概念，广义的资本不仅包括用于生产的机器，更包括其他可积累的生产要素，如人力资本和知识资本等。Mankiw 等（1992）研究表明根据资本份额为 1/3 的 Solow 模型测算的收敛速度比他们研究的收敛速度更快，且通过分析发现广义资本在产出中的比例为 0.7—0.8。他们进一步扩展了 Solow 模型，并通过引入人力资本的概念深化资本的含义。Mankiw - Romer - Weil 模型的结论表明，人力资本积累的确增加了物质资本对人均产出的影响，且引入人力资本的 Solow 模型可以解释经济收敛速度趋缓的现象。Mankiw - Romer - Weil 模型不但证明了在满足报酬边际递减时新古典增长模型是正确的，而且在解释不同国家经济增长的收敛速度方面同样验证了它的合理性。

尽管新古典增长理论系统地描述了经济增长的内在机制，为发展中国家的后发赶超提供了理论依据，但是针对新古典增长模型的批评也涉及多个方面。最重要的是，现实中资本密集型行业的发展并未实现发展中国家经济的飞跃，学者逐渐对新古典经济理论提出了质疑，认为它并不是“包罗万象”的，它无法解释发达国家与发展中国家长期存在的经济差异。另外，从理论角度分析，新古典经济增长模型最大的缺点在于它未能将技术进步内生化。经济体要实现持续的增长，必须克服资本边际递减的约束，实现要素回报的递增。随着理论的进一步发展，在 20 世纪 80 年代中期，将技术内生化的新经济增长模型成为经济学家关注的焦点，这种将技术进步内生化的探索也称为内生增长理论。

2.2.1.2　内生增长理论

（1） AK 模型

在新古典经济增长理论中，资本积累的边际递减效应占据主导地位，技术进步率被外生给定。与新古典增长理论不同，在内生增长理论中，资本与其他要素可以自发同比例增长，从而抵消了资本的边际递减效应，使产出与资本可以实现同比例增加。这种理论我们也统称为AK模型。AK模型中基本的理论表达式为：

$$\frac{\Delta Y}{Y}=\frac{\Delta K}{K}=sA-\delta \tag{2.5}$$

因此，当sA大于δ时，经济可实现持续增长。资本是否存在边际收益递减取决于对资本概念的界定。很多AK模型的支持者均倾向于将资本广义化，如果将人力资本和知识资本等看作生产要素，则资本可实现不断累积。这一模型也暗示，内生增长理论并不必然支持经济趋向于收敛的结论。

（2）内生技术进步模型

在AK模型构建的基础上，Romer（1986）将拉姆齐模型的个人跨时期效用应用到经济学分析框架，并解决了无法将知识增长的外部性内生化的问题。内生技术进步模型相应的稳态增长率表达为：

$$g=\frac{L^{1-\alpha}A\alpha-\rho}{\varepsilon}$$

其中L为企业的数量。

企业的数量越多，则企业间的技术外部性越明显，从而导致经济增长率越高。Romer的第二个模型将迪克西特和斯蒂格利茨的产品多样化理论（D-S模型）考虑在内，引入了中间产品环节的不完全竞争。该模型不但可以解释规模报酬递增的内生机制，而且允许企业进行创新活动，从而获取垄断租金补偿。其中，规模报酬递增源于专业化和产品多样化。然而，这种基于产品多样性的创新并未考虑资本折旧，当技术随时间的推移而变得过时时，则可能存在资本的边际收益递减。因此，为了将技术（创新）的时效性模型化，有必要进一步考虑具有产品质量改进的垂直模型，而非局限于D-S模型中的产品研发静态模型。在Aghion和Howitt（1992a、1999）的模型中，技术进步源自研发活动，通过产品质量改进带动经济增长。当企业在研发和制造业部门之间的分工不随时间发生变动，则经济达到稳定状态。稳定状态的经济增长率分别为储蓄率、技术生产力以及创新者市场竞争力的增函数。内生技术进步理论表明，如果两个经济体之间不存在任何联系，则不会存在经济的收敛，每个经济体将根据自身的技术进步率增长。

（3）人力资本积累模型

技术进步内生化是新古典经济增长理论和内生增长理论的分水岭，而Lucas（1988）从人力资本积累的视角分析经济持续增长的内在机制，并作为对内生增长理论的拓展。Lucas的人力资本积累来源于两个方面，即边干边学和教育。Lucas的基本观点为经济增长的关键驱动力在于人力资本积累，而国家之间经济水平的差距也归结于人力资本积累的差异。需要说明的是，Mankiw－Romer－Weil模型与Lucas模型均假设教育对个体工作的影响是相同的，而未区分工作的性质，而且教育对人力资本的边际影响始终为正。Nelson和Phelps（1965）提出了不同的观点，即教育增加人力资本首先表现在创新活动，其次表现为接受新技术，最后体现在增强技术的溢出效应。另外，在Nelson和Phelps模型中，国家间增长率的差异源于人力资本存量的差异，从而导致国家间技术进步率的不同。同时，该模型预测了国家之间经济发生收敛的可能性，即教育允许落后国家更好地向发达国家学习，并在进行创新活动时具有更高的经济增长率。这个预测被Benhabib和Spiegel（1994）证实，并发现在经济水平低于平均值的国家中，教育对经济增长的影响更为显著，具体表现为人力资本积累带来的技术赶超，而进行技术前沿创新的效用并不显著。既然教育既要求人力资本投入又要求积累人力资本，那么一个国家如果具有较少的人力资本积累，则很可能陷入恶性循环，并长时间处于低人力资本水平。反之，具有较多人力资本积累的国家能够进入经济增长的良性循环而获得持续增长。

2.2.2 传统经济收敛的实证检验

2.2.2.1 截面数据法

截面数据回归法可以追溯到Baumol（1986）和Abramovitz（1986）的研究，其提出了用于检验新古典增长理论收敛机制的方法，即：

$$\log[y(t)/y(0)] = a + b\log y(0) \tag{2.6}$$

如果 b 为负值，则表明存在经济收敛。Barro（1991）、Barro 和 Martin（1991、1992）对这一方法进行了扩展。他们提出绝对收敛和条件收敛的方程，并认为条件收敛如果未将经济体之间的储蓄率和技术水平差异考虑在内，则收敛关系不成立。根据截面数据法，存在对不同国家样本的收敛性检验，而且集中在对经济收敛性研究的早期阶段。

Barro 等（1991、1992、1997）对美国各州、欧洲各国的经济收敛进行了系统分析，研究发现上述地区均存在绝对 β 收敛，而仅在欧洲各国存在条件 β 收敛。Cashin（1995）研究发现澳大利亚内部分别存在绝对 β 收敛和条件 β 收敛。Coulombe 和 Lee（1993）通过截面数据法发现加拿大各省存在绝对 β 收敛。随着这些国家或地区存在 β 收敛的结论不断得到经验支持，这些研究也衍生出另一种经验规律：β 的绝对值和经济收敛的速度均比较小，且收敛趋势在不同的样本间稳定。对于欧洲内部不同国家而言，经济收敛存在较大的差异。Button 和 Pentacost（1995）、Maurseth（2001）用欧洲国家虚拟变量表示国家间稳态的差异，并假设地区之间存在不同的产业结构，通过截面数据法分析后发现欧洲各个区域组存在条件 β 收敛，即收敛于各自的稳态值。Desdoigts（1999）通过实证支持了具有同质性的 OECD（经济合作和发展组织）国家和非 OECD 国家各自存在着经济收敛的现象，即表现为俱乐部收敛。Canova 和 Marcet（1995）则进一步研究了欧洲与 OECD 国家的收敛性，并采用 Bayes 参数代表特定效应得出结论，即当每个欧洲国家均收敛于各自的稳态时，收敛速度约为 23%。另外，他们还发现经济体存在不同的个体效应，意味着贫、富地区均存在路径依赖。需要特别说明的是，经济的收敛趋势随时间而发生变化，即在 20 世纪 70 年代末之前，欧洲存在较强的条件 β 收敛，而进入 80 年代后收敛速度趋于零，然后再逐步提高，存在一定的波动。另外，这种波动不仅与国家处于何种时间阶段有关，还同时受控制变量选择的影响。总体而言，欧洲国家的收敛速度相对较慢。Evans 和 Karras（1996）通过截面数据法研究发现美国各州存在快速的生产率条件收敛。以中国样本为例，宋学明（1992）研究表明中国改革开放初始阶段的人均收入水平与人均收入增长率呈负相关关系，存在全国范围内的人均收入的绝对收敛；魏后凯（1997）研究发现在 20 世纪 90 年代之前，中国的经济增长具有全域性的收敛，而进入 90 年代至 90 年代中期则存在经济发散的趋势。

由于截面数据法直接源自新古典模型，因此它对内生经济增长模型的解释力有限。尽管经济收敛的结果也可以解释内生经济增长的预测，但如果区分两个模型的结果，则该方法存在一定的局限性。另外，根据 Friedman（1992）和 Galor（1993）的研究结果表明，根据截面数据法得到的经济增长率与初始值之间的负向关系并不能说明截面方差的缩小。Bernard 和 Durlauf（1996）也认为如果经济个体在长期的时间范围内具有多个稳态值，则采用横截面数据不能解释收敛结果的真实性。因此，这种方法广泛应用于收敛研究的初期，随着计量方法的发展，面板数据法应运而生。

2.2.2.2　面板数据法

与截面数据法相比，面板数据法可以将截面的动态信息结合，从而具有明显的统计优势，于是面板数据法也成为经济收敛实证研究中采用的主要方法。固定效应面板数据模型作为基础模型表示为：

$$\log[y(t)/y(t-1)] = c_0 + c_1(t) - b\log y(t-1) + u(t) \tag{2.7}$$

从包含未观测的个体效应的自回归模型出发，面板数据法对回归方程进行一次差分，从而消除样本未观测到的不随时间变化的因素影响，并在方程一次差分中使用两个以上时期的滞后序列，从而消除测量误差和内生性偏差。

如果分别采用截面数据法和面板数据法研究收敛问题，得到的结论也存在差异。与 Barro 等（1991、1992、1995）的研究结果不同，Lall 和 Yilmaz（2001）发现美国各州不存在绝对 β 收敛，且 β 估计值远大于截面数据法对应的结果。De la Fuente（2000）发现在欧洲五个最大成员国中，经济收敛速度介于 26%—39%，且在不同的测算条件下收敛速度存在差异。Tondl（1999、2001）发现这五个国家的收敛速度约为 20%。Cuadrado 等（2000）则认为收敛速度为 17% 左右。Deardorff（2001）从国际贸易的角度研究俱乐部收敛的问题。Bandyopadhyay（2003）研究发现印度存在两个贫富悬殊的收敛俱乐部。De la Fuente（2002）采用标准固定效应模型以及包含固定效应和结构变量的混合模型发现西班牙经济增长的收敛速度在13%左右。为消除不随时间变化的国家异质性因素的影响，通常从包含个体效应的面板回归模型出发对回归方程进行一次差分。Caselli 等（1996）选取一组国家进行实证分析后发现，人均收入的收敛速度约为 10%。然而，Bond 等（2001）发现当时间序列平稳且时间区间较短时，广义矩估计（GMM）一次差分方法可能导致有限样本的集中偏差。为解决这个问题，他们采用 GMM 估计对 Caselli 等（1996）的数据进行检验，发现收敛速度仅为2%，与截面数据方法得到的结果相近。这种差异主要源于弱辅助变量导致的有限样本偏差。Pfaffermayr（2009）采用面板数据法对欧洲 212 个国家和地区进行收敛分析后发现，不同经济单元之间存在显著的异质性特征，并通过不同模型验证了地区间存在条件 β 收敛的结论。Barrios 和 Strobl（2009）通过选取欧洲 12 个国家样本进行研究后发现，在 1975—2000 年，地区间人均 GDP 的收敛趋势与国家的发展水平有关，并且两者形成了"钟形"的曲线关系。在经济水平较低的阶段，随着区域间经济增长差异的不断扩大，在达到一定的峰值后，经济开始收敛。Lessmann（2011）分别通过截面数据法和面板数据法研究了全球 55 个国家在 1980—2009 年的收敛情况，结果表明经济发展水平与经济收敛趋势之间存在"倒 U 形"关系，而且同时发现在较高的经济水平同样出现了不平衡的增长。Guriev 和 Vakulenko（2012）以俄罗斯为研究对象，发现在 20 世纪 90 年代，地区间不存在经济或者收入的收敛，而在进入 21 世纪后，随着劳动力流动约束的减少和市场一体化水平的提高，俄罗斯地区间的经济差异不断缩小，收入、工资和失业率之间的区域差距低于欧洲。Usabiaga 和 Hernándezsalmerón（2016）以西班牙为研究对象，采用系统 GMM 方法分析了 1980—2014 年西班牙政府的权利下放（起于 20 世纪 80 年代）对区域经济收敛的影响，进而找到了权利下放可以促进经济收敛的证据。

围绕中国经济收敛的研究也取得了丰富的成果。Weeks 和 Yao（2003）通过研究发现在 20 世纪 70 年代，中国地区间的经济存在较大的差异，而在 80 年代的农业改革之后，经济差异逐步缩小，在进入 90 年代后，由于不同地区的工业化水平不同，地区间经济差距又重新拉开。在 20 世纪 90

年代，市场经济体制的深化进一步加快了东部省份的资本积累，Démurger 等（2002）研究认为北京、天津和广东的经济增速远远领先于其他城市。同时，Démurger 等还进一步指出，即使将上述三个城市排除在外，在 20 世纪 90 年代整体的经济差异仍不断增加。蔡昉和都阳（2000）通过实证进一步发现中国在 20 世纪 90 年代存在经济增长的俱乐部收敛和条件 β 收敛，西部与东部存在经济差异。沈坤荣和马俊（2002）研究发现中国经济增长不仅存在俱乐部收敛，还同时存在条件收敛。王铮和葛昭攀（2002）研究认为中国不存在全域的绝对 β 收敛，但存在条件 β 收敛，东、中、西三大区域具有各自的稳态，即存在俱乐部收敛。后三个研究结论均相互印证，表明中国不存在全域性的收敛，而是存在东、中、西三个区域的俱乐部收敛。Gajwani 等（2006）通过对比中国与印度的经济收敛后指出，由于中国的要素流动受行政边界的约束，地区间的经济差异高于印度。林毅夫等（2003）以 1978—1999 年中国不同省份为研究对象，表明各省份之间存在条件 β 收敛，且收敛速度介于 7%—15%。徐现祥等（2004）首次从城市层面对我国经济收敛性展开分析，发现城市间存在收敛的趋势，并测算出收敛速度约为 2%。许召元等（2006）研究表明尽管地区间经济差距存在扩大的趋势，但分化的速度正逐步减缓。另外，地区间存在条件 β 收敛，收敛速度约为 17.6%。覃成林等（2009）将分类回归树分析法应用到中国样本中，并以 1978 年、1982 年和 1958 年三个改革开放的重要节点作为初始年份，进而得出俱乐部收敛的结论。

关于经济收敛的研究不仅仅聚焦于经济增长的收敛。根据研究表明，全要素生产率（技术进步）在解释经济增长敛散性方面发挥着重要作用。Easterly 和 Levine（2001）研究认为经济增长的差异主要源自不同地区全要素生产率的差距，而非生产要素的驱动。因此，关于全要素生产率收敛性的研究也成为关注的焦点。Miller 和 Upadhyay（2002）以 OECD 国家为研究对象分析了国家间全要素生产率的收敛特征，结果表明 OECD 国家同时存在绝对 β 收敛和条件 β 收敛。Hobijn 等（2000）研究国家之间 Evans 生产率的收敛性，并发现在较小的范围内存在俱乐部收敛，表明生产率收敛并非普遍现象。Bronfenbrenner（1962）、Kumar 等（2002）、Dowrick 等

(2002)、Acemoglu（1997、2006）认为通过技术进步可以实现落后地区的后发赶超。Bloom 等（2002）和 Domingo 等（2002）认为技术扩散有利于不同经济水平地区的收敛。王珏等（2010）认为技术进步对落后地区生产率的提升发挥重要的作用。石风光等（2009）发现我国省份全要素生产率与经济增长的收敛性密切相关，且经济（生产率）差异经历一个先扩大后缩小的过程。刘兴凯等（2010）发现我国各省份服务业的全要素生产率存在长期的收敛趋势。杨先明和秦开强（2015）研究了技术收敛对收入收敛的促进作用。房地产价格的收敛也成为分析的对象。Van Nieuwerburgh 和 Weill (2010）研究了美国 1975 年以后 30 年的大都市房价的走势，并通过结构模型分析横截面数据的变动，发现美国房价总体呈发散的趋势。张大永和刘子寅（2015）对我国金融危机后的房地产价格进行研究后发现，房价收敛建立在非线性机制的基础上，东部城市房价并不存在收敛的趋势，相反，却发现了中西部城市房价收敛的证据。随着我国环境问题的日益突出，部分研究聚焦环境约束下的经济指标收敛。吴军（2009）通过构建 Malmquist – Luenberger 指数计算环境约束下的工业全要素生产率，并分别对生产率进行 σ 收敛和 β 收敛分析后发现东部和西部地区分别存在 σ 收敛和俱乐部收敛，而中部地区只存在条件 β 收敛。孙传旺等（2010）研究认为碳约束下的全要素生产率收敛速度更快，而西部地区内部并不存在俱乐部收敛。胡晓珍等（2011）发现我国绿色全要素生产率整体上不存在绝对 β 收敛，而只有东部地区存在俱乐部收敛。杨翔等（2015）发现生产率同时存在 σ 收敛和 β 收敛。此外，研究还进一步发现高技术行业的碳生产率存在 σ 收敛，而中低技术类行业的碳生产率却呈发散趋势。关于部门的收敛，郑江淮等（2015）通过计算各时期可用于跨国比较的各部门真实劳动生产率，分析后发现中国呈现出不同于国际经验的“工业部门劳动率不收敛而服务业部门劳动生产率被动式收敛”的特征，其中劳动力在不同部门和不同地区的错配成为导致这一异质性特征的主要原因。

尽管面板数据法相对截面数据法而言具有显而易见的优势，但从计量经济学的角度分析，由于放弃个体差异意味着排除截面之间的分布，正是这些差异性揭示了经济收敛的变动趋势，因此排除个体差异可能存在缺陷。

2.2.2.3　时间序列法

为进一步优化面板数据法和截面数据法，Evans 和 Lanas（1996a、1996b）提出时间序列法，并根据单位根和协整系数进行收敛性检验。基本方程可表示为：

$$\Delta(y_{i,t} - \overline{y}_t) = \delta_i + \rho_i \Delta(y_{i,t-1} - \overline{y}_{t-1}) + \sum_{r=1}^{q} \varphi_{i,r} \Delta(y_{i,t-r} - \overline{y}_{t-r}) + v_{i,t} \tag{2.8}$$

其中，$\varphi_{i,1}$，$\varphi_{i,2}$，…，$\varphi_{i,r}$为根据序列相关性得到的参数；$v_{i,t}$为均值是0和方差有限序列的无关误差项；ρ_i为收敛系数，如果为负值，则表明存在经济的收敛。对于每个经济体而言，采用ADF检验法对经济收敛进行全面检验的结论更加有效（Levin等，2002）。他们的研究结论表明，美国48个毗邻州的经济在1929—1991年存在快速的条件收敛。另外，Tomljanovich和Vogelsang（2001）同样发现美国各州经济存在收敛的趋势。Carvalho和Harvey（2002）则发现单位根检验对初始条件的反应比较敏感，且否定了Funke和Strulik（1999）采用的整体检验方法，认为他们并未区分个体与整体分别收敛的特征。因此，从这个意义上讲，$y_{i,t} - \overline{y}_t$ 对所有经济体来说都是非平稳的。Carvalho和Harvey（2005）采用ADF双因子检验方法，对美国1950—1999年八个人口普查地区进行检验，发现六个贫困地区发生了低增长的收敛，而最富裕的两个地区的经济却是发散的。Próchniak和Witkowski（2013）通过时间序列模型分别对不同时期的欧洲体（EU15和EU27）进行分阶段研究，结果表明EU15条件收敛的速度为3%，而EU27条件收敛的速度为5%，而且具有一定的波动范围。就中国经济收敛性而言，陈安平和李国平（2004）采用时间序列方法研究我国不同地区人均产出的收敛，发现东部和西部地区存在收敛性，而中部地区不存在收敛趋势；彭国华（2008）采用时间序列方法发现在1978—2006年中国存在两种不同地区的俱乐部收敛，一种为东部发达省份的俱乐部收敛，另一种为中、西部落后地区的俱乐部收敛，而且俱乐部之间的收敛速度存在差异，并介于0.49%—3.68%。从企业微观的视角，简泽等

(2012) 采用分年份的分位数回归模型发现市场竞争更多地促进了低生产率企业的全要素生产率增长，从而较大程度地促进了企业整体生产率的趋同，而且这种自下而上的追赶过程使得全要素生产率表现出不平衡的收敛特征。

由于时间序列方法的单位根检验对初始条件较敏感，且当常数项发挥作用时，拉大了初始条件与均衡状态的距离。根据这种情况，考虑包含多元未知因素的时间序列模型不失为更好的方法（Bernard 等，1996；Evans 等，1996）。因此，Harvey 和 Carvalho（2002）便提出了能够成功分解趋势、周期与收敛因素的模型，这种方法更加深了对截面数据法和面板数据法收敛结果的质疑。

2.2.3 文献述评

如果存在资本的收益递减效应，则经济在长期将趋向于收敛，且收敛的速度随初始值与稳态值之间距离的增大而加快。也就是说，贫困地区（国家）的经济增长率具有更高的经济增长率。相反，如果假设资本的规模报酬不变，则可能不存在经济之间的收敛。内生增长理论也并不排斥经济收敛的可能性，基于技术转让的熊彼特（Schumpeter）拓展模型和基于人力资本积累的纳尔逊—菲尔普斯（Nelson - Phelps）方法便为落后地区的后发赶超提供了理论依据。通过对文献的梳理可以发现，已存在丰富的经验研究表明贫穷地区（国家）具有较强的后发赶超优势，贫富地区均表现出不同程度的经济收敛。而且，在控制可能影响稳定状态的因素后，不同地区（国家）的经济存在收敛的趋势。从这个意义上讲，新古典增长模型比内生增长模型的解释力更强。然而，同样存在一些研究认为富裕地区（国家）和贫穷地区（国家）存在路径依赖，即经济之间并不存在收敛的趋势，而趋向于分化。另外，积累人力资本更快的落后地区（国家）也并未获得更快的经济增速；相反，经济增长与人力资本的初始水平存在较强的相关性。从这个角度来说，内生增长理论更加符合现实情况。但是，内生增长理论对经济收敛的预测也存在不同的声音。人力资本积累模型则提出教育对欠发达地区（国家）的技术进步具有显著的推动作用，如新加坡对职业教育的投入促进了经济的腾飞，而类似巴西和墨西哥等国家同样增加了教育投入，然而正是由于它们盲目追求精英教育而没有实现技术赶超。因此，并不是增加人力资本的投入就一定能实现经济的赶超。

在收敛的实证方面，由于存在历史、文化、地理等方面的差异，根据不同样本得到的收敛结论也存在较大的差异，而这种差异也源自对实证方法的处理。例如，当我们集中研究美国各州的收敛情况时，由于缺乏历史、文化、制度等层面的限制，采用截面数据法和面板数据法均可以得到收敛的结论。然而，采用时间序列法得到的结论则截然相反。就不同方法的可行性而言，截面数据法和面板数据法分别存在不同的弊端。面板数据法不但没有反映出截面分布，而且决定经济增长的影响因素也存在随机性。截面数据法难以反映截面分布的动态性，但与时间序列法相比具有较大的劣势。不过，尽管时间序列方法可以在一定程度上克服上述问题，但由于区域范围具有一定的局限性，不能形成足够大的时间序列数据，在一定程度上限制了该方法的应用。当然，研究方法并不局限于上述所列。例如，Quah（1993a、1993b、1996a、1996b、1996c）就开展了关于收入截面分布的系列研究，并采用马尔科夫转移矩阵发现大多数国家的经济增长呈现“持续”和“双峰”的分布特征，即大多数国家一方面保持在分布中的位置，另一方面形成了两种收敛俱乐部。Pittau（2005）和 Pittau 等（2006）采用混合密度法对欧洲的不同地区进行“隔离分析”后发现，存在两个具有不同密度分布的集群，而且这两个集群在后期趋于收敛。另外，他们通过该方法还发现，在 20 世纪 90 年代中叶，布鲁塞尔、汉堡、法兰西岛和卢森堡等地区的富裕水平不断提高，Enflo（2010）证实了上述发现，并采用随机核估计描述经济的截面分布，可以较好地反映截面的动态性。

以上分析均基于不同地区（国家）封闭式的研究，而未考虑区域之间的空间属性。既然区域之间存在要素流动和空间的相互作用，对于封闭式的假设显然不成立，由此也可能导致结论的偏差。因此，进入 21 世纪以来，大量研究将空间依赖性和空间异质性考虑在内，进一步研究基于空间溢出效应的经济收敛。

2.3 空间经济收敛研究

由于不同地区之间存在空间依赖性和空间异质性，因此在进行收敛性分析时如果忽略地区的空间属性，将带来模型结构的偏差和实证结果的偏误。随着空间经济学理论和计量方法的发展，有关经济收敛的空间特征终于得以体现。

2.3.1 空间经济收敛的理论机制

区域并不是封闭独立的个体，而是与其他地区存在空间关联。Fujita 等（2001）系统阐述了经济空间聚集的内在机制，并且提出区域存在一定的空间异质性，即经济活动聚集在某一特定区位，而非均匀分布。当然，在研究区域经济收敛问题时，不同空间单元的相互作用也成为不可忽略的因素（Valcarce 等，2000；Carrington 等，2003；Abreu 等，2005；Bräuninger，2005；Fingleton，2006；Cassar 等，2008）。因此，本节进一步对空间经济收敛的理论机制进行梳理。

2.3.1.1 空间 Solow 模型

空间 Solow 模型在新古典经济增长理论的基础上引入空间因素而形成的理论，兼顾了资本的边际收益递减和知识的空间溢出效应（López - Bazo，2004）。它考虑了一个简单的经济增长模型，即：

$$y(it) = A(it)k(it)^{\tau_k}h(it)^{\tau_h} \tag{2.9}$$

其中，y(it)表示人均产出，为人均实体资本 k(it)、单位人力资本 h(it)以及技术进步 A(it)的函数；τ_k和τ_h（均大于 0）则分别表示物质资本和人力资本的收益份额。根据 Romer - Lucas 的新经济增长理论，区域 i 内部经济个体之间存在外部性，但这里假设这种外部性不足以使物质资本和人力资本的边际产出增加，即 $\tau_k + \tau_h < 1$。

根据新经济地理理论，区域的经济发展与邻近空间单元具有外溢效应，因此我们假设具有共享特性的技术 A（it）依赖于邻近地区的技术水平，即：

$$A(it) = \Delta_{it}(k_{\rho it}^{\tau_k} h_{\rho it}^{\tau_h})^{\gamma} \tag{2.10}$$

其中，Δ_{it}表示外生参数；$k_{\rho it}$和 $h_{\rho it}$分别表示相邻空间单元的单位实体资本和人力资本；参数 γ 用来衡量空间单元之间的外溢效应。当 $k_{\rho it}$和 $h_{\rho it}$增加一个百分点，则区域 i 的技术水平分别增加 $\gamma k_{\rho it}$个和 $\gamma h_{\rho it}$个百分点。因此，区域 i 将在邻近单元的技术投资中受益。为保持模型的简洁性，我们假设空间单元对应相同的 τ_k和 τ_h。当 γ 等于 0 时，则区域之间的溢出效应受边界效应的限制最大。

将方程（2.10）代入方程（2.9）可得到基于区域 i 和邻近空间单元单位实体资本和人力资本的生产率函数，即：

$$y(it) = \Delta_{it} k(it)^{\tau_k} h(it)^{\tau_h} (k_{\rho it}^{\tau_k} h_{\rho it}^{\tau_h})^{\gamma} \tag{2.11}$$

由方程（2.11）可知，当区域 i 和邻近区域的实体资本和人力资本均提高一个百分点时，则区域 i 的生产率将增加 $(\tau_k + \tau_h)(1 + \gamma)$ 个百分点。这时，由于邻近区域之间存在技术的空间溢出效应，因此即使区域 i 不再增加对两类资本的投资，其产出也将增加 $k_{\rho it}$个和 $h_{\rho it}$个百分点。

根据新古典经济学框架下索罗模型的基本原理，由式（2.11）可进一步推导出不同单位资本的增长率分别为：

$$g_{\tilde{k}} = \frac{\dot{\tilde{k}}}{\tilde{k}} = s_k \tilde{k}^{-(1-\tau_k)} \tilde{h}^{\tau_h} \tilde{k}_{\rho}^{\gamma\tau_k} \tilde{h}_{\rho}^{\gamma\tau_h} - (n + g + \delta) \tag{2.12}$$

$$g_{\tilde{h}} = \frac{\dot{\tilde{h}}}{\tilde{h}} = s_h \tilde{k}^{\tau_k} \tilde{h}^{-(1-\tau_h)} \tilde{k}_{\rho}^{\gamma\tau_k} \tilde{h}_{\rho}^{\gamma\tau_h} - (n + g + \delta) \tag{2.13}$$

其中，n 表示人口增长率；g 为技术进步率；s_k和 s_h分别表示实体资本和人力资本的产出份额①；δ 表示资本折旧率。在索罗模型中，资本的边

① 为进一步保持模型的简洁性和可读性，假设资本份额 s_k和 s_h是外生给定的，同时假设实际折旧率（n + g + δ）对于所有区域都保持一致，因此也将下标省略。

际产出是递减的，这是由于未考虑空间外部性。当我们引入空间溢出效应的概念时，在资本大量聚集的区域其对资本的投资也是递增的，因为在空间正外部性的作用下资本的边际产出是增加的。相反，在资本匮乏的区域，对两种资本的投资也是递减的，这也正是新经济地理理论中的循环累计因果效应。为得到资本方程的均衡解，我们假设长期资本的投资函数是递减的，且满足 $\tau_k+\tau_h<1$，由此当 $\dot{k}(t)$ 和 $\dot{h}(t)$ 分别等于零时，可得稳态的资本存量 $\tilde{k}^*$ 和 $\tilde{h}^*$，最终代入方程（2.9）可得人均产出的均衡解为：

$$\tilde{y}^*=\left[\frac{s_k^{\tau_k}s_h^{\tau_h}\tilde{k}_\rho^{\gamma\tau_k}\tilde{h}_\rho^{\gamma\tau_h}}{(n+g+\delta)^{\tau_k+\tau_h}}\right]^{1/(1-\tau_k-\tau_h)} \tag{2.14}$$

因此，达到长期均衡状态的平均生产率不仅与资本的收益份额相关，而且与相邻单元的资本份额和用来衡量空间外部性的参数 γ 相关：γ 值越大，区域 i 受周边区域溢出的效应越强。根据 Solow 模型的框架①，实际平均产出与稳态产出的关系可以表示为：

$$\frac{d\ln[\tilde{y}(it)]}{dt}=\lambda\{\ln[\tilde{y}^*(it)]-\ln[\tilde{y}(it)]\} \tag{2.15}$$

其中，$\lambda=(n+g+\delta)(1-\tau_k-\tau_h)$

根据式（2.15）可以进一步得到：

$$\ln[\tilde{y}(it)]-\ln[\tilde{y}(0)]=(1-e^{-\lambda t})\ln[\tilde{y}^*(it)]-(1-e^{-\lambda t})\ln[\tilde{y}(0)] \tag{2.16}$$

其中，$\tilde{y}^*(it)$ 表示稳态的生产率；$\tilde{y}(0)$ 表示生产率的初始值。

将式（2.12）和式（2.13）代入式（2.16）可得：

$$\ln[\tilde{y}(it)]-\ln[\tilde{y}(0)]=\varepsilon-(1-e^{-\lambda t})\ln\tilde{y}(0)+\frac{(1-e^{-\lambda t})\gamma}{1-\tau_k-\tau_h}\tilde{y}_\rho(0)+\gamma g_{y_\rho}$$
$$+\frac{(1-e^{-\lambda t})}{1-\tau_k-\tau_h}\{\tau_k[\ln s_k+\ln(n+g+\delta)]\}+\tau_h[\ln s_h+\ln(n+g+\delta)] \tag{2.17}$$

其中，$\varepsilon=(1+\gamma)g-(1-e^{-\beta t})\left(1-\frac{\gamma}{1-\tau_k-\tau_h}\right)(\ln\Delta_0+gt)$

---

① Solow R M.,"A Contribution to the Theory of Economic Growth", Quarterly Journal of Economics, 1956, vol. 70, no. 1, pp. 65-94.

在不考虑空间外部性的情况下，方程（2.17）可简化为 Mankiw 等（1992）模型。通过方程（2.17）可以明显看出，当满足 $\tau_k + \tau_h < 1$ 时，$\ln \tilde{y}(0)$和 $\tilde{y}_{\rho}(0)$的系数显著为负，即存在经济收敛。该模型的重要性在于揭示了空间外溢效应对经济收敛的作用，即区域 i 的经济增长受邻近区域初始值和增长水平的影响。因此，对于初始禀赋相同的两个区域，由于其邻近空间存在技术或者规模等方面的差异，因此可以影响区域间的经济收敛性。本书的实证部分正是在空间 Solow 模型的框架下展开研究，并从城市经济的不同侧面反映其空间收敛性。

2.3.1.2　内生增长理论

根据内生增长理论，如果两个经济体独立且封闭，则经济的增长水平将趋于分化。然而，这种结论也并非否定了收敛的可能性。基于技术溢出的熊彼特拓展模型便提供了 β 收敛的证据，并指出低于稳定状态路径的国家经济增速更快。熊彼特拓展模型考虑一个开放型经济，且世界平均知识参数 A_{τ}^{*} 与 $e^{g\tau}$成正比，且下一阶段创新函数可以表达为 $A_{t+1} = F(A_t, e^{g\tau})$。其中，F 表达式为第二个变量的增函数，表示存在知识的技术外溢。另外，存在表达式 $F(A, A^{*}) = \gamma A$，其中 $\gamma > 1$。该表达式表明如果当前知识参数等于 A^{*}，则经济不会从跨国知识溢出中受益。同时，$\gamma > 1$ 也说明知识存量小于 A^{*}的国家，它具有大于平均创新规模的知识增长。当知识存量 A_t 高于平均稳定状态的知识存量 A^{*}时，则创新的强度小于 γ。在这种内生增长机制的作用下，国家间经济的收敛源自技术的外部溢出效应，而非资本的边际收益递减。然而，这并不意味着熊彼特的方法隐含或者预测了收敛。在发展中国家与发达国家之间存在着技术的差距，但熊彼特拓展模型未将国家间的“技术距离”考虑在内。实际上，在与发达国家进行商品交换时，发展中国家可能将创新投入传统的生产活动，而这不利于技术的模仿和转移。另外，技术合作常发生在同等水平的国家之间，进而导致“富裕俱乐部”和“贫穷俱乐部”的出现，并进一步形成各自的“路径依赖”。

2.3.1.3　新经济地理理论

人口、资本等要素资源在空间的分布并不均匀，初始状态相同的两个区域也可能在长期趋于分化，集聚总是发生在特定的区位。对于解释这种现象，传统的区域经济理论显得束手无措，直到 Krugman 通过迪克西特和斯蒂格利茨的垄断竞争模型解释了经济活动聚集在何处，以及为何聚集在此处，“中心”与“外围”的空间结构才得以从理论层面进行解释，也便形成了新经济地理理论。根据不同的假设（例如资本是否流动、企业家是否流动等），新经济地理理论衍生出不同的结论。其中，“中心—外围”理论是新经济地理理论的核心。该理论解释了两个互相对称的地区受不稳定因素的影响，导致某个地区的优势不断累积，而另一个地区的经济收益遭到“挤占”，并逐渐形成了“中心”与“外围”的空间结构。其中，形成集聚因素的条件包括运输成本较低、产品差异性较大以及制造业前后向联系较强。“中心—外围”理论也蕴含了区域之间的经济趋于发散的含义，同时，也有一定的政策含义：当区域间由于高运输成本不存在经济往来时，资本不流动有利于区域间的收敛；当区域一体化水平较高时，则资本流动有利于区域间的收敛。另外，当中心区域集聚规模不断增大时，区域不平衡伴随着全域范围的经济增长。这时，外围地区的福利是不确定的，需要在经济增长的动态收益和企业外迁的静态损失中权衡。因此，对于新经济地理理论而言，主要解释了空间的不均衡特征。然而，由于存在向心力和离心力两种相互抵制的作用力对空间进行制衡，从而导致整个区域内可能存在多重均衡。

2.3.2 空间经济收敛的实证检验

2.3.2.1 空间计量方法

在空间计量经济学文献中存在两种误设问题（misspecification problem），即空间依赖和空间扰动性问题。空间依赖源于空间单元之间的相关性，如技术溢出和要素流动，这些是区域间经济分化的实质性因素。另外，空间扰动性则体现了空间单元之间普遍存在的不确定因素。

空间依赖可通过将因变量的空间滞后项引入传统的截面数据，从而形成空间滞后模型，具体表达为：

$(1/t)\log[y(t)/y(0)] = c - (1 - e^{-\beta t})/t \cdot \log y(0) + \lambda W\log[y(t)/y$

$(0)] + u(t)$ (2.18)

其中，λ 为空间自回归参数。根据空间滞后模型，由于区域增长不但与自身的初始水平有关，而且通过空间依赖与其他地区产生空间联系，这种相关性随距离的增加不断衰减（Anselin 等，1998、2003）。Rey 和 Montuori（1999）集中研究了在 1929—1994 年美国 48 个毗邻州的收入收敛情况，并发现人均收入水平和增长率之间存在显著的空间相关性，且富裕州与贫困州之间的收入差距不断缩小。López - Bazo 等（1999）通过更加分散的数据直接研究表明人均收入在一国之内存在显著的空间相关性。Niebuhr（2001）在考虑区域间的空间依赖后发现德国 NUTS - III 地区的收敛速度放缓。尽管处理空间依赖存在多种计量方法，但基本上局限于对截面数据的分析。Badinger 等（2004）采用 Getis 和 Griffith（2002）的空间过滤技术，并通过系统 GMM 方法消除动态空间相关性后发现，欧洲 NUTS - II 地区的收敛速度大幅低于未考虑空间效应的估计值。

对于空间扰动问题，可通过空间误差模型进行处理，并表示为：

$$(1/t)\log[y(t)/y(0)] = c - (1 - e^{-\beta t})/t \cdot \log y(0) + (I - \lambda W)^{-1}u(t) \tag{2.19}$$

其中，u（t）—（0，$\sigma^2 I$）。在这种情况下，区域的随机扰动通过 $(I - \lambda W)^{-1}$ 的空间转换影响其他区域的增长率。另外，偏离稳态值可能并非源自区域的单独扰动，而来自区域间的相互影响。

随着空间依赖性和异质性的影响可以被有效控制，有关空间溢出效应的区域经济研究逐渐成为研究的热点。Armstrong（1995b）未采用空间误差模型消除空间异质性，而是通过加入国家虚拟变量作为控制空间异质性的途径。另外，Rodriguez - Pose（1999）则通过构建空间权重矩阵消除空间相关性带来的偏差，并发现在控制空间因素后收敛速度得到有效放缓。随着空间计量经济学的发展，目前还形成了空间杜宾模型、空间 Probit 模型以及贝叶斯一阶空间自回归等方法，因此更有助于全面衡量区域之间的空间溢出效应。Ertur 等（2006）发现在 1980—1995 年的时间区间内 138 个欧洲地区收敛存在空间依赖，且经济水平受相邻地区经济增长率的影响。Ramajo 等（2008）采用可以同时控制空间异质性和空间依赖性的空间杜宾模型，研究发现在欧盟内部163个区域中，资本内聚国家间的收敛速度更快，且地区收入水平的收敛速度为5.3%，而其他国家的收敛速度为3.3%，并发现了空间俱乐部收敛的证据。Ying（2000、2003）率先以中国作为研究样本对地区间的空间溢出效应展开研究，并发现中国地区间存在显著的空间相关性。随着空间计量经济的发展和应用，国内学者也掀起对空间相关性研究的热潮，并应用到经济收敛的分析框架。Groenewold（2005）将中国分为六个区域，分别研究区域间的空间溢出效应，发现长江和黄河流域以及西北地区对其他地区具有空间溢出，而西南、东南和东北地区对其他地区的影响较弱。林光平等（2005）在引入中国省份间的空间因素后发现，省份间存在显著的空间β收敛，且收敛速度存在增强的趋势。吴玉鸣（2005）采用空间误差模型对中国省际收敛性进行研究后发现，1978—2002年中国的经济增长存在收敛的趋势。洪国志等（2010）发现在1990—2007年中国城市人均GDP具有显著的空间相关性，且在考虑空间相关性后收敛速度得到显著提升。潘文卿（2010）研究发现在1978—1990年中国存在全域性的空间绝对收敛，且收敛速度和周期分别为1.02%和67.9年，而1990—2007年中国不存在空间绝对收敛。

有关空间俱乐部收敛的研究也取得了丰富的成果。Bode（2002）发现在德国存在显著的空间俱乐部收敛。Gallo等（2003）通过对欧洲进行俱乐部分类（北部和南部），并对人均GDP进行空间俱乐部收敛分析后发现，北部和南部存在各自的收敛稳态，且区域之间的空间溢出效应显著为正。Fischer等（2006）考虑区域间的空间异质性特征，并发现欧洲内部的俱乐部收敛主要体现在不同区域的收敛速度和稳态水平等方面。Rummaya等（2005）发现在爪哇地区存在“富裕”与“贫穷”的收敛俱乐部。张晓旭等（2009）采用探索性空间数据对中国不同省份进行分组，研究发现劳动力、资本流动带动的空间溢出效应对地区间人均GDP的收敛具有显著的促进作用。随着城市集群化发展，围绕城市群的空间优化问题成为经济研究的热点，而且城市群作为具有相似经济、文化特征的城市集群，具有俱乐部收敛研究的“先天优势”。马国霞等（2007）以京津冀城市群为研究对象，发现1992—2003年城市群内部存在显著的俱乐部收敛，然而受研究时间区间的限制，城市群发展还不成熟，测算的收敛速度比较缓慢。张学良（2009）基于长三角城市群 132 个县市区进行空间计量分析后发现，在县市区之间存在收敛的趋势，但由于存在城市规模和城市效率的差异，收敛速度存在放缓的趋势。覃成林等（2012）认为空间俱乐部收敛是指经济增长初始条件和结构特征相似且空间上相邻的一组区域的经济增长收敛于相同的稳态，长三角城市群作为我国交通体系发达、经济联系强劲的城市综合体，具有显著的俱乐部收敛特征，且空间外溢效应加快了城市经济收敛的速度。

另外，国内关于经济收敛的研究并未局限于经济增长的视角。余泳泽（2015）通过对我国各省份的生产率进行测算和分解后发现，在采用张军等（2004）9.6% 的资本折旧率和单豪杰（2008）10.96% 的资本折旧率的条件下，其收敛速率分别为 5.7% 和 4.1%，缩短了未考虑空间因素的收敛周期。王春杨等（2014）对我国城市的专利产出进行空间俱乐部收敛分析，认为局部范围较强的空间溢出效应加大了全域范围专利产出的差异。黄维海等（2014）对我国人力资本水平的空间分布进行研究后认为，我国高水平人力资本水平的收敛趋势相对明显。

尽管空间计量经济学的发展推动了对空间经济的实证研究，但空间依赖与空间扰动依赖之间的界定依旧比较模糊，如果采用消除扰动依赖的方法处理实质依赖的问题，则可能损失较多有价值的信息。因此，选择合适的空间计量方法，并对样本进行功能定义可以有效地弱化误差项带来的偏差。

2.3.2.2　空间马尔可夫链方法

空间马尔可夫链方法是在分布法的基础上考虑空间效应而形成的方法。分布法与回归法存在较大的区别，它用来检验截面数据的分布如何随着时间的推进而发生改变。考虑一种截面分布 F_t（在 t 时间点），ψ_t为相应概率。那么，对ψ_t进行动态建模的表达式为：

$$\varphi_t = T^*(\varphi_{t-1}, u_t) = T^*_{u_t}(\varphi_{t-1}) \tag{2.20}$$

其中，T^*为截面分布在时间 t－1 的概率ψ_{t-1}与时间 t 上扰动因子 u_t的笛卡尔积算子。当这种转换机制不随时间发生变动时，则形成了时间均匀的马尔可夫链。Rey（1999、2005）将空间统计整合到马尔可夫链中，从而形成了可以研究空间经济收敛的空间马尔可夫链。Rey 通过将相邻区域收入等级作为空间流动概率的条件以改进马尔可夫矩阵，并发现美国的收入确实受到邻近区域间要素流动的影响。其中，不同收入水平的区域与其邻近区域的收入相关，落后地区收入水平随着其邻近地区收入水平的降低而降低，高收入水平同样受邻近地区收入水平的降低而降低。Quah（1997b）发现邻近地理之间存在显著的收入收敛，表现出俱乐部收敛的特征。

然而，尽管空间转换矩阵考虑了区域间的实质性空间依赖，在一定程度上消除了马尔可夫链方法中存在的误差，但严格的假设也可能导致实证结果与现实脱节。因此，将随机核估计与条件函数结合起来可以更好地评估区域间的动态收敛。Herrerías（2012）采用动态分布方法研究了 1952—2008 年中国 28 个地区的劳动生产率、资本密度和全要素生产率的收敛特征，并将地区的人口规模和经济规模作为空间权重进行分析，发现中国全要素生产率收敛较大程度上由资本驱动，且存在东部和西部两个收敛俱乐部。张伟丽等（2011）采用探索性空间数据分析法（ESDA）对中国地级市进行分组，并通过增长分布演进方法研究发现中国存在不同经济增长水平的收敛俱乐部。李建平和邓翔（2012）分别采用一元和多元的核密度估计对改革开放后我国省份的经济收敛情况进行分析，研究发现各省份并不存在俱乐部收敛的特征。陈培阳和朱喜钢（2013）则分别采用传统马尔可夫链和空间马尔可夫链统计方法对我国 1998—2009 年县域经济收敛性进行研究，并发现不同地区的县域之间存在显著的俱乐部收敛，且收敛俱乐部之间存在明显的经济分化。张伟丽（2015）采用时空加权马尔科夫链等方法研究发现，中国地级市的经济增长存在低水平、中低水平、中高水平及高水平四个收敛俱乐部，且经济水平越高的地区越利于收敛俱乐部的形成。

2.3.3 文献述评

一旦认识到区域是一个开放的系统，那么在区域之间就存在空间的相关性，于是在经济收敛的研究中需要考虑地区的空间属性。在经典的阿罗—德布鲁一般竞争模型中，假设消费者偏好、消费集合以及企业生产集合均为严格凸性，且不存在规模收益的现象。以上假设条件未考虑空间属性，因此推导出了空间不可能定理，即在均质空间中无法使区位专业化、城市和贸易形成均衡的结果。这个结论也导致空间经济学的研究一度被搁置。随着垄断竞争模型的提出，为处理规模经济和寡头厂商的问题找到了合理的解释，也对不完全竞争市场条件下厂商区位选择的经济学机制进行了系统阐释，这也正是新经济地理理论研究的核心问题。新经济地理理论主要解答了要素进行空间集聚的内在机制，然而随着条件的改变，区域的空间力量（向心力和离心力）也存在非线性的变化，从而形成了局部的空间均衡。要素的空间集聚与经济增长之间存在相互强化的关系，当运输成本足够低时，生产部门和创新部门聚集在相同区位且具有更高的效率，而外围地区专业化于非制造业领域。另外，产业在中心城市的聚集并不一定带来外围地区的贫困化，相反，其在一定程度上可以带动外围地区的发展。如果中心城市对外围地区具有显著的空间溢出效应，在效率和公平兼顾的愿景下，过度的行政干预可能不利于经济的长期增长。相反，如果中心城市的带动力不足，则要素资源向中心城市的聚集将有损其他城市居民的福利。

在进行经济收敛的计量检验时，是否考虑空间溢出效应对结论产生一定的影响。从理论角度分析，在考虑空间相关性后，经济的收敛速度应当加快，因为新古典经济增长理论收敛的机制源于资本的边际收益递减，空间溢出类似于将资源逐步分配到贫困的地区，从而加快收敛的速度。另外，从空间经济学分析，由于要素资源向中心城市集聚，收敛速度可能会放缓，甚至导致经济趋于发散。空间计量经济的发展使得考虑地区间的空间相关性成为可能，空间依赖和空间扰动的存在使得选择适当的模型尤为重要。空间滞后模型和空间误差模型成为空间计量分析中广泛采用的方法，可以有效解决空间依赖性和异质性问题。尽管空间马尔可夫链方法将区域的实质性空间依赖考虑在内，但当对数据进行不当的离散化处理时，这种方法可能不再适用，存在一定的局限性。

本章小结

从效率和公平两个方面考虑，无论从理论研究的视角还是从实证检验的角度，贫、富地区（国家）间的经济收敛或发散一直是经济学界研究的热点。新古典经济增长理论假设资本存在收益的边际递减效应，从而得出经济体之间最终将趋于稳态的结论。然而，这种理论未能解释发展中国家依然贫困的个别情况，并遭到学术界的广泛质疑。内生增长理论将技术进步内生化，并将技术革新作为经济增长的不竭源泉，驳斥了新古典增长模型的资本边际递减效应，于是其不支持经济在长期收敛于稳态的结论。迪克西特—斯蒂格利茨（D－S）理论的引入是区域经济理论研究的分水岭。Romer 和 Krugman 找到了规模经济的内生机制，特别是 Krugman 成功地将空间概念理论化，提出了新经济地理理论。新经济地理理论解释了要素集聚的内生机制，并通过研究表明规模经济不但促进了要素的集聚，而且更加注重产业的前后向联系，进而导致地区间的贫富差异存在扩大的趋势，形成了“中心—外围”的空间结构。在现实生活中，由于区域处在一个开放的空间，并具有空间依赖性和空间异质性，而且影响区域经济增长的因素也纷繁交错，因此迄今为止，区域经济收敛的问题还没有一个确定性的答案。事实上，有关经济收敛理论研究和实证检验的结论在较大程度上依赖于不同的经济增长理论和空间计量方法。然而，目前关于中国经济收敛的研究或者聚焦在省份层面，或者未考虑地区间的空间溢出效应。显然，随着我国城市化水平的快速提升，忽略城市的个体特征和空间属性均会造成不同程度的偏差。因此，本书从城市的视角，通过选取不同的衡量城市经济增长的指标，并在尽可能准确地测算城市生产率及其分解因素的前提下，对我国城市经济的空间收敛性展开系统研究。

第 3 章

中国城市经济的收敛分布与空间相关性分析

改革开放以来，市场化改革和对外开放政策促使东部地区迅速崛起，各类优势资源持续向沿海地区聚集，从而形成了“东高西低”的经济发展格局。随着城市化进程的推进和城市规模的扩张，城市和城市群已经成为经济增长的重要载体。以长三角城市群为例，在 2014 年，它以占全国 2.2% 的面积、8.3% 的人口，创造了 17.8% 的财富，贡献了超过 30% 的进出口贸易额和 9% 的财政收入，超过珠三角城市群和京津冀城市群成为中国经济产出效率最高的地区之一。然而，在进入 21 世纪以来，随着沿海地区劳动力和土地等成本的攀升，中国开始普遍出现劳动力回流和产业转移的现象，中、西部城市的追赶态势正逐步形成。在 2016 年，以重庆、成都和西安等为代表的西部中心城市的经济增速均超过 8%，高于全国平均水平，而上海、北京等一线城市的增速已放缓至 6.7%，该对比结果表明西部城市已表现出强劲的后发赶超优势。另外，随着国际政治经济的深刻变革，诸多国际不确定因素限制了对贸易依存度较高的城市的发展，统计数据显示，在 2016 年前三季度，苏州经济名义增速仅有 6.3%，而佛山为 6.4%，此外，无锡、宁波、东莞也均低于 8%。种种迹象表明，不同地区城市间的经济差异正逐步缩小，经济格局正从原来的“东高西低”向均衡发展演变。那么，城市之间是否存在经济的收敛呢？如果存在经济的收敛，那么是否存在空间依赖呢？基于以上考虑，本章分别从经济规模和生产率的收敛分布，以及空间相关性的检验解答这些问题。

3.1　人均 GDP 的收敛分布与空间相关性

3.1.1　方法介绍

探索性空间数据分析是一种具有识别功能的空间数据分析方法，主要用于探测空间分布的非随机性或者空间相关性。空间相关性分析是认识空间分布特征，选择适宜的空间尺度完成空间分析的常用方法，也称作聚类检验。空间相关性分析根据研究空间范围的不同而分为全局空间相关性检验和局部空间相关性检验。

3.1.1.1 全局空间相关性

Moran's I 指数最早应用于全局聚类检验，用来检验整个空间范围内邻近地区间是否存在某种联系，且计算公式具体表现为：

$$I = \frac{n\sum_{i=1}^{n}\sum_{j=1}^{n}w_{ij}(x_i - \bar{x})(x_j - \bar{x})}{\sum_{i=1}^{n}\sum_{j=1}^{n}w_{ij}\sum_{i=1}^{n}(x_i - \bar{x})^2} = \frac{\sum_{i=1}^{n}\sum_{j\neq i}^{n}w_{ij}(x_i - \bar{x})(x_j - \bar{x})}{S^2\sum_{i=1}^{n}\sum_{j=1}^{n}w_{ij}} \tag{3.1}$$

其中，n 为指定空间范围内地区的数量；w_{ij} 为空间权重矩阵；x_i 和 x_j 分别表示区域 i 和区域 j 的研究指标。$\bar{x} = \frac{1}{n}\sum_{i=1}^{n}x_i$ 为指标的平均值，而 $S^2 = \frac{1}{n}\sum_{i}(x_i - \bar{x})^2$ 为指标的方差。

Moran's I 指数的取值区间为（-1，1），当取值大于 0 时表示地区间存在空间正相关；相反，当取值小于 0 时，则表示存在空间负相关。如果 Moran's I 指数接近于 0 值，则表明地区间的空间联系不显著。

3.1.1.2 局部空间相关性

与全局空间相关性对应的是，局部之间也可能存在关联效应，即存在局部空间相关性。Anselin（1998）提出了局部 Moran's I 指数，并表示为：

$$I_i = \frac{(x_i - \bar{x})}{S^2}\sum_{i\neq j}(x_j - \bar{x}) \tag{3.2}$$

其中，正的 I_i 值表明在局部空间范围内，具有相似取值的地区高度聚集；相反，负的 I_i 值表明具有不同取值的地区聚集在一起。

在具体应用中，全局空间相关性和局部空间相关性检验均扮演重要的角色，可以对地区是否存在空间相关性进行判断，也可以作为是否考虑地区间空间溢出效应的第一道“门槛”。

3.1.2 城市人均 GDP 的收敛分布

在收敛分布函数中，σ 收敛为运用最广泛的一种方法，是指不同地区间相关指标的标准差随时间的推移而缩小，如果假设成立，则表明存在收敛的趋势。经济水平的 σ 收敛常采用人均 GDP 对数的标准差反映。图 3. 1 为中国城市人均 GDP 的 σ 收敛分布及 Moran's I 指数变动趋势。结果表明，在 2002—2014 年中国全域范围内的城市人均 GDP 呈微弱的收敛趋势，尤其在 2005 年和 2014 年收敛趋势更加明显。

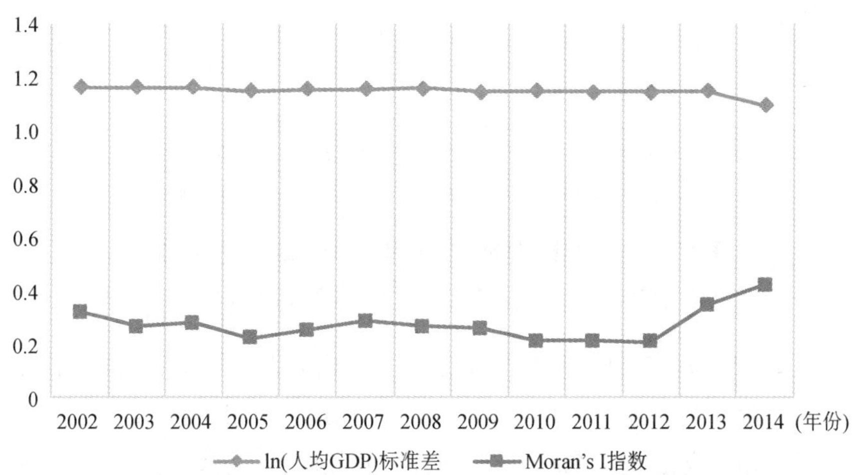

图 3. 1　中国城市人均 GDP 的 σ 收敛分布及 Moran's I 指数变动趋势

资料来源：2003—2015 年《中国城市统计年鉴》和《中国统计年鉴》。

图 3. 2 为中国分地区的城市人均 GDP 的 σ 收敛分布变动趋势。与全国收敛趋势相似，在未考虑城市间的空间溢出效应时，东、中、西部地区的 σ 收敛指数变动幅度较小。具体而言，对比 σ 收敛指数绝对值，东部地区内部存在较大的差异，且高于全国平均水平。这种差异主要在于东北和华北地区与长三角和珠三角地区的经济水平还存在较大的差异。对于中部地区而言，由于其地域范围相对较小，且城市间的经济增幅比较相近，因此城市人均 GDP 的 σ 收敛趋势不明显，表明城市间的经济差距较小，俱乐部收敛的现象不明显。西部地区地域广阔，由城市人均 GDP 的 σ 收敛分布可知西部地区内部经济差异介于东部地区和中部地区之间，且低于全国平均水平。根据统计，陕西关中地区和川渝地区的人均 GDP 水平略高于其他地区，但差异并没有东部地区明显。

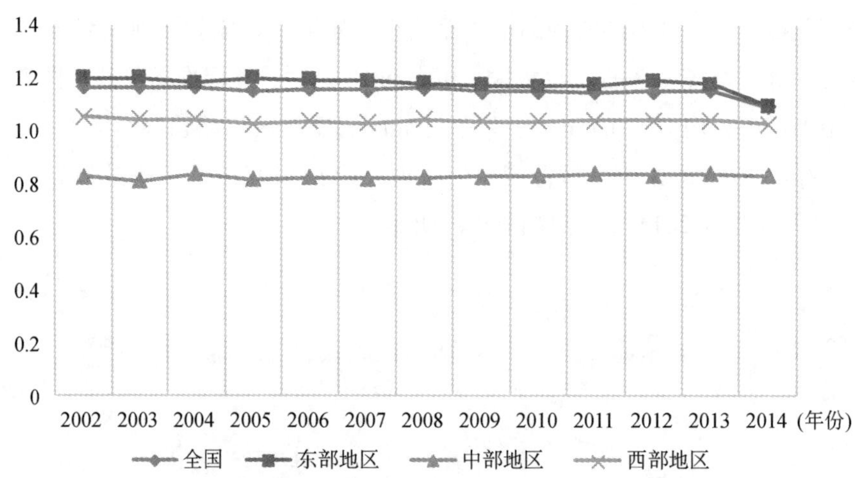

图 3.2 中国分地区城市人均 GDP 的 σ 收敛分布变动趋势

资料来源：2003—2015 年《中国城市统计年鉴》和《中国统计年鉴》。

从 2002 年以来，中国的城市化进程进入快速通道，目前我国已形成七大国家级城市群，遍布中国的东、中、西部地区。根据俱乐部收敛的定义，具有相同或相似经济条件和结构特征的区域或空间单元，其经济增长最终会趋向稳态的现象，因此为进一步描述我国不同城市群的俱乐部收敛特征，本章选取发展比较成熟的五大城市群进行分析。表 3.1 为五大国家级城市群的成员构成。其中，京津冀城市群地域范围占全国面积的 2.3%，集中了超过 7% 的人口，已形成以北京和天津为中心的世界级城市群，带动了周边地区的经济增长。长三角城市群则以占全国 2.2% 的面积、8.2% 的人口，创造了 17.2% 的财富，贡献了 30% 的进出口贸易额和 9% 的财政收入，超过珠三角城市群和京津冀城市群成为中国经济产出效率最高、城市间联系最紧密的地区，是“一带一路”与长江经济带的重要交汇地带，现已成长为世界公认的第六大城市群。珠三角城市群作为我国对外开放最早、产业体系最成熟的地区，以广东 70% 的人口，创造着全省 85% 的 GDP。长江中游城市群则形成了以武汉为中心，长沙和南昌为副中心的特大城市群组合，地跨武汉城市圈、环长株潭城市群、环鄱阳湖城市群，区位范围达 40.15 万平方公里，人口约为 1.53 亿人，分别占全国的比例为 4.18% 和 11.16%，是长江经济带的重要支撑点和新增长极。成渝城市群是我国西部大开发的重要平台，长江经济带上游的重要支撑点，是西部大开发和“一带一路”建设的重要节点，随着基础设施的完善和中国经济发展“一盘棋”格局的形成，成渝城市群的发展前景更加广阔。

表 3.1　　五大国家级城市群成员构成

城市群	成员个数	城市构成
京津冀城市群	10	北京、天津、石家庄、唐山、张家口、保定、秦皇岛、廊坊、沧州、承德
长三角城市群	30	上海、苏州、无锡、常州、镇江、南京、扬州、南通、泰州、盐城、淮安、徐州、宿迁、连云港、杭州、宁波、舟山、绍兴、湖州、嘉兴、台州、金华、衢州、丽水、安庆、合肥、马鞍山、芜湖、滁州、淮南
珠三角城市群	16	广州、香港特区、澳门特区、深圳、佛山、东莞、中山、珠海、江门、肇庆、惠州、清远、云浮、阳江、河源、汕尾
长江中游城市群	31	武汉、黄石、鄂州、黄冈、孝感、咸宁、仙桃、潜江、天门、襄阳、宜昌、荆州、荆门、长沙、岳阳、益阳、常德、株洲、湘潭、衡阳、娄底、南昌、九江、景德镇、鹰潭、新余、宜春、萍乡、上饶、抚州、吉安
成渝城市群	15	成都、重庆、自贡、泸州、德阳、绵阳、遂宁、内江、乐山、南充、眉山、宜宾、广安、雅安、资阳

资料来源：根据中央对国家级城市群的划分整理而成。

就不同城市群而言，城市间的人均 GDP 也存在不同程度的差异。图 3.3 描述了五大城市群的人均 GDP 的 σ 收敛指数的变动趋势。根据统计显示，五大城市群中，珠三角城市群内部的人均 GDP 差异最大，在珠三角城市群 16 个城市中，广州、深圳的人均 GDP 对数值明显高于其他城市，位于经济水平的第一阶梯；以佛山和东莞为代表的城市人均 GDP 位于第二阶梯。从 σ 收敛指数的变动趋势来看，珠三角城市群的经济整体呈收敛的趋势。京津冀城市群内部的经济差异次之，对比城市间的人均 GDP 可以发现，北京和天津为代表的中心城市的经济总量远高于外围城市，而外围城市的经济水平比较相近。京津冀城市群整体的经济收敛趋势并不明显，中心城市与周边城市的经济差异并未得到明显缓解。长三角城市群作为地跨“三省一市”的城市集群，城市人均 GDP 同样存在一定的差异，特别是江苏北部城市和安徽部分城市的人均 GDP 水平相对较低。然而，随着长三角城市群协同发展战略的推进，城市群内部呈现显著的俱乐部收敛特征，以南通、盐城为代表的三线城市经济增长加快，追赶态势逐步显现。成渝城市群和长江中游城市群内部的经济差异相对较小，但是两大城市群均存在中心城市经济水平远高于周边城市的现象。例如，成渝城市群的成都和重庆、长江中游城市群的武汉和长沙，人均 GDP 远高于周边其他城市。

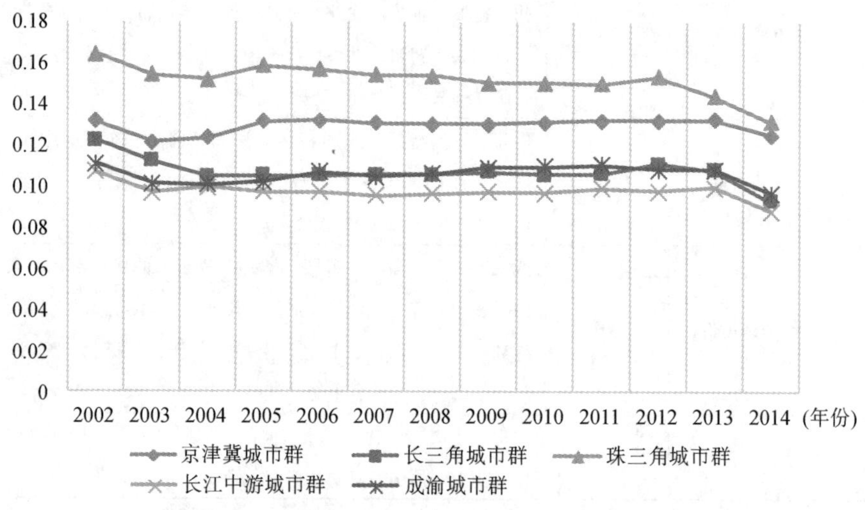

图 3.3 五大城市群人均 GDP 的 σ 收敛分布变动趋势

资料来源：2003—2015 年《中国城市统计年鉴》和《中国统计年鉴》。

3.1.3 城市人均 GDP 的空间相关性

图 3.4 和图 3.5 可以对城市人均 GDP 的空间相关性进行直观的图像描述。根据城市人均 GDP 的 Moran's I 指数散点图，大部分城市位于图的 H-H 区域（第一象限）和 L-L 区域（第三象限），表明城市经济存在空间依赖。散点图的模拟曲线表明城市间存在正的空间相关性，也说明在进行城市的经济收敛研究时，空间属性不容忽视（Breinlich 等，2013）。

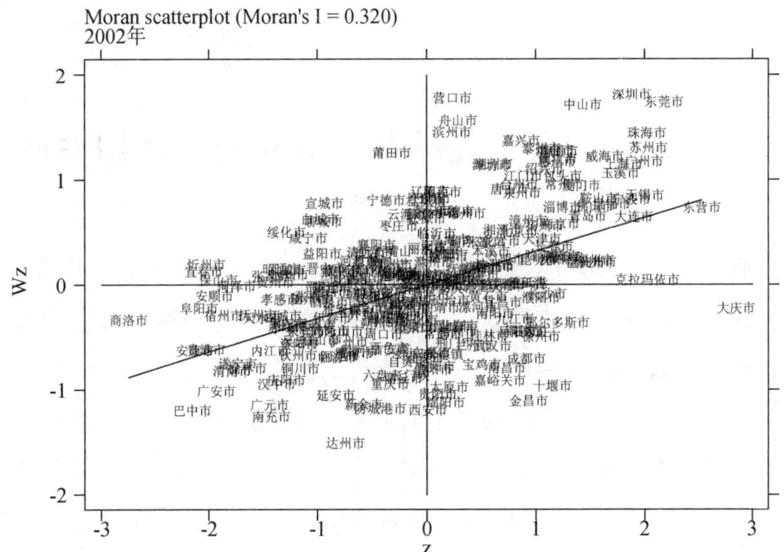

图 3.4　中国城市人均 GDP Moran’s I 指数散点图（2002 年）①

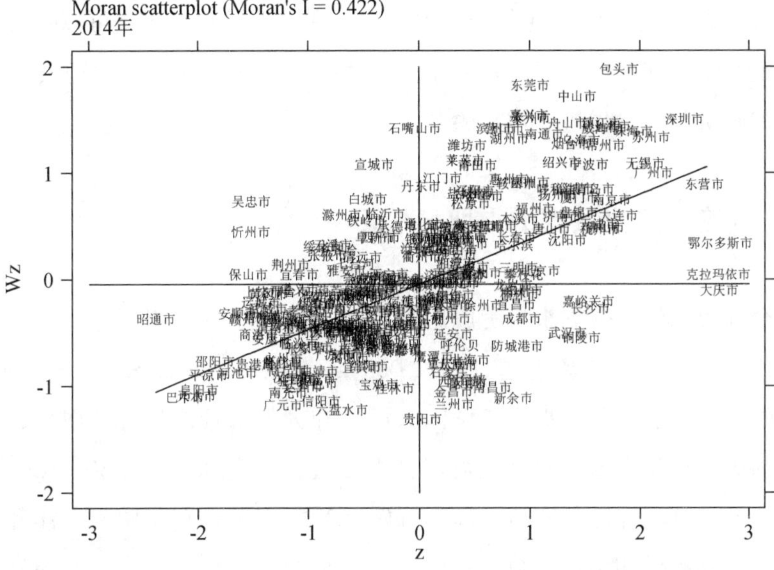

图 3.5　中国城市人均 GDP Moran’s I 指数散点图（2014 年）

① Moran’s I 指数散点图中的 z 和 Wz 得分值用来评价空间节点的相关性程度，z 得分绝对值越大，表示相关性越强。

3.2 城市夜间灯光的收敛分布与空间相关性

尽管 GDP 一直作为衡量我国省份或城市经济发展水平的重要指标，但由于各级政府的统计设施和方法存在较大的差异，单一地采用 GDP 作为衡量指标可能导致结果存在较大的不确定性。另外，在晋升机制与 GDP 挂钩的形势下，地方官员存在虚构数据的激励，从而造成更大的统计偏误。因此，为了更加客观地衡量经济发展水平的指标，大量学者开始采用由美国国家海洋和大气管理局（NOAA）发布的全球夜间灯光数据“透视”中国的经济增长（Chen 和 Nordhaus，2011；Henderson，2012；Donaldson 和 Storeygard，2016；徐康宁等，2015；范子英等，2016）。大量研究表明，夜间灯光数据与 GDP 存在紧密的关联。考虑到卫星观测数据可以更加客观准确地衡量不同地区的经济发展水平，因此本书采用全球夜间灯光数据对城市的经济收敛性做进一步检验。

3.2.1 夜间灯光数据的提取与校正

全球夜间灯光数据来自美国用来观测气象环境的一组卫星，这些卫星主要用于美国国防气象卫星计划（Defense Meteorological Satellite Program，DMSP）。卫星收集的数据由美国国家海洋和大气管理局处理并建档，同时提供面向客户的全球夜间灯光数据，主要报告了全球每个“30s × 30s”的栅格单元，灯光强度的取值区间为［0，63］。目前，美国国家海洋和大气管理局对外提供四种灯光数据，即平均可见灯光、稳定灯光、能观察的无云覆盖次数，以及平均灯光 X Pct。需要说明的是，美国国家海洋和大气管理局公布的夜间灯光数据源于不同的卫星，例如，在 2002—2013 年的灯光数据由四颗卫星（F14、F15、F16、F18）提供，由于不同卫星具有不同的侦测能力，因此得到的数据也不具有一致性。因此，为得到可用于研究的城市夜间灯光数据，我们有必要对全球夜间灯光数据进行提取和处理。

在数据处理方面，由于地理信息系统软件可以对每个栅格的灯光进行提取和处理，我们采用国家基础地理信息中心公布的行政区划矢量图对边界进行剪裁，并将基于中国地理范围的栅格数据与灯光数据进行匹配。在选取光源数据方面，由于稳定灯光数据包含每个城市的稳定光源，同时背景噪声为 0，因此数据更加具有可行性和真实性。本书选取四种灯光数据中的稳定灯光数据作为研究原始数据，并针对不同卫星提供的不同数据的问题，借鉴 Liu 等（2012）的做法对灯光数据进行内部校准，采用同年度综合等方法对数据进行处理，从而降低数据的测量误差。下文将每个城市栅格内的灯光亮度值进行加总，然后除以栅格的总面积，最终得到 2002—2013 年的城市夜间灯光密度。

3.2.2　基于夜间灯光数据的收敛分布

图 3.6 为基于城市夜间灯光数据（取对数）的收敛分布与空间相关指数变动趋势。对比图 3.1 中关于人均 GDP 的收敛分布，城市夜间灯光表现出更加显著的收敛趋势，而且人均 GDP 与夜间灯光在 2002—2013 年的变动趋势不一致，表明采用人均 GDP 或者夜间灯光数据单一的方法研究空间收敛问题均具有一定的局限性。因此，本书在进一步研究城市经济的空间收敛时，将同时采用人均 GDP 和夜间灯光数据进行分析。

图 3.7 为中国分地区的城市夜间灯光数据的 σ 收敛分布。与全国收敛趋势相近，在未考虑城市间的空间溢出效应时，东、中、西部地区的 σ 收敛指数均呈现减小的趋势。就不同地区而言，东部地区城市间的经济差异仍然最大，但低于全国平均水平；中部地区的经济差异最小，且城市间的经济差异还有进一步缩小的趋势；西部地区城市间的经济差异水平居中，而且同样存在经济差距缩小的趋势。通过观察图 3.9 和图 3.10 可以发现，东部地区夜间灯光亮度最大的区域集中在长三角、京津冀、胶东半岛和珠三角等沿海地区，东北地区和东部内陆省份的亮度相对较弱，从而导致东部地区的城市灯光存在较大的空间差异。中部地区灯光亮度分布相对均

匀，且未出现明显的亮度反差。西部地区地域广阔，灯光亮度相比东、中部地区偏低，且主要集中在成都、重庆、西安和昆明等西部中心城市及周边地区。通过对比图 3.9 和图 3.10 可以直观地发现，城市间灯光亮度趋于均等化，且存在显著的俱乐部收敛。

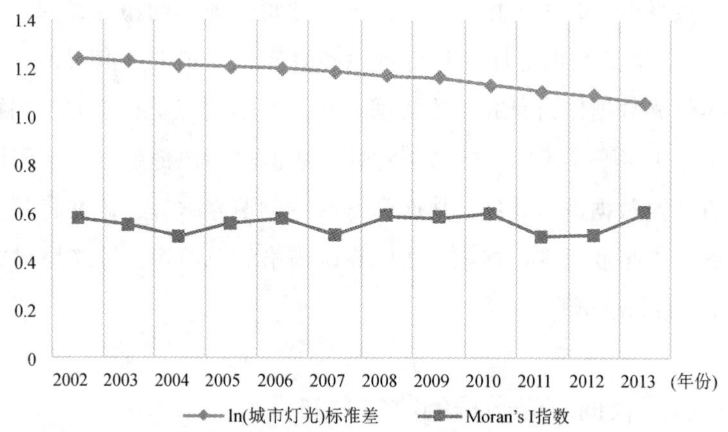

图 3.6　城市夜间灯光 σ 收敛分布及 Moran's I 指数变动趋势

资料来源：根据美国国家海洋和大气管理局（NOAA）提供的 2002—2013 年全球夜间灯光数据整理而成。

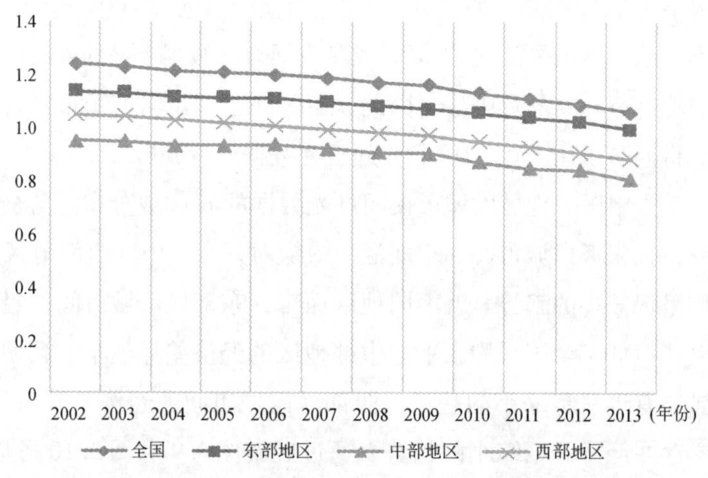

图 3.7　中国分地区城市夜间灯光数据的 σ 收敛分布

资料来源：根据美国国家海洋和大气管理局（NOAA）提供的 2002—2013 年全球夜间灯光数据整理而成。

图 3. 8 为五大城市群城市夜间灯光的 σ 收敛指数变动情况，对比图 3. 3 关于城市人均 GDP 的 σ 收敛指数，五大城市群均存在显著的夜间灯光收敛。与图 3. 3 的结论相似，在五大城市群中，珠三角城市群内城市间灯光亮度反差最大，而长江中游城市群和成渝城市群内部的亮度差异较小。通过图 3. 9 和图 3. 10 也可以观察得出，珠三角地区灯光亮度存在明显的“极化”特征，即灯光最强的区域集中在广州、深圳等沿海地区，而内陆城市的灯光亮度不高。京津冀城市群以中心城市北京和天津的灯光亮度最大，而环京津地区城市的灯光亮度尽管存在一定程度强化，但与中心城市相比依然存在较大差异。长三角城市群总体的灯光亮度高于其他四大城市群，且主要集中在以上海、南京和杭州形成的三角区域。由于江苏北部和安徽部分城市的区位优势并不明显，而且有的城市被新扩充为城市群成员，因此灯光亮度的收敛趋势不明显。成渝城市群和长江中游城市群内部的灯光亮度相对较弱，在 2013 年，成渝城市群的成都和重庆，长江中游城市群中的武汉、南昌和长沙，这些城市群中心城市的灯光亮度明显增强，节点城市的灯光亮度也同时存在一定的强化。通过对比 2002 年和 2013 年的灯光密度分布图可以发现，我国城市整体的灯光亮度有所增强，且存在显著的空间相关性。另外，相比 2002 年，2013 年五大城市群的夜间灯光均呈现显著的俱乐部收敛特征。

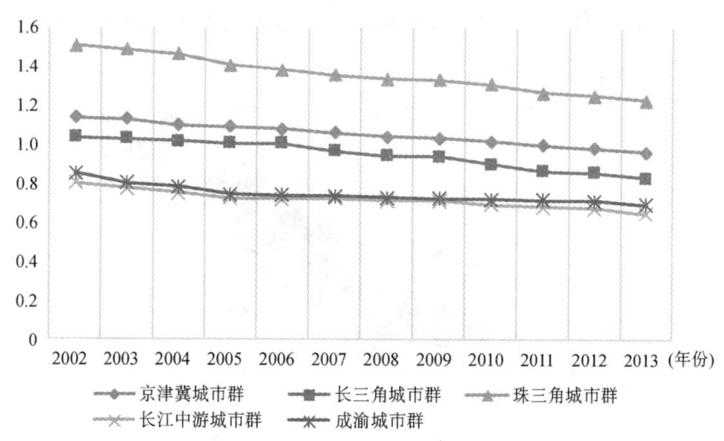

图 3. 8　五大城市群夜间灯光 σ 收敛分布

资料来源：根据美国国家海洋和大气管理局（NOAA）提供的 2002—2013 年全球夜间灯光数据整理而成。

3.2.3 基于夜间灯光数据的空间相关性

图3.9和图3.10分别为城市夜间灯光数据的Moran's I指数散点图，可以看出大部分城市位于散点图的H－H区域（第一象限）和L－L区域(第三象限)，这一点与人均GDP的统计结论相似，进一步表明经济存在空间依赖。另外，散点图的模拟曲线表明城市间存在正的空间相关性。

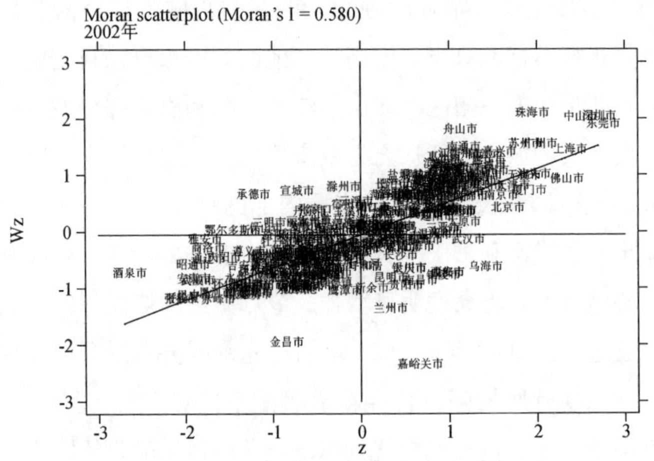

图3.9　中国城市夜间灯光 Moran's I 指数散点图（2002年）

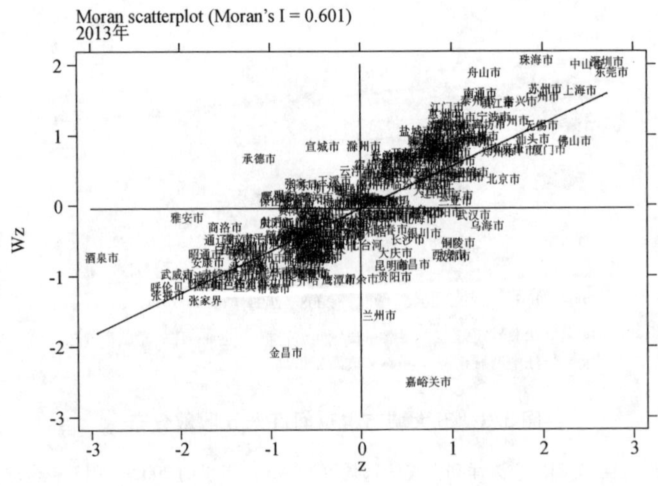

图3.10　中国城市夜间灯光 Moran's I 指数散点图（2013年）

3.3 全要素生产率的收敛分布与空间相关性

随着我国经济发展步入新常态，提升全要素生产率成为保持经济持续增长的重要引擎。全要素生产率在解释经济增长敛散性方面发挥着重要作用。Easterly 和 Levine（2001）研究认为经济增长的差异主要源自不同地区全要素生产率的差距，而非生产要素的驱动。根据学者们的研究，中国生产率的增长对经济发展的贡献度维持在较高的比例。例如，Chow 等（2002）研究表明中国在改革开放之后的 20 年全要素生产率年均增长 2.7%，而对经济增长的贡献率为 28%。张军等（2003）的测算结果与 Chow 近似，对应的数值分别为 2.81% 和 28.9%。紧接着，彭国华（2005）测算的全要素生产率增长率更高，结果为 5.9%，测算区间为 1982—2002 年。王志刚等（2006）测算的 1978—2003 年的生产率年均增长为 4.3%，而李宾等（2009）估算的从改革开放至 2007 年的结果为 3.62%。张健华等（2012）计算的 1979—2010 年的生产率增长为 2.48%，而对经济增长相应的贡献率为 24.9%。李平等（2013）采用不同的测算方法对从改革开放至 2010 年的生产率进行估算，结果显示年均增长率约为 4.1%，相应的经济贡献率约为 40%。石风光和李宗植（2009）的研究明确指出全要素生产率是造成我国省际经济差距的主要原因。因此，为进一步探索中国城市经济发展差异的来源，我们有必要从城市的层面着手，尽可能准确地测度城市的生产率水平，从而对生产率的收敛性进行分析。

3.3.1 方法介绍与核算模型

关于全要素生产率的测算已取得了丰硕的成果，涉及中国的不同地区、部门和行业。根据不同的测算方法，最终计算的结果也不尽相同，甚至存在较大的偏差。因此，准确合理地选择生产率的核算方法是进行收敛性分析的关键步骤。

3.3.1.1 方法介绍

目前对生产率的核算方法包括两种：第一种为增长核算法。该方法的关键是生产要素份额的计算，然后进一步计算出全要素生产率的增长。然而，在增长核算方法中尽管可以放松对完全竞争市场和规模收益不变的假设，但在估计参数时容易受样本数量等因素的限制，同时需要对估计参数做出前定假设，从而容易产生估计偏差。第二种方法为生产前沿法，可以分为参数法和非参数法。参数法常采用超越对数生产函数，该方法的特点是考虑了随机因素的影响，从而降低了生产前沿对随机误差的敏感性，并在生产函数的误差结构中区分了效率分布和随机误差项。非参数法以数据包络分析（DEA）为基础的 Malmquist 指数法，这种方法也可以将生产率增长进行分解，但未区分生产函数误差结构中的效率分布和随机误差项。

鉴于随机前沿模型（SFA）采用超越对数生产函数可以在一定程度上放松对数据包络分析（DEA）法的假设，且随机前沿模型可以区别无效率项和随机误差项，可以更加真实地反映全要素生产率的增长，因此本书选择采用随机前沿模型分析法。

3.3.1.2 随机前沿模型（SFA）

根据 Kumbhakar 和 Lovell（2000）的总结，随机前沿模型的一般形式可以表示为：

$$y_{it} = f(x_{it}, t)\exp(v_{it} - u_{it}) \tag{3.3}$$

其中，y_{it}表示决策单元的产出；$f(x_{it}, t)$表示确定性生产前沿最大产出，即具有完全效率下的产出；x_{it}为要素投入向量；t 为时间趋势，取值为（1，T）；$v_{it} - u_{it}$为误差项，其中 v_{it}表示随机扰动项，且 v_{it}：（0，σ_v^2）；u_{it}为技术非效率项；Battese 和 Coelli（1992）假定 u_{it}服从非负断尾正态分布，且具有：

$$u_{it} = u_i \exp[-\eta(t - T)] \tag{3.4}$$

其中，η 表示时间因素对非效率项的影响，且技术效率表示为实际产出期望与前沿面产出期望的比值，即：

$$TE_{it} = \frac{E[f(x_{it})\exp(v_{it} - u_{it})]}{E[f(x_{it})\exp(v_{it}) \mid u_{it} = 0]} = \exp(-u_{it}) \tag{3.5}$$

当 $u_{it}=0$，$TE_{it}=1$ 时，表示生产函数位于前沿面，技术完全有效率；当 $u_{it}>0$，$TE_{it}<1$ 时，产出位于前沿面的下方，表示技术存在无效率。对式（3.3）取对数可得对数形式的随机前沿模型表达式：

$$\ln y_{it}=\ln(x_{it},t)+v_{it}-u_{it} \tag{3.6}$$

在具体选择生产函数时，常采用柯布—道格拉斯函数和超越对数生产函数。其中，相比柯布—道格拉斯函数，超越对数生产函数可以放宽技术中性和要素产出弹性固定的限制，可以更好地避免由于函数形式导致的偏差。具体的超越对数生产函数为：

$$\ln Y_{it}=\beta_0+\beta_1\ln L_{it}+\beta_2\ln K_{it}+\beta_3 t+0.5\beta_4(\ln K_{it})^2+0.5\beta_5(\ln L_{it})^2+0.5\beta_6 t^2+\beta_7\ln K_{it}\ln L_{it}+\beta_8 t\ln L_{it}+\beta_9 t\ln K_{it}+v_{it}-u_{it} \tag{3.7}$$

又由于：

$$\dot{y}=\frac{d\ln y}{dt}=\frac{d\ln f(x,t)}{dt}-\frac{du}{dt}=\frac{\partial\ln f(x,t)}{\partial t}+\sum_j\frac{\partial\ln f(x,t)}{\partial x_j/x_j}\frac{\partial x_j/x_j}{dt}-\frac{du}{dt}$$

$$=\frac{\partial\ln f(x,t)}{\partial t}+\sum_j\varepsilon_j\dot{x}_j-\frac{du}{dt} \tag{3.8}$$

于是，全要素生产率的增长可以分解为：

$$T\dot{F}P_{it}=\frac{\partial\ln f(x,t)}{\partial t}-\frac{du}{dt}+(RTS-1)\sum\frac{\varepsilon_j}{RTS}\dot{x}_j \tag{3.9}$$

其中，$T\dot{F}P$ 表示全要素生产率的增长；j 表示不同的生产要素；ε_j 为要素 j 的产出弹性；λ_j 为要素 j 投入的相对产出弹性；RTS 表示规模总报酬。结合超越对数生产函数的形式可得：

$$T\dot{E}_{it}=-\frac{du_{it}}{dt}=\eta u_{it} \tag{3.10}$$

$$T\dot{P}_{it}=\frac{\partial\ln Y_{it}}{\partial t}=\beta_3+\beta_6 t+\beta_8\ln L_{it}+\beta_9\ln K_{it} \tag{3.11}$$

$$S\dot{E}_{it}=(RTS-1)\sum_j\frac{\varepsilon_j}{\varepsilon}\dot{x}_{ij} \tag{3.12}$$

其中，$T\dot{E}_{it}$、$T\dot{P}_{it}$ 以及 $S\dot{E}_{it}$ 分别表示生产效率变化、技术进步以及规模效率的变化。

3.3.2 数据处理与测算结果

本章的数据来自 2003—2015 年《中国城市统计年鉴》①，为保持数据的完整性和准确性，剔除了部分数据不完整的城市，最终包括 264 个地级及以上城市。对于超越对数生产函数而言，以各城市的 GDP 表示产出 Y，劳动力 L 表示全社会从业人员数量，K 表示城市资本存量。另外，需要特别指出的是，在测算全要素生产率时先需要估算城市的资本存量，由于存在资本投资基期和折旧率选取等方面的差异，因此对初始资本存量的测算结果也大相径庭。有的学者一以贯之地采用固定折旧率，而有的研究则采用了分省的差异性折旧率（Wu，2008）。为减少计量误差，本书通过重新估算各个省份的折旧率代替所辖城市的折旧率，并在此基础上测算城市的资本存量。

3.3.2.1 折旧率和资本存量的测算

根据中国统计年鉴关于固定资产折旧的定义，表达为“一定时期内为弥补固定资产损耗，按照核定的固定资产折旧率提取的固定资产折旧，或按国民经济核算统一规定的折旧率虚拟计算的固定资产折旧。它反映了固定资产在当期生产中转移的价值。各类企业和企业化管理的事业单位的固定资产折旧是指实际计提并计入成本费中的折旧费；不计提折旧的政府机关、非企业化管理的事业单位和居民住房的固定资产折旧是按照统一规定的折旧率和固定资产原值计算的虚拟折旧。原则上，固定资产折旧应按固定资产的重置价值计算，但是目前我国尚不具备对全社会固定资产进行重估价的基础，所以暂时只能采用上述办法”。

国内学者在处理折旧率时主要表现为三种形式。第一，采用官方给定的折旧率进行分析；第二，假定折旧序列，一般通过线性折旧法（企业计提固定资产时常采用此方法）和几何折旧法进行测算，但折旧年限的选择

① 中国城市化进程在 2002 年党的十六大召开后进入快速通道，2002 年城市化水平位于 39.09%，在 2014 年提升到 54.77%，而且 40% 以下的城市化水平并不足以促进生产率的快速提升，因此本节的研究区间位于 2002—2014 年。

不尽相同；第三，通过与折旧率有关的公式进行测算。与线性折旧法相比，几何折旧法更加符合资本品的实际折旧模式（Hulten 和 Wykoff，1981）。认识到这一点，因此本书采用几何折旧法对折旧率进行测算。在进行折旧率测算之前，还需要确定不同类别固定资产的折旧年限，因为不同折旧年限的选择将得到不同的结果。例如，黄勇峰和任若恩（2002）、孙琳琳和任若恩（2005）均采用几何折旧法，并采纳 Maddison（1994）的建议，假定建筑业的折旧年限为 40 年、生产设备折旧年限为 16 年，估算出建筑业折旧率为 17%、生产设备折旧率为 8%。张军等（2004）假设建筑业和生产设备的折旧年限分别为 45 年和 20 年，其他类型投资为 25 年，得出折旧率分别为 6.9%、14.9% 以及 12.1%。白重恩等（2014）将建筑业和生产设备的折旧年限分别设定为 38 年和 12 年，并根据每年建筑和生产设备投资比重的变化测算出 1978—2005 年的折旧率介于 10.47%—12.06%。单豪杰（2008）借鉴了黄勇峰和任若恩（2002）关于折旧年限的设定，将建筑业和生产设备的折旧年限分别设定为 38 年和 20 年，并估算出折旧率分别为 8.12% 和 17.08%。

本书借鉴白重恩等（2007）和单豪杰（2008）关于资本折旧年限的做法，将建筑业和生产设备的折旧年限分别设定为 38 年和 20 年，并假设各类资本的残值率为 5%。其中，几何递减计算公式表示为 $w_\tau = (1-\delta)^\tau$，$\tau = 0, 1, 2, \cdots, T$。在计算出各类资本折旧率 δ 后，乘以相应的建筑业和生产设备投资权重，从而得到各省份的总折旧率，结果如表 3.2 所示①。

表 3.2　　中国不同地区折旧率的测算结果（2002—2014 年）　　单位：%

地区	加权总折旧率	地区	加权总折旧率
北京	9.85	河南	10.82
天津	10.09	湖北	10.36

① 由于每年建筑业和生产设备的资本存量未知，本书采用城市固定投资中两类资本品前三年的投资比重作为权重进行计算，进而得到加权总折旧率。考虑到数据的可得性，为得到城市层面的折旧率，本书采用同一省份内部城市折旧率相同的处理方式（柯善咨和向娟，2012）。

续表

地区	加权总折旧率	地区	加权总折旧率
河北	10.57	湖南	9.55
山西	10.24	广东	10.00
内蒙古	10.39	广西	10.44
辽宁	10.45	海南	9.31
吉林	11.58	重庆	9.16
黑龙江	10.43	四川	9.57
上海	10.06	贵州	9.52
江苏	11.47	云南	9.22
浙江	10.32	陕西	9.53
安徽	10.30	甘肃	9.98
福建	10.15	青海	9.40
江西	10.78	宁夏	10.36
山东	10.94	新疆	10.30

资料来源：2003—2015 年《中国城市统计年鉴》和《中国统计年鉴》。

对不同省份城市的折旧率做区别化处理可以在一定程度上减小资本存量测算的偏误。在折旧率测算的基础上，本书借鉴 Reinsdorf 等（2005）的方法对资本存量进行估计，且具体计算公式为：

$$K_0 = I'_0\left[1 + \frac{1-\delta}{1+g} + \left(\frac{1-\delta}{1+g}\right)^2 + \cdots\right] = I'_0\left(\frac{1+g}{g+\delta}\right) \tag{3.13}$$

其中，g 为投资 I'_t 的增长率；δ 为折旧率；$I'_0 = (I'_t + I'_{t-1} + I'_{t-2})/3$，表示初始年份的投资额。在计算出初始资本存量后，则根据 Goldsmith 在 1951 年提出的永续盘存法可计算出各年份的城市资本存量，即：

$$K_{it} = K_{it-1}(1-\delta_i) + I_{it} \tag{3.14}$$

在测算出资本存量后，则可以通过随机前沿模型对城市层面的生产率进行测算和分解。

3.3.2.2 生产率的测算结果

为对比基于不同折旧率测算的生产率差异，本书引入张军等（2004）和单豪杰（2008）测算的折旧率和资本存量进行分析。此外，GDP 和固定资产投资均按照 2000 年的不变价格进行平减，从而消除价格因素的影响。

表 3.3 为超越对数生产函数的系数零假设检验结果。通过检验不同限制条件下的系数值，证明了采用超越对数生产函数的合理性。另外，表 3.4 中 γ 值也通过了显著性检验，进一步印证了本书采取随机前沿方法的合理性。根据表 3.4 的分析结果，资本、劳动力、时间以及相互之间交互项的系数均显著。其中，模型 1 采用本书估算的折旧率，模型 2 和模型 3 分别采用张军等（2004）和单豪杰（2008）折旧率的计量结果。根据式（3.9）至式（3.12）可以计算得出，2002—2014 年中国城市全要素生产率年均增长 1.440%，其中规模效率改进 0.813%、技术进步率为 0.306%、技术效率改进 0.325%。根据张军等（2004）折旧率计算的生产率年均增长 1.890%，其中规模效率改进 1.460%、技术进步率为 0.155%、技术效率改进 0.276%。根据单豪杰（2008）的折旧率计算的生产率年均增长 1.530%，其中规模效率改进 0.637%、技术进步率为 0.546%、技术效率改进 0.329%。

表 3.3　　超越对数生产函数零假设检验结果

$\beta_4 = \beta_5 = \beta_6 = \beta_7 = \beta_8 = \beta_9$	是否采用柯布—道格拉斯生产函数	LR chi2（6） = 209.04	拒绝
$\beta_3 = \beta_6 = \beta_8 = \beta_9$	是否不存在技术进步	LR chi2（4） = 205.82	拒绝
$\beta_8 = \beta_9$	技术进步是否为中性	LR chi2（2） = 87.15	拒绝
$\eta = 0$	技术效率是否不具有时间趋势	LR chi2（1） = 117.74	拒绝

表 3.4　　随机前沿模型分析结果

变量	模型 1	模型 2	模型 3
$\ln K_{it}$	-0.454 *** (0.209)	-0.473 *** (0.208)	-0.991 *** (0.291)
$\ln L_{it}$	0.144 *** (0.015)	0.142 *** (0.015)	0.219 *** (0.023)
t	0.021 *** (0.005)	0.021 *** (0.005)	0.038 *** (0.005)
$(\ln K_{it})^2$	0.455 *** (0.082)	0.459 *** (0.082)	0.666 *** (0.109)

续表

变量	模型 1	模型 2	模型 3
$(\ln L_{it})^2$	0.004 *** (0.001)	0.004 *** (0.001)	0.007 *** (0.001)
t^2	0.001 *** (0.000)	0.001 *** (0.000)	-0.000 *** (0.000)
$\ln K_{it} \ln L_{it}$	-0.086 *** (0.013)	-0.085 *** (0.013)	-0.140 *** (0.018)
$t\ln K_{it}$	-0.026 *** (0.004)	-0.026 *** (0.004)	-0.028 *** (0.004)
$t\ln L_{it}$	0.003 *** (0.000)	0.003 *** (0.000)	0.003 *** (0.000)
σ^2	0.001 *** (0.000)	0.001 *** (0.000)	0.001 *** (0.000)
η	0.027 *** (0.003)	0.027 *** (0.003)	0.030 *** (0.004)
γ	0.630 *** (0.022)	0.631 *** (0.022)	0.629 *** (0.022)
技术无效率不存在的 LR 检验	7948	7950	7932

注：*** 表示变量在 1% 的水平下通过显著性检验。其中，括号内为系数的标准差。

本章对不同折旧率计算出的生产率进行加权平均，得到生产率的平均增长率为 1.620%、规模效率为 0.970%、技术进步率为 0.336%，而技术效率为 0.310%①。因此，就中国城市整体而言，全要素生产率的增长速度严重滞后于经济总量的增长，而且进一步验证了生产率的提升主要来自城市规模效率的提高②。大量研究表明，目前中国城市体系的结构呈现扁平状，大部分城市尚未达到最优规模，城市化水平还有继续提升的空间（梁

① 余永泽（2015）从省级层面分别采用张军（2004）和单豪杰（2008）提供的折旧率对生产率进行测算，结果表明生产率年均增幅 1.654%，其中，规模效率年均增幅 0.986%、技术进步率年均增幅为 0.664%、技术效率年均增幅为 -0.015%。对比后发现基于城市层面的生产率增幅相对较弱，但对于技术效率而言，技术效率在省级层面为负值，而在城市层面存在 0.310% 的增幅。

② 城镇化率从 1998 年的 30.40% 迅速提高到 2014 年的 54.77%，中国的城镇化进程促进了规模收益的释放。

琦等，2013；Au 等，2006）。此外，根据测算，中国城市整体的技术进步率和技术效率改进率相对较低，在城市经营成本不断提升和创新驱动发展的大背景下，技术进步和技术效率的提升也成为下一步引领我国经济增长的关键。

3.3.3　基于城市全要素生产率的收敛分布

图 3.11 描述了中国城市全要素生产率 σ 收敛分布及 Moran's I 指数变动趋势。统计表明，全要素生产率的差异整体呈下降的趋势，表明存在全域范围的生产率收敛，然而收敛的趋势并不显著。另外，在 2002—2008 年的收敛趋势比较平稳，而在 2008—2014 年存在一定幅度的波动①。就不同地区而言，图 3.12 为中国分地区的全要素生产率 σ 收敛分布情况。其中，东部地区存在明显的收敛趋势，而且在 2005—2008 年收敛的趋势较为明显。相比东部地区而言，中部地区的 σ 收敛指数存在一定的波动，尽管在 2005—2008 年同样存在一定程度的收敛，但收敛趋势并不明显，并在 2011 年发生了明显的趋异，这也直接导致了在全域范围内生产率的波动。西部地区城市间的生产率波动相对较小，而且在 2011 年前一直呈收敛的趋势。另外，根据图 3.12 可知，在 2012 年全国以及东、中、西部地区的全要素生产率收敛指数均出现了“翘尾”的现象，表明城市间生产率差异又呈扩大的趋势，存在一定的波动②。

---

① 2008 年金融危机爆发，中国的国际贸易受到重创，政府为保持经济的平稳增长出台了四万亿元的投资拉动政策，其中一半以上投入铁路、公路、机场等重大交通基础设施建设，城市的资本投入存在差异，因此在 2008 年后生产率存在一定的波动。

② 据统计，中国一线和二线城市在 2012—2014 年的生产率增长幅度明显增强，以武汉为例，2012 年生产率增长为 3.349%，而 2014 年生产率增长为 6.003%。因此，2012—2014 年大城市的规模优势显现，引起大量资源涌入从而出现了生产率的趋异。

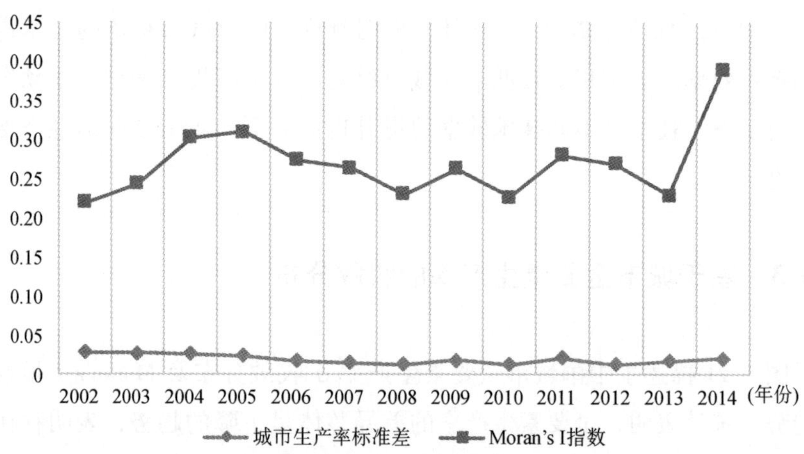

图 3.11 中国城市生产率 σ 收敛分布及 Moran's I 指数变动趋势

资料来源：2003—2015 年《中国城市统计年鉴》和《中国统计年鉴》。

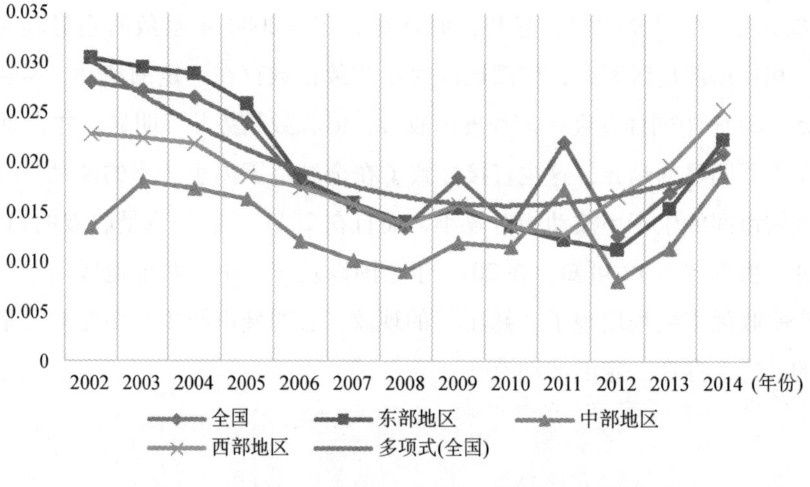

图 3.12 中国分地区城市全要素生产率的 σ 收敛分布

资料来源：2003—2015 年《中国城市统计年鉴》和《中国统计年鉴》。

为进一步描述生产率之间的俱乐部收敛，本节对京津冀、长三角、珠三角、长江中游以及成渝城市群的生产率 σ 收敛指数进行刻画[①]，如图

① 由于哈长城市群和中原城市群分别在 2016 年和 2017 年被批复为国家级城市群，城市群还处于发展的初级阶段，城市间的职能分工和产业融合水平还有待于进一步提升，因此本书未将其列为研究对象。

3.13 所示。总体而言，五大城市群生产率的 σ 收敛指数均呈下降的趋势，即存在俱乐部收敛。京津冀城市群在 2009 年和 2014 年存在明显的趋异，而在其他时间区间内均趋同。究其根源，在 2009 年，北京、天津、石家庄以及唐山的资本投入增长幅度较大，尤其是石家庄和唐山，在扣除价格因素后，资本投入分别增加 32.67% 和 60.88%，其生产率增长幅度远大于其他城市。资本投入差异带来的生产率增长趋异在 2014 年表现更为突出，北京和天津周边城市的投入幅度大幅提升，保定和廊坊的资本投入增长幅度分别达到 96.42% 和 98.62%。长三角城市群在 2012 年之前为平稳的收敛趋势，而在 2013 年和 2014 年却明显趋异，其中在 2013 年南京和苏州的生产率提升幅度远高于长三角其他城市；2014 年，盐城、泰州和嘉兴等三线城市呈现明显的追赶态势，生产率增长幅度领先于长三角地区的平均水平。从收敛曲线的走势来看，珠三角城市群的收敛趋势更为明显，在 2002—2012 年，城市生产率均存在收敛的趋势，而 2013 年的趋异主要源于东莞和佛山生产率的大幅提升。长江中游城市群除个别年份存在波动现象外，总体呈现收敛的趋势，2011 年南昌和宜昌的生产率大幅提升，2014 年武汉、长沙和南昌等中心城市的生产率增幅领先于其他城市，从而导致生产率收敛函数的波动。成渝城市群收敛曲线的波动幅度最小，总体呈趋同的态势，在 2006 年和 2012 年的小幅震荡均来自重庆和成都的生产率调整，在成渝城市群内部，中心城市与外围城市的生产率增长绝对值存在较大的差异。

为了更直观地分析不同城市生产率变化的差异和空间相关性，本章根据生产率的增长幅度对城市进行了分组，如表 3.5 所示。可以看出，在 2002—2014 年生产率年均增幅最大的城市并非集中在北京、上海等规模较大的一线城市，而主要集中在一线城市周边的具有较大发展潜力的二、三线城市，包括天津、沈阳、大连、苏州、重庆、东莞、西安等。生产率增长速度次之的城市主要集中在京津冀、长三角、山东半岛、珠三角等东中部地区，具有俱乐部收敛的特征。生产率增长区间介于（0.01，0.03）的城市则相对集中，主要分布在东、中部发展相对滞后和西部经济规模相对较大的城市，如兰州、西宁等省会城市，这也反映了西部地区相对缓慢的城市生产率增速在一定程度上约束了经济的增长。生产率增长区间介于(0, 0.01)的城市主要分布在中国东北、中部和西部等发展相对落后的地区，而且生产率增长同样表现出一定的空间依赖。最后，存在少数城市全要素生产率的增长为负值，这些城市表现出了要素配置不合理和技术驱动不足的发展现状。

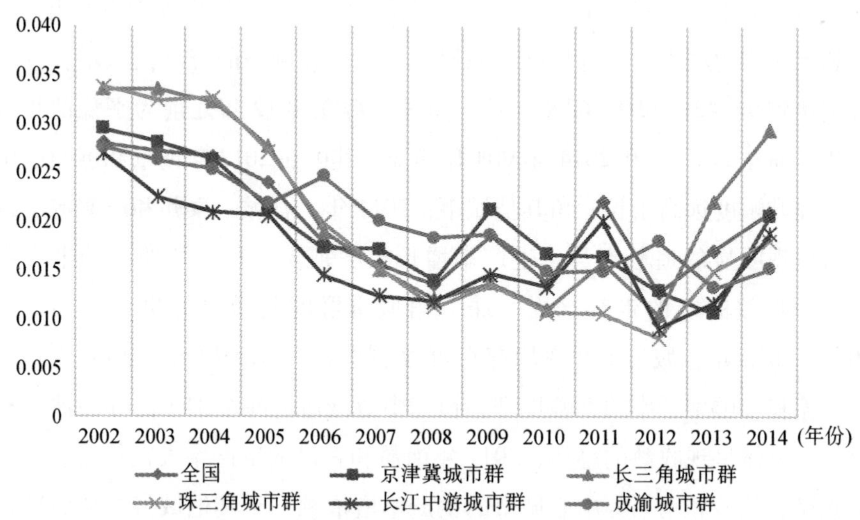

图 3.13 五大城市群全要素生产率的 σ 收敛分布

资料来源：2003—2015 年《中国城市统计年鉴》和《中国统计年鉴》。

表 3.5 不同城市生产率增长区间统计分组情况

ΔTFP > 0.05	天津、沈阳、大连、苏州、重庆、东莞、西安
0.03 < ΔTFP < 0.05	北京、石家庄、唐山、太原、包头、鄂尔多斯、长春、吉林、哈尔滨、上海、南京、无锡、徐州、常州、南通、淮安、盐城、扬州、镇江、杭州、宁波、福州、厦门、南昌、济南、青岛、淄博、烟台、潍坊、临沂、武汉、宜昌、长沙、广州、深圳、贵阳、昆明、佛山
0.01 < ΔTFP < 0.03	秦皇岛、邯郸、邢台、保定、张家口、沧州、廊坊、大同、呼和浩特、乌海、赤峰、通辽、鞍山、抚顺、本溪、丹东、营口、盘锦、松原、大庆、连云港、泰州、宿迁、温州、嘉兴、湖州、绍兴、金华、衢州、舟山、台州、蚌埠、淮北、安庆、黄山、莆田、三明、泉州、漳州、龙岩、萍乡、九江、新余、枣庄、东营、济宁、泰安、威海、日照、莱芜、德州、聊城、滨州、洛阳、安阳、新乡、焦作、濮阳、南阳、商丘、信阳、襄阳、鄂州、荆州、株洲、湘潭、衡阳、岳阳、常德、郴州、珠海、汕头、江门、湛江、惠州、清远、中山、桂林、北海、三亚、泸州、绵阳、乐山、遵义、宝鸡、咸阳、榆林、兰州、西宁、银川、乌鲁木齐、克拉玛依

续表

0 < ΔTFP < 0.01	阳泉、长治、晋城、朔州、晋中、运城、临汾、锦州、阜新、辽阳、铁岭、葫芦岛、四平、辽源、通化、白城、齐齐哈尔、七台河、牡丹江、丽水、铜陵、滁州、阜阳、池州、南平、宁德、景德镇、赣州、抚州、上饶、菏泽、开封、平顶山、鹤壁、许昌、漯河、三门峡、周口、驻马店、黄石、十堰、荆门、黄冈、咸宁、随州、益阳、永州、娄底、韶关、茂名、肇庆、阳江、梧州、防城港、钦州、贵港、玉林、百色、贺州、自贡、攀枝花、德阳、广元、遂宁、内江、南充、眉山、宜宾、广安、六盘水、曲靖、铜川、渭南、延安、嘉峪关、白银、石嘴山
ΔTFP < 0	忻州、呼伦贝尔、朝阳、白山、鸡西、鹤岗、双鸭山、伊春、佳木斯、黑河、绥化、宿州、宣城、鹰潭、吉安、宜春、孝感、邵阳、张家界、怀化、梅州、河源、潮州、揭阳、云浮、河池、来宾、崇左、达州、雅安、巴中、资阳、安顺、玉溪、保山、昭通、汉中、安康、商洛、金昌、白银、天水、武威、张掖、平凉、酒泉、庆阳、吴忠

注：ΔTFP 表示全要素生产率的变化率。

3.3.4　基于全要素生产率的空间相关性

图 3.14 和图 3.15 分别为城市全要素生产率的 Moran's I 指数散点图，可以看出大部分城市位于散点图的 H－H 区域（第一象限）和 L－L 区域（第三象限），这与人均 GDP 和城市夜间灯光的统计结论相似，进一步表明经济存在空间依赖。另外，散点图的模拟曲线表明城市间存在正的空间相关性。

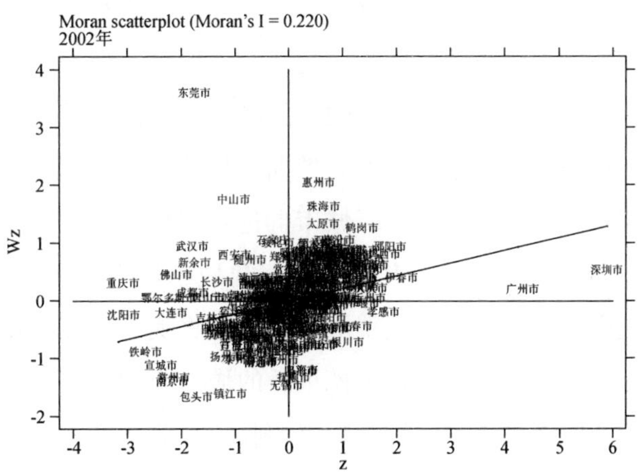

图 3.14　中国城市全要素生产率 Moran's I 指数散点图（2002 年）

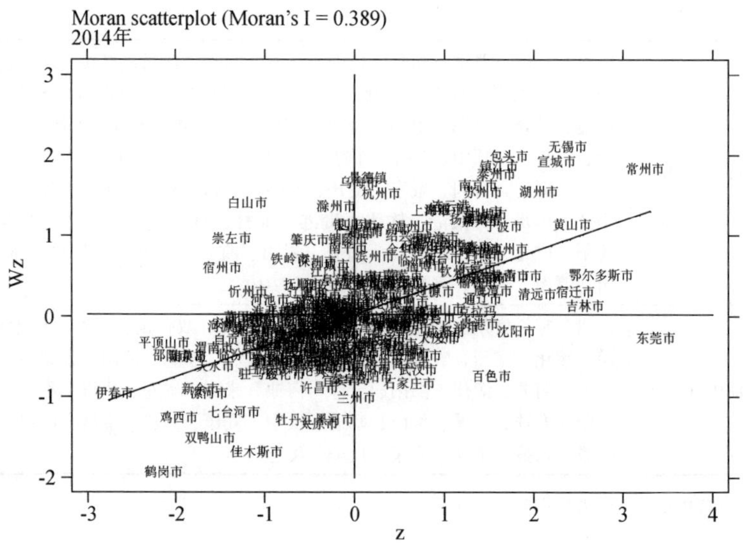

图 3.15　中国城市全要素生产率 Moran's I 指数散点图（2014 年）

本章小结

本章对我国城市经济的收敛分布和空间相关性进行了系统分析。通过研究发现，我国城市经济的整体收敛趋势并不明显，但表现出了显著的空间相关性。从东、中、西三大地区的收敛趋势来看，相较于整体而言，尽管收敛趋势存在一定程度增强，但收敛曲线依然比较平缓。进一步地，本章还对发展相对成熟的五大国家级城市群进行俱乐部收敛性检验，发现各城市群存在不同的收敛趋势。其中，珠三角城市群内部的经济差异最大，但相比其他城市群而言，同时表现出了较强的收敛趋势。为克服人均 GDP 存在的主观性和片面性，本章采用校正后的城市夜间灯光数据对经济收敛性进行再检验，发现基于夜间灯光数据的收敛趋势和空间相关性得到显著增强。对于不同城市群而言，珠三角城市群内部城市的差异仍然最大，但收敛趋势明显强于人均 GDP 对应的结果。城市夜间灯光的收敛分布从更加客观的角度反映了我国城市间经济的真实差异可能并没有人均 GDP 体现的大，而且城市夜间灯光同时具有更高的空间依赖性。因此，在分析经济空间收敛问题时，有必要采用多维度的指标解释结论的差异。

考虑到城市生产率的变化可以较大程度地决定经济增长的走势，本章进一步对城市生产率的收敛分布和空间相关性进行了分析。为了尽可能准确地测度城市的生产率，本章放弃了采用统一折旧率的处理方式，而是对不同省份的折旧率进行重新估算，并假设同一省份的城市折旧率相同，进而得到城市在 2002—2014 年的资本存量。在进行城市生产率的测算时，本书采用随机前沿模型将生产率分解为规模效率、技术进步率和技术效率。在 2002—2014 年的时间区间内，中国城市全要素生产率年均增长为 1.440%，其中规模效率提升 0.813%、技术进步率为 0.306%、技术效率改进 0.325%。而根据张军等（2004）折旧率计算的生产率年均增长 1.891%，其中规模效率改进 1.465%、技术进步率为 0.155%、技术效率改进 0.276%。根据单豪杰（2008）的折旧率，生产率年均增长 1.538%，其中规模效率改进 0.637%、技术进步率为 0.546%、技术效率改进 0.329%。因此，城市生产率的提升主要来自城市规模效率的提高，技术进步率和技术效率还有更大的提升空间，未来可能会成为驱动我国城市生产率提升的重要引擎。生产率在不同城市间存在一定的差异和空间相关性。根据城市生产率的测算结果，本章按生产率增幅的大小依次分为五个层次。其中，第一阶梯城市的生产率增幅最大，主要分布在北京、上海等规模较大的一线城市的周边，包括天津、沈阳、大连、苏州、重庆、东莞、西安等；第二阶梯城市主要集中在京津冀、长三角、山东半岛、珠三角等东、中部地区，且具有明显的空间相关性；第三阶梯城市相对集中，主要分布在东、中部发展相对滞后的地区和西部经济规模相对较大的城市，如兰州、西宁等省会城市；第四阶梯城市主要分布在中国东北、中部和西部等发展相对落后的地区，而且生产率增长同样表现出较强的空间相关性；第五阶梯城市全要素生产率的增长率为负值，主要分布在西部等相对偏远的地区，这些城市表现出了要素配置不合理和技术落后的现状。

第 4 章

中国城市经济规模的空间收敛性分析

以 Solow 和 Swan 为代表的学者提出新古典增长理论，并阐述了资本边际产出存在递减的趋势，经济增长最终将收敛于稳态值。如果不同经济体具有一致的储蓄率、人口增长率和技术进步率，那么经过长期的演变这些经济体将收敛于某个稳态值，这也正是 β 收敛中的绝对收敛。当然，各个经济单元通常具有各自的储蓄率等个体特征，因此在大多数情况下，需要在控制个体特征的条件下经济体才会趋于收敛，这就是 β 收敛中的条件收敛。在第 3 章的分析中，σ 收敛仅能反映经济增长或生产率的分布特征，而未考虑城市间的空间溢出效应。根据前文研究也发现，城市间存在显著的空间相关性，在进行收敛性分析时如果忽略彼此之间的空间溢出效应则必然会导致结果的偏差。因此，为进一步分析我国城市经济增长的空间收敛性，本章采用空间计量模型考虑城市间的空间溢出效应。

4.1　空间计量模型构建

4.1.1　收敛函数介绍

根据收敛函数的定义，绝对 β 收敛的表达式可以表示为：

$$(\ln y_{it} - \ln y_{i0})/t = \alpha + \gamma \ln y_{i0} + \xi_{it}, \xi_{it} \overset{iid}{\sim} N(0, \sigma^2) \tag{4.1}$$

条件 β 收敛的表达式与绝对 β 收敛相似，可以表示为

$$(\ln y_{it} - \ln y_{i0})/t = \alpha + \gamma \ln y_{i0} + \beta X_{it} + \xi_{it}, \xi_{it} \overset{iid}{\sim} N(0, \sigma^2) \tag{4.2}$$

其中，$\ln y_{it}$表示各城市研究时间段内的人均 GDP；$\ln y_{i0}$表示各城市初期的人均 GDP；X_{it} 为控制变量；ε_{it} 为随机误差项。根据 López - Bazo (2004) 的处理方法，本部分将 s_{it}、$(n+g+d)_{it}$以及 $labor_{it}$作为研究城市经济收敛的控制变量。其中，s_{it}表示城市的储蓄率，以资本形成率表示（周

亚虹等，2009)①；在复合表达式（n + g + d)$_{it}$中，n 表示劳动力增长率，g 表示外生技术进步率，d 表示折旧率；labor$_{it}$表示城市的人力资本，以每万人大学生数衡量。

根据收敛函数的定义，如果系数 γ 显著为负，则说明存在经济增长的绝对 β 收敛和条件 β 收敛，即城市间的经济差距将逐步缩小，并趋于稳态值 γ_0。同时，根据回归方程系数的估计值，可以分别计算出收敛达到的稳态值 γ_0、收敛速度 θ 以及收敛的收敛周期 τ，即：

$$\gamma_0 = \alpha / (1 - \gamma) \tag{4.3}$$

$$\theta = -\ln(1 + \gamma) / t \tag{4.4}$$

$$\tau = \ln(2) / \theta \tag{4.5}$$

4.1.2 空间因素引入

就我国经济收敛的研究而言，尽管目前已取得了丰富的研究成果，但大量的文献忽略了地区的空间属性。根据“地理学第一定律”，相邻地区存在空间依赖（Tobler，2004)。城市作为比省级行政单位更小的空间单元，城市间特别是相邻城市间的空间相关性可能更强。表 4.1 为中国城市间人均 GDP 的 Moran's I 值，而且均通过了显著性检验。因此，本章在进行 β 收敛性分析时，采用空间计量的方法。

表 4.1　　中国城市人均 GDP 空间相关性检验

年份	Moran's I 值	P - value	年份	Moran's I 值	P - value
2002	0.320 (6.579)	0.000	2009	0.259 (6.751)	0.000
2003	0.267 (8.395)	0.000	2010	0.214 (5.679)	0.000

① 根据周亚虹等（2009）的表述，尽管中国各地的储蓄率差异较大，然而地区内部由于具有相近的社会文化和经济环境，因此相同省份城市间的储蓄率差异较小，取对数后的储蓄率的变化就更小，因此本书以各自省份的储蓄率代替所属城市的储蓄率。

续表

年份	Moran's I 值	P - value	年份	Moran's I 值	P - value
2004	0.281 (7.346)	0.000	2011	0.212 (5.696)	0.000
2005	0.224 (5.902)	0.000	2012	0.208 (5.577)	0.000
2006	0.254 (6.649)	0.000	2013	0.348 (9.221)	0.000
2007	0.289 (7.533)	0.000	2014	0.422 (9.322)	0.000
2008	0.267 (7.002)	0.000			

资料来源：2003—2015 年《中国城市统计年鉴》。

通过 Moran's I 值和 P 值可以得出，2002—2014 年我国城市的人均 GDP 存在显著的空间正相关，而且由 Moran's I 值的变化特征可知城市间的空间溢出效应不断增强。因此，在对城市人均 GDP 进行收敛性分析时，如果忽略空间因素将导致较大的计量误差。空间计量模型存在多种形式，鉴于空间滞后模型可以识别城市间的空间依赖性，而空间误差模型可以识别城市间的空间异质性，而且以上两个空间计量方程可以相互补充和识别，因此它们一直作为空间计量分析的惯用方法。本章同样主要采用以上两种模型进行城市经济的空间收敛性分析。其中，空间滞后的空间绝对 β 收敛方程和空间条件 β 收敛分别为：

$$(\ln y_{it} - \ln y_0)/t = \alpha S + \lambda W_n(\ln y_{it} - \ln y_0) + \beta \ln y_0 + \xi_{it} \quad (4.6)$$

$$(\ln y_{it} - \ln y_0)/t = \alpha S + \lambda W_n(\ln y_{it} - \ln y_0) + \beta \ln y_0 + \eta X_{it} + \xi_{it} \quad (4.7)$$

其中，S 表示空间单位列向量，$\xi_{it} \overset{iid}{\sim} N(0, \sigma^2)$。空间滞后模型假设被解释变量存在空间相关性，而如果误差项存在空间相关性，则表现为空间误差模型。对应的空间绝对 β 收敛方程和空间条件 β 收敛方程分别为：

$$(\ln y_{it} - \ln y_0)/t = \alpha S + \beta \ln y_0 + \varphi_{it}, \varphi_{it} = \lambda W \varphi_{it} + \xi_{it} \quad (4.8)$$

$$(\ln y_{it} - \ln y_0)/t = \alpha S + \beta \ln y_0 + \eta X_{it} + \varphi_{it}, \varphi_{it} = \lambda W \varphi_{it} + \xi_{it} \quad (4.9)$$

在空间滞后方程和空间误差方程中，如果 β 值显著且小于 0，则表示城市间存在经济的空间收敛。在常见的一致估计方法中，包括二阶段最小二乘法、极大似然估计和广义矩估计，根据现有文献，极大似然估计的偏误更小（Elhorst，2012）。因此，本书选择极大似然法进行实证分析。

4.1.3 空间权重矩阵的构建

在进行空间计量分析时，空间矩阵的构建是关键。为了更加全面地衡量不同空间矩阵下体现的空间相关性，本章根据城市间的邻接分布、物理距离以及经济距离等条件分别构建邻接空间权重矩阵、空间距离权重矩阵以及经济距离空间权重矩阵，并对三种权重矩阵对应的结果进行分析。

4.1.3.1 邻接空间权重矩阵

邻接空间权重矩阵的构建与城市之间的位置关系相关，如果两个城市之间相邻，则将权重赋值为1，不相邻则为0，即：

$$w_{ij}{}^{n}=\begin{cases}1,\text{若城市相邻}\\0,\text{若城市不相邻}\end{cases} \tag{4.10}$$

为简化模型且便于分析结果，本书对空间权重矩阵进行“行标准化”，以保证每行元素之和为1，即：

$$w_{ij}{}^{'n}=\frac{\tilde{w}_{ij}}{\sum_{j}\tilde{w}_{ij}},i\neq j \tag{4.11}$$

其中，$\tilde{w}_{ij}$表示矩阵中的每个元素。

4.1.3.2 空间距离权重矩阵

尽管邻接空间权重矩阵在进行空间计量分析时得到广泛应用，然而这种认为不邻接城市之间不存在相关性的设定有失偏颇。因此，为了更加准确地衡量城市之间的区位关系，本书以两者之间空间距离的倒数作为空间矩阵的权重，从而进一步反映城市间的空间结构。在空间距离权重矩阵中，不同城市间的空间距离越远，则权重越低，表明城市间的相关性越弱，反之亦然（Paci 等，2001）。矩阵元素的具体表达方式为 $w_{ij}^{d}=\frac{1}{d_{ij}}$，其中 d_{ij}表示城市之间的空间距离。同样，为简化模型且便于分析结果，本书进一步对空间权重矩阵进行“行标准化”，即 $w_{ij}'^{d}=\frac{\tilde{w}_{ij}}{\sum_j \tilde{w}_{ij}}$，$i\neq j$

为了更好地采用空间距离权重矩阵进行空间计量分析，在构建空间距离权重矩阵时需要根据空间相关性的大小设定一个截止（cut - off）距离，即如果两个城市间的空间距离大于截止距离，则认为两地不存在空间溢出效应。根据表 4.2 中关于不同距离条件下人均 GDP 的空间相关性检验，本书选取 500 公里作为构建空间距离权重矩阵的截止距离。

表 4.2　　基于不同地理距离的人均 GDP 空间相关性检验

2002 年			2006 年		
距离（公里）	Moran's I 值	P - value	距离（公里）	Moran's I 值	P - value
(0—300)	0.269	0.000	(0—300)	0.249	0.000
(0—500)	0.263	0.000	(0—500)	0.255	0.000
(0—800)	0.238	0.000	(0—800)	0.246	0.000
(0—1000)	0.201	0.002	(0—1000)	0.231	0.001
(0—1200)	0.188	0.001	(0—1200)	0.228	0.000
2010 年			2014 年		
距离（公里）	Moran's I 值	P - value	距离（公里）	Moran's I 值	P - value
(0—300)	0.209	0.000	(0—300)	0.352	0.000
(0—500)	0.211	0.000	(0—500)	0.360	0.000
(0—800)	0.189	0.000	(0—800)	0.353	0.000
(0—1000)	0.178	0.000	(0—1000)	0.346	0.011
(0—1200)	0.172	0.005	(0—1200)	0.339	0.001

资料来源：2003—2015 年《中国城市统计年鉴》。

4.1.3.3　经济距离空间权重矩阵

城市之间的空间联系不仅与空间距离是否邻接相关，还与两者之间的经济规模有关。林光平等（2005）曾采用地区间的人均 GDP 差额作为测度地区间经济距离的指标，并引入经济距离空间权重矩阵，具体表达为 $w_{ij}^{*}=w_{ij}\cdot E_{ij}$，其中，E 主对角线的值均为 0，而非主对角线为 $E_{ij}=\frac{1}{|\overline{Y_i}-\overline{Y_j}|}$（$i\neq j$）。顾朝林等（2008）基于重力模型测算了城市体系内部的空间经济

联系，在重力模型中，经济联系强度与城市之间的距离成反比，而与两个城市的经济规模成正比。基于以上考虑，本书将包含城市间经济特征的空间权重矩阵设定为：

$$w_{ij}^{e} = w_{ij}^{d}\text{diag}(\overline{Y_1}/\overline{Y}, \overline{Y_2}/\overline{Y}, \cdots, \overline{Y_n}/\overline{Y}) \quad (4.12)$$

对矩阵（4.12）进行行标准化：

$$w'^{e}_{ij} = \frac{\tilde{w}_{ij}}{\sum_j \tilde{w}_{ij}}, i \neq j \quad (4.13)$$

其中，w_{ij}^{d}为空间距离权重矩阵，$\overline{Y_i}$为第 i 个城市的经济指标，表达式为 $\overline{Y_i} = \frac{1}{(T_{max} - T_{min} + 1)}\sum_{T_{min}}^{T_{max}} Y_{ij}$。在式（4.12）中，$\overline{Y} = \frac{1}{n(T_{max} - T_{min} + 1)}\sum_{1}^{n}\sum_{T_{min}}^{T_{max}} Y_{ij}$

4.2 实证结果分析

4.2.1 基于人均 GDP 的空间收敛性分析

首先，本书对城市人均 GDP 的绝对 β 收敛进行分析，结果如表 4.3 所示。LM 检验的统计值支持了空间滞后模型的合理性。在确定采用固定效应或随机效应模型时，根据以往空间计量检验的研究，如果样本几乎代表了总体，则应当选择固定效应模型，因为每一个空间单位都代表它本身而不适合被随机抽样（Beenstock 和 Felsenstein，2007）。此外，Hausman 检验的结果拒绝了随机效应与解释变量之间存在零相关的假设，因此本部分采用空间滞后固定效应模型（空间滞后模型）进行分析，而空间误差固定效应模型（空间误差模型）则作为稳健性检验进行对比。对于采用空间滞后模型和空间误差模型得到的结果而言，对应的 $\ln y_{i0}$ 系数均显著小于 0，表明城市人均 GDP 最终会向一个共同的稳态收敛，即存在空间绝对 β 收敛。根据收敛速度和收敛的收敛周期测算公式可以得出基于不同空间权重矩阵的收敛速度。第一，基于邻接空间权重矩阵的收敛速度为 0.202%、收敛周期为 343.09 年，表明尽管城市人均 GDP 之间存在绝对收敛的现象，但收敛周期比较长，城市间的经济差异在较长的时间内一直存在。第二，基于空间距离权重矩阵的收敛速度和收敛周期分别为 0.192% 和 361.34 年，相对邻接空间权重矩阵对应的结果而言，收敛速度更加缓慢。第三，基于经济距离空间权重矩阵的收敛速度为 0.212%、收敛周期为 326.59 年，尽管收敛周期依然比较长，但相对邻接空间权重矩阵和空间距离权重矩阵而言收敛特征稍强，说明城市间的经济联系可以在一定程度上加快城市间的收敛，从而缩小地区间的差异。采用空间误差模型得出的结果与上述结论保持一致，即收敛速度同样比较缓慢，且收敛周期比较长。综上而言，城市人均 GDP 存在绝对收敛的趋势，但收敛的周期比较漫长，甚至需要经历数百年的时间①。因此，随着生产要素的自由流动和城市经济联系的增强，城市间经济存在微弱的收敛趋势。然而，在对比落后地区追赶发达地区一般规律的意义上，我国城市人均 GDP 并不存在显著的收敛特征，表明要素资源聚集在东部地区的现状在短时间内不会改变。

表 4.3　　城市人均 GDP 空间绝对 β 收敛结果

空间计量方法	空间滞后模型			空间误差模型		
矩阵分类	邻接空间权重矩阵	空间距离权重矩阵	经济距离权重矩阵	邻接空间权重矩阵	空间距离权重矩阵	经济距离权重矩阵
$\ln y_0$	-0.020*** (-5.240)	-0.019*** (-5.090)	-0.021*** (-5.412)	-0.013*** (-7.552)	-0.014*** (-7.473)	-0.010*** (-5.342)
λ	0.209*** (7.826)	0.245*** (7.723)	0.143*** (3.812)	0.456*** (21.375)	0.556*** (24.726)	0.607*** (23.643)
收敛速度（%）	0.202	0.192	0.212	0.131	0.141	0.101
收敛周期（年）	343.09	361.34	326.59	529.72	491.63	689.68

① 根据 Barro 等的研究，收敛速度为 2%、收敛周期为 35 年是跨地区经济收敛研究中的典型特征，潘文卿（2010）通过东、中、西部地区的划分测算出收敛速度只有 1.15%、追赶周期为 60.4 年，与上述特征已存在较大差距。然而，从城市的研究视角，经济收敛的速度则更小，需要更长的收敛周期。

续表

空间计量方法	空间滞后模型			空间误差模型		
矩阵分类	邻接空间权重矩阵	空间距离权重矩阵	经济距离权重矩阵	邻接空间权重矩阵	空间距离权重矩阵	经济距离权重矩阵
LM Test	62.31 (0.000)	70.12 (0.000)	11.73 (0.000)	60.14 (0.000)	67.73 (0.000)	12.28 (0.000)
R^2	0.389	0.389	0.375	0.433	0.433	0.430

注：*** 表示变量在1%的水平下通过显著性检验。

其次，对城市人均 GDP 的空间条件 β 收敛结果进行分析，如表 4.4 所示。通过比较 LM 检验的统计值和概率值，采用三类空间权重矩阵均不能在 1% 的水平下拒绝没有空间滞后项的原假设。同样，根据 Hausman 检验 P 值，拒绝了随机效应与解释变量之间存在零相关的假设。因此，本部分以空间滞后固定效应模型作为基准模型进行分析。根据不同空间权重矩阵的设定，系数的估计值存在差异。与城市人均 GDP 的绝对收敛结果一致，在三种不同的空间权重矩阵条件下，经济距离权重矩阵对应的 $\ln y_{i0}$ 系数绝对值最大，说明收敛性最强，而邻接空间权重矩阵对应的结果次之，空间距离权重矩阵对应的系数绝对值最小。为了更加直观地观察不同权重矩阵下的收敛特征，根据回归结果可以得出不同的收敛速度和追赶周期。其中，邻接空间权重矩阵对应的收敛速度和对应的收敛周期分别为 0.212% 和 326.59 年，而空间距离权重矩阵对应的结果为 0.202% 和 343.09 年，经济距离权重矩阵对应的结果为 0.233%、收敛周期为 297.89 年。因此，条件 β 收敛的结果同样说明城市间经济并不具有明显的收敛趋势，就我国城市经济的发展趋势来看，还存在一个从东部集聚逐步走向空间均衡的过程，当然这个过程需要经历较长的时间。另外，在影响经济收敛的控制变量中，储蓄率 s_{it} 对经济收敛的影响不显著，而 $\ln(n+g+d)_{it}$ 以及 lnlabor_{it} 对城市经济收敛均有正向的促进作用，表明人力资本的均衡分配可以在一定程度上加快城市收敛于稳态的速度（Benhabib 等，1994；Hanushek，2006）。

表 4.4　　城市人均 GDP 空间条件 β 收敛结果

空间计量方法	空间滞后模型			空间误差模型		
矩阵分类	邻接空间权重矩阵	空间距离权重矩阵	经济距离权重矩阵	邻接空间权重矩阵	空间距离权重矩阵	经济距离权重矩阵
$\ln y_{it-1}$	-0.021*** (-5.465)	-0.020*** (-5.372)	-0.023*** (-5.956)	-0.018*** (-4.512)	-0.017*** (-4.393)	-0.020*** (-4.742)
$\ln s_{it}$	-0.002 (-0.781)	-0.002 (-0.726)	-0.002 (-0.653)	-0.000 (-0.927)	-0.000 (-0.071)	-0.000 (-0.011)
$\ln(n+g+d)_{it}$	0.020 (1.024)	0.025 (1.225)	0.032* (1.746)	0.042* (1.867)	0.043* (1.891)	0.050** (2.233)
$\ln labor_{it}$	0.234 (1.473)	0.254 (1.584)	0.243 (1.515)	0.289* (1.751)	0.298* (1.797)	0.286* (1.711)
λ	0.207*** (7.282)	0.234*** (6.943)	0.161*** (4.091)	0.208*** (7.382)	0.245*** (7.336)	0.148*** (3.752)
收敛速度（%）	0.212	0.202	0.233	0.182	0.171	0.202
收敛周期（年）	326.59	343.09	297.89	381.61	404.26	343.09
LM Test	53.50 (0.001)	64.86 (0.000)	12.04 (0.001)	55.48 (0.000)	65.72 (0.000)	11.85 (0.001)
Hausman Test	379.18 (0.000)	366.04 (0.000)	410.41 (0.000)	379.18 (0.000)	366.04 (0.000)	410.41 (0.000)
Wald Spatial Lag	1.578 (p=0.68)	2.351 (p=0.52)	7.538* (p=0.06)			
Wald Spatial Error				1.568 (p=0.49)	2.579 (p=0.48)	6.578* (p=0.07)
R^2	0.377	0.380	0.365	0.355	0.355	0.355

注：1. ***、**、* 分别表示变量在 1%、5% 和 10% 的水平下通过显著性检验。

2. 表中“-0.000”因其原数值较小，并不等于 0，因此保留“-0.000”表述，下同。

4.2.2　基于城市夜间灯光数据的检验

尽管 GDP 一直作为衡量中国省份或城市经济发展水平的重要指标，但由于各级政府的统计设施和方法存在较大的差异，从而导致 GDP 的数据存在较大的不确定性。另外，在晋升机制与 GDP 挂钩的形势下，地方官员有更大的激励去虚构数据，从而造成更大的数据偏差。考虑到城市夜间灯光数据可以更加客观地反映经济的发展情况（Chen 和 Nordhaus，2011；Henderson，2012；徐康宁等，2015；Donaldson 和 Storeygard，2016），因此本章采用全球夜间灯光数据对城市的空间 β 收敛性进行进一步检验①。表 4.5 为基于不同空间距离的城市夜间灯光相关性检验，结果依然表明将 500 公里作为构建空间距离权重矩阵的截止距离为佳。

表 4.5　　基于不同空间距离的城市夜间灯光数据空间相关性检验

2002 年			2006 年		
距离（公里）	Moran's I 值	P - value	距离（公里）	Moran's I 值	P - value
(0—300)	0.339	0.000	(0—300)	0.376	0.000
(0—500)	0.345	0.000	(0—500)	0.379	0.000
(0—800)	0.343	0.000	(0—800)	0.374	0.000
(0—1000)	0.340	0.000	(0—1000)	0.373	0.000
(0—1200)	0.338	0.000	(0—1200)	0.370	0.001
2010 年			2013 年		
距离（公里）	Moran's I 值	P - value	距离（公里）	Moran's I 值	P - value
(0—300)	0.395	0.000	(0—300)	0.430	0.000
(0—500)	0.406	0.000	(0—500)	0.433	0.000
(0—800)	0.401	0.000	(0—800)	0.431	0.000
(0—1000)	0.398	0.003	(0—1000)	0.428	0.000
(0—1200)	0.394	0.000	(0—1200)	0.425	0.000

资料来源：根据美国国家海洋和大气管理局（NOAA）提供的 2002—2013 年全球夜间灯光数据整理而成。

基于城市夜间灯光数据的空间绝对 β 收敛的实证结果如表 4.6 所示。LM 检验的统计值支持了空间误差模型的合理性。同样，Hausman 检验拒

① 由于美国国家海洋和大气管理局（NOAA）公布的数据是由不同卫星（F10、F12、F14、F15、F16、F18）观测所得，因此为提高数据的可信度，本书借鉴 Liu 等（2012）的方法对灯光数据进行内部校准、同年综合等处理，从而降低了测算数据的误差。

绝了随机误差与解释变量之间存在零相关的假设，因此采用空间误差固定效应模型的结果进行分析。结果表明，$\ln y_{i0}$的系数均显著为负，且通过比较 $\ln y_{i0}$系数的绝对值可知邻接空间权重矩阵的收敛趋势更强，而经济距离权重矩阵对应的收敛趋势次之，空间距离权重矩阵对应的收敛趋势最弱。该结论与人均 GDP 的收敛结果并不相同。由于邻接城市间存在更紧密的区位分布和更高的经济发展相似度，因此相邻城市间的收敛特征更加明显，这一特征在中国的夜间灯光分布图中也可以直观地体现。经济距离权重矩阵比空间距离权重矩阵的空间溢出效应强，是因为考虑经济特征的空间权重矩阵比仅考虑空间距离因素的权重矩阵更能反映城市间的经济联系，从而可以更加准确地衡量不同城市之间的经济收敛性。根据收敛速度和收敛周期的计算公式可知，基于邻接空间权重矩阵的收敛速度为 0.576%、收敛周期为 120.27 年；基于空间距离空间权重矩阵的收敛速度和收敛周期分别为 0.492% 和 140.91 年；基于经济距离空间权重矩阵的收敛速度为 0.523%、收敛周期为 132.42 年。因此，相比人均 GDP 而言，采用城市夜间灯光数据的收敛速度得到了较大幅度的提升。该结论从一定程度上说明 GDP 的统计具有一定的主观色彩，而基于夜间灯光数据的分析结果更具客观性，而且对我国城市经济走向均衡发展道路的估计也更加乐观。采用空间滞后模型得出的结果则更支持城市间经济收敛的结论，其收敛速度比空间误差模型对应的数值更大，收敛周期也得到了进一步缩短。

表 4.6　城市夜间灯光空间绝对 β 收敛结果

空间计量方法	空间滞后模型			空间误差模型		
矩阵分类	邻接空间权重矩阵	空间距离权重矩阵	经济距离权重矩阵	邻接空间权重矩阵	空间距离权重矩阵	经济距离权重矩阵
$\ln y_0$	-0.081*** (11.482)	-0.081*** (-11.251)	-0.084*** (-10.264)	-0.056*** (-7.316)	-0.048*** (-6.123)	-0.051*** (-6.537)
λ	0.578*** (29.211)	0.660*** (32.543)	0.241*** (6.415)	0.675*** (38.791)	0.755*** (45.532)	0.575*** (19.483)
收敛速度（%）	0.845	0.845	0.877	0.576	0.492	0.523
收敛周期（年）	82.06	82.06	79.00	120.27	140.91	132.42

续表

空间计量方法	空间滞后模型			空间误差模型		
矩阵分类	邻接空间权重矩阵	空间距离权重矩阵	经济距离权重矩阵	邻接空间权重矩阵	空间距离权重矩阵	经济距离权重矩阵
LM Test	789.01 (0.000)	622.59 (0.000)	48.54 (0.000)	870.41 (0.000)	670.04 (0.000)	62.05 (0.000)
R^2	0.719	0.705	0.612	0.332	0.336	0.335

注：*** 表示变量在 1% 的水平下通过显著性检验。

城市夜间灯光数据的空间条件 β 收敛的实证结果如表 4.7 所示。通过比较 LM 检验的统计值和概率值，采用三类空间权重矩阵均不能在 1% 的水平下拒绝没有空间滞后项的原假设，因此采用空间滞后模型更加合适。同样，根据 Hausman 检验 P 值，拒绝了随机效应与解释变量之间存在零相关的假设。与城市灯光空间绝对 β 收敛的结果一致，在三种不同的空间权重矩阵之间，采用邻接空间权重矩阵得到的经济收敛性更强，而空间距离权重矩阵对应的系数绝对值次之，经济距离权重矩阵对应的系数绝对值最小。根据 $\ln y_{it-1}$ 的系数可以测算出不同的收敛速度和收敛周期。结果表明，邻接空间权重矩阵对应的收敛趋势最强，对应的收敛速度和收敛周期分别为 0.661% 和 104.80 年，而空间距离权重矩阵对应的收敛速度和收敛周期分别为 0.523% 和 132.42 年，经济距离权重矩阵对应的收敛速度最小，分别为 0.651% 和 106.52 年。另外，基于城市夜间灯光数据的空间条件 β 收敛的控制变量显著性也发生了变化，其中储蓄率显著为正，即可以促进经济的收敛，而 $\ln(n+g+d)_{it}$ 以及 $\ln labor_{it}$ 则分别在邻接空间权重矩阵和经济距离权重矩阵的条件下显著，说明经济增长影响因素的空间溢出效应主要发生在相邻城市之间，而经济联系紧密的城市之间则更多地表现为人力资本的共享，两者均加速了城市的经济收敛。

综合以上分析结果，人均 GDP 与夜间灯光数据反映的城市经济的收敛特征存在差异，这也进一步加深了对人均 GDP 反映的中国城市经济增长真实性的质疑。尽管人均 GDP 与夜间灯光数据之间存在显著正相关，但通过灯光数据测算的经济增长率与官方统计的数据并不吻合（徐康宁等，2015）。通过测算，本书采用全球夜间灯光数据进行校正和检验后，城市间经济的收敛速度相比官方统计的人均 GDP 数据平均加快了 3.4 倍。

表 4.7　　城市夜间灯光空间条件 β 收敛结果

空间计量方法	空间滞后模型			空间误差模型		
矩阵分类	邻接空间权重矩阵	空间距离权重矩阵	经济距离权重矩阵	邻接空间权重矩阵	空间距离权重矩阵	经济距离权重矩阵
$\ln y_{it-1}$	-0.048*** (-5.972)	-0.047*** (-5.802)	-0.053*** (-5.731)	-0.064*** (-7.972)	-0.051*** (-6.306)	-0.063*** (-7.617)
$\ln s_{it}$	0.002** (2.181)	0.002** (2.013)	0.003** (2.556)	0.002* (1.892)	0.001* (1.756)	0.003*** (2.862)
$\ln(n+g+d)_{it}$	0.017** (2.572)	0.011* (1.673)	0.022*** (2.843)	0.029*** (2.936)	0.013 (1.212)	0.008 (1.036)
$\ln labor_{it}$	0.029 (0.571)	0.049 (0.977)	0.080 (1.408)	0.025 (0.551)	0.027 (0.575)	0.142** (2.512)
λ	0.546*** (25.892)	0.637*** (29.481)	0.237*** (6.088)	0.670*** (38.142)	0.747*** (44.027)	0.604*** (20.271)
收敛速度（%）	0.492	0.481	0.545	0.661	0.523	0.651
收敛周期（年）	140.91	143.98	127.29	104.80	132.42	106.52
LM Test	769.93 (0.000)	693.88 (0.000)	35.14 (0.000)	786.07 (0.000)	701.89 (0.000)	40.35 (0.000)
Hausman Test	601.87 (0.000)	509.41 (0.000)	440.48 (0.000)	601.87 (0.000)	509.41 (0.000)	440.48 (0.000)
Wald Spatial Lag	4.587 (p=0.32)	5.674 (p=0.18)	8.679* (p=0.06)			
Wald Spatial Error				3.226 (p=0.48)	5.219 (p=0.22)	8.149* (p=0.06)
R^2	0.637	0.631	0.512	0.332	0.339	0.338

注：***、**、* 分别表示变量在 1%、5% 和 10% 的水平下通过显著性检验。

4.2.3　影响城市经济规模空间收敛的因素分析

改革开放以来，城市作为集聚经济的重要载体开启了急剧膨胀的态势，大量农村人口涌入城市，城市化水平（以常住人口计算）也从最初1978年的17.92%增加至2016年的57.30%，而且还存在继续上涨的趋势，预计2030年城市化水平将达到75%左右。城市化的进程势必带来城市人口规模和土地规模的扩张，而这种城市规模的扩张也必然会动态地影响城市间的相互联系，进而对城市间的经济收敛性产生影响。从理论机制的角度分析，这种影响主要体现在以下三个方面。第一，城市规模的扩张拉近了城市间的物理距离。城市人口规模和土地规模的扩张使得邻接城市间的边界变得模糊，甚至规模较大的城市其空间结构逐步由单中心城市向多中心城市发展，更加促进了与相邻城市的融合发展，从而在一定程度上弱化了城市间的边界效应。第二，城市规模的扩张加强了交通、信息等基础设施建设，从而缩短了城市间的时空距离。截至2016年年底，中国的高铁里程已经突破2万公里，占世界高铁总里程的65%，京沪、京广、沪昆等高铁线打通了城市间进行空间联系和经济联系的大动脉，中国的城市发展开启了同城化模式。以上海为例，在2013年，上海地铁十一号线直接延伸至江苏昆山，开启了沪昆两地的同城生活。另外，南京到安徽和县的宁和城际也将在2017年年底竣工，较大程度促进了城市间的融合。此外，信息技术的发展降低了厂商空间邻近和“面对面”交流的重要性（Glaeser和Khan，2003），不仅较大程度降低了行为个体间的交易成本，提高了沟通效率，而且进一步提高了企业的劳动生产率（Holl，2004；Shirley和Winston，2004；李涵和黎志刚，2009；刘秉镰等，2010；刘生龙等，2010）。第三，不同规模城市间更利于形成资源互补。例如，长三角城市群市场一体化在一定程度上打破了行政边界这层“玻璃门”，城市的发展思路也由原始的“自给自足”向“互利共赢”转变，承载不同主体功能的城市正形成优势互补的局面（徐现祥和李郇，2005）。例如，上海陆家嘴作为中国重要的金融中心，承载着重要的金融服务功能，而苏州凭借地缘优势也已形成制造业的投资高地，上海城市的西扩和苏州重心的东移使得两地形成了高效的地域生产网络。综合以上三点，我们可以预测城市规模扩张可以在一定程度上带动城市间的经济互补，从而促进经济的收敛。

4.2.3.1 理论机制的构建

为了进一步研究在新古典增长模型框架下，城市规模扩张对经济收敛的影响，本章在 Mankiw 等（1992）和 López - Bazo（2004）处理方法的基础上，引入城市规模扩张的影响，并构造经济收敛的均衡方程。首先，考虑一个简单的经济增长模型：

$$Y(it) = A(it)K(it)^{\tau_k}H(it)^{\tau_h}L(it)^{1-\tau_k-\tau_h} \tag{4.14}$$

其中，τ_k 和 τ_h 分别表示物质资本和人力资本的收益份额，且均小于 1。根据新经济地理理论，城市的经济增长与邻近空间单元之间具有空间溢出效应，而且城市之间存在两种相互制衡的力量——向心力和离心力，在这两种力量的作用下城市结构经历一个非线性的演化过程，其中最典型的则是“中心—外围”模型。基于空间相关性的考虑，假设具有共享特性的技术 A(it) 依赖于邻近地区的技术水平，且随着相邻城市规模的扩张，溢出效应呈现非线性的变化，具体表示为：

$$A(it) = \Delta_{it}(k_{\rho it}^{\tau_k}h_{\rho it}^{\tau_h})^{s^\gamma} \tag{4.15}$$

其中，Δ_{it} 表示外生参数，$k_{\rho it}$ 和 $h_{\rho it}$ 分别表示相邻空间单元的单位实体资本和人力资本，s^γ 表示空间溢出效应，s 表示城市规模扩张指数，大小介于（0，1），γ 表示城市间的边界效应指数，且假设 $\gamma > 1$。因此，在式（4.15）的分析框架下，随着城市规模的扩张，相应的空间溢出效应也呈非线性趋势增强，即在空间给定的条件下，城市规模扩张程度越大，空间溢出效应越强。

最终，加入空间扩张影响的经济增长的方程表示为：

$$\ln[\tilde{y}(it)] - \ln[\tilde{y}(0)] = \varepsilon - (1 - e^{-\lambda t})\ln\tilde{y}(0) + \frac{(1 - e^{-\lambda t})s^\gamma}{1 - \tau_k - \tau_h}\tilde{y}_\rho(0) + s^\gamma g_{y_\rho}$$
$$+ \frac{(1 - e^{-\lambda t})}{1 - \tau_k - \tau_h}\{\tau_k[\ln s_k + \ln(n + g + \delta)]\} + \tau_h[\ln s_h + \ln(n + g + \delta)] \tag{4.16}$$

其中，$\varepsilon = (1 + s^\gamma)g - (1 - e^{-\beta t})\left(1 - \frac{s^\gamma}{1 - \tau_k - \tau_h}\right)(\ln\Delta_0 + gt)$　　(4.17)

在不考虑相邻城市规模扩张的情况下，即当 s 值等于 0 时，方程（4.17）可简化为 Mankiw 等（1992）模型。通过方程（4.17）可以看出，在 $\tau_k + \tau_h < 1$ 的条件下，相邻城市的规模扩张可以促进城市 i 的经济增长。另外，$\ln\tilde{y}(0)$ 系数显著为负，表明在空间溢出效应的条件下存在经济增长的收敛。

4.2.3.2 指标选取

城市化进程的推进不仅会带来城市人口规模的扩张，同时也可以带来土地规模的扩张，从而形成了城市蔓延的现象。城市蔓延表现为城市的空间快速扩张，核心区位活动向外围扩张，城市形态呈现分散和低密度化等特点（王家庭等，2010）。因此，城市蔓延可以准确生动地衡量城市的规模扩张。准确测度城市蔓延水平是检验理论机制的基础。李效顺等（2012）将城市建成区面积的扩张作为衡量城市蔓延的指标，而王家庭等（2010）则用土地—人口弹性的增加衡量城市蔓延，然而两者均不能准确体现城市蔓延低密度的特征。本书采用 Fallah 等（2011）的做法将蔓延指数设定为：

$$SP_i = 0.5 \cdot (L_i - H_i) + 0.5 \tag{4.18}$$

其中，L_i为城市区域分布密度低于全国平均值的人口比重，而 H_i为城市内高于全国平均密度的人口比重。考虑到城市蔓延的土地面积扩张速度快于人口数量的增加，如果忽略面积因素将带来测算偏差，秦蒙等（2015）对方程（4.18）进行了改进，提出了新的测算方法，即：

$$sprawl_i = \sqrt{SA_i \cdot SP_i} \tag{4.19}$$

$$SA_i = 0.5(LA_i - HA_i) + 0.5 \tag{4.20}$$

其中，$sprawl_i$表示城市蔓延指数，并介于（0，1），越接近 1 表示蔓延程度越高；LA_i和 LH_i分别表示城市人口密度小于全国平均密度的面积比重和大于全国平均密度的面积比重。

在通过方程（4.20）测度各个城市蔓延指数时受到数据获取的限制，现有统计数据无法准确测度城市特定区域的人数分布①，因此本部分继续沿用全球夜间灯光数据，提取灯光亮度大于 10 的栅格同时匹配 LandScan 全球人口动态数据中常住人口密度大于 1000 人/平方公里的区域，从而更加准确地划定城市范围，并结合上述关于城市蔓延指数的算法得到各个城市的蔓延指数。

---

① 《中国城市统计年鉴》中提供的城市人口数据的统计口径不具备时间延续性，而且更多针对户籍人口而非常住人口。此外，我国尚未提供 Fallah 等（2011）中的类似美国街区层面的人口资料。

4.2.3.3　实证结果

表 4.8 为基于城市空间扩张的城市人均 GDP 空间 β 收敛结果。与未考虑城市蔓延的人均 GDP 收敛系数相比，lny_{it-1}的系数绝对值并未得到显著提升，而且城市蔓延的系数也并不显著，表明城市蔓延对人均 GDP 收敛的促进作用并不明显。另外，根据 lny_{it-1}的系数可知，基于邻接空间权重矩阵的城市经济收敛趋势最强，表明城市的蔓延对相邻（邻近）城市经济的收敛的促进作用更大。为了进一步检验城市蔓延对经济收敛的作用机制，本部分继续采用城市夜间灯光数据进行检验，结果如表 4.9 所示。与人均 GDP 的结果不同，在考虑城市蔓延的作用后，lny_{it-1}系数的绝对值得到了大幅的提升，而且对相邻城市的影响最大。同时，城市蔓延的系数显著为正，表明城市蔓延显著地促进了基于城市夜间灯光衡量的经济收敛。由于人均 GDP 具有一定的主观色彩和统计偏差，而夜间灯光数据更具客观性。因此，从一定意义上讲，城市的空间蔓延有助于增强城市之间的经济收敛，而且相邻城市之间的空间溢出效应强于具有经济联系的城市之间。这种结果也进一步表明，城市蔓延有助于缩小与相邻城市的时间距离和空间距离，并在一定程度上弱化市场边界和行政边际，随着交通基础设施的进一步完善和公共服务一体化水平的提高，相邻城市同城化发展将成为大势所趋。

表 4.8　　基于城市空间扩张影响的人均 GDP 空间收敛结果

空间计量方法	空间滞后模型			空间误差模型		
矩阵分类	邻接空间权重矩阵	空间距离权重矩阵	经济距离权重矩阵	邻接空间权重矩阵	空间距离权重矩阵	经济距离权重矩阵
lny_{it-1}	-0.020***	-0.018***	-0.019***	-0.021***	-0.020***	-0.023***
	(-4.553)	(-4.422)	(-4.634)	(-5.745)	(-5.392)	(-7.616)
lns_{it}	-0.000	-0.000	-0.000	-0.002	-0.002	0.001
	(-0.105)	(-0.085)	(-0.009)	(-0.793)	(-0.726)	(-0.661)
$ln(n+g+d)_{it}$	0.044*	0.044**	0.056**	0.022	0.026	0.033*
	(1.943)	(1.961)	(2.444)	(1.094)	(1.291)	(1.799)
$lnlabor_{it}$	0.296*	0.305*	0.291*	0.244*	0.263*	0.249
	(1.781)	(1.844)	(1.725)	(1.719)	(1.730)	(1.536)
$lnsprawl_{it}$	0.024	0.024	0.025	0.014	0.014	0.012
	(0.828)	(0.845)	(0.874)	(0.571)	(0.540)	(0.459)

续表

空间计量方法	空间滞后模型			空间误差模型		
矩阵分类	邻接空间权重矩阵	空间距离权重矩阵	经济距离权重矩阵	邻接空间权重矩阵	空间距离权重矩阵	经济距离权重矩阵
λ	0.207*** (7.342)	0.254*** (7.641)	0.033 (0.801)	0.211*** (7.439)	0.245*** (7.317)	0.166*** (4.288)
收敛速度（%）	0.192	0.182	0.202	0.212	0.202	0.233
收敛周期（年）	361.34	381.61	343.09	326.59	343.09	297.89
LM Test	55.36 (0.000)	65.66 (0.000)	0.165 (0.685)	53.35 (0.000)	64.53 (0.000)	0.241 (0.623)
Hausman Test	401.82 (0.000)	366.39 (0.000)	403.44 (0.000)	401.82 (0.000)	366.39 (0.000)	403.44 (0.000)
R^2	0.380	0.381	0.361	0.355	0.355	0.355

注：***、**、*分别表示变量在1%、5%和10%的水平下通过显著性检验。

表4.9　　基于城市空间扩张影响的夜间灯光空间收敛结果

空间计量方法	空间滞后模型			空间误差模型		
矩阵分类	邻接空间权重矩阵	空间距离权重矩阵	经济距离权重矩阵	邻接空间权重矩阵	空间距离权重矩阵	经济距离权重矩阵
$\ln y_{it-1}$	-0.056*** (-6.252)	-0.049*** (-6.051)	-0.051*** (-5.981)	-0.064*** (-8.016)	-0.052*** (-6.387)	-0.063*** (-7.674)
$\ln s_{it}$	0.002** (2.139)	0.002** (1.966)	0.002** (2.511)	0.002* (1.846)	0.001* (1.757)	0.003*** (2.837)
$\ln(n+g+d)_{it}$	0.019*** (2.865)	0.013* (1.929)	0.025*** (3.112)	0.031*** (3.145)	0.015 (1.337)	0.009 (1.172)
$\ln labor_{it}$	0.035 (0.711)	0.054 (1.085)	0.087 (1.519)	0.033 (0.708)	0.035 (0.721)	0.144** (2.553)
$\ln sprawl_{it}$	0.022*** (2.621)	0.020** (2.320)	0.024** (2.405)	0.017** (1.977)	0.014 (1.614)	0.009 (1.008)
λ	0.545*** (25.842)	0.639*** (29.811)	0.235*** (6.028)	0.678*** (39.194)	0.749*** (44.391)	0.607*** (20.448)
收敛速度（%）	0.523	0.502	0.576	0.661	0.534	0.651
收敛周期（年）	132.42	137.96	120.28	104.80	129.80	106.52
LM Test	784.11 (0.000)	696.14 (0.000)	37.01 (0.000)	769.76 (0.000)	691.63 (0.000)	33.79 (0.000)

续表

空间计量方法	空间滞后模型			空间误差模型		
矩阵分类	邻接空间权重矩阵	空间距离权重矩阵	经济距离权重矩阵	邻接空间权重矩阵	空间距离权重矩阵	经济距离权重矩阵
Hausman Test	570.46 (0.000)	482.76 (0.000)	392.03 (0.000)	570.46 (0.000)	482.76 (0.000)	392.03 (0.000)
R^2	0.638	0.632	0.514	0.332	0.339	0.338

注：***、**、*分别表示变量在 1%、5% 和 10% 的水平下通过显著性检验。

4.3　稳健性检验

4.3.1　基于不同的空间计量模型

LeSage 和 Pace（2009）指出空间杜宾模型同时嵌套了空间滞后模型和空间误差模型，分别放松不同的假设便可以得到相应的模型。为了进一步检验计量结果的可信度和稳健性，本章采用更具一般性的空间杜宾固定效应模型（空间杜宾模型）进行再回归。另外，在研究空间溢出效应时，邻近城市间的控制变量也存在空间相关性，因此空间权重矩阵与控制变量的交互项对经济收敛也可能存在促进作用，而空间杜宾模型则可以成功地引入两者的交互项。针对经济收敛的分析框架，空间杜宾模型可以表示为：

$$(\ln y_{it} - \ln y_0)/t = \alpha S + \lambda W_n(\ln y_{it} - \ln y_0) + \alpha l_N + \gamma \ln y_0 + \beta X_{it} + W_n X_{it}\theta + \xi_{it} \tag{4.21}$$

其中，W_n表示空间权重矩阵，$l_N = (1, 1, \cdots, 1)^T$

需要说明的是，在采用空间杜宾模型进行分析时，需要经过 Wald 统计量检验以表明模型的适用性。根据 Wald Spatial Lag 和 Wald Spatial Error 统计值，由经济距离空间权重矩阵对应的 P 值通过了显著性检验，表明采用空间杜宾模型是合适的。然而，根据邻接空间权重矩阵和地理空间权重矩阵对应的结果并未通过显著性检验，表明采用空间滞后模型或空间误差模型更优。然而，由于空间杜宾模型同时嵌套了空间滞后模型和空间误差模型，且为了检验相邻城市空间变量对收敛结果的影响，本书依然采用空间杜宾模型进行检验，表 4. 10 为基于空间杜宾模型的城市人均 GDP 空间收敛结果。在加入相邻城市空间蔓延的因素后，lny_{it-1}系数的绝对值也得到了一定程度的提高，收敛速度由原来的 0. 233% 增加到 0. 283% ，验证了相邻城市规模扩张促进经济收敛的内在机制。另外，结果表明基于不同空间权重的收敛速度均相同，而且 $lnsprawl_{it}$和 $w \cdot lnsprawl_{it}$的系数整体上并不显著，表明城市蔓延对于人均 GDP 收敛的影响并不明显，较长的收敛周期表明城市之间依然存在较大的“离心力”。表 4. 11 为基于空间杜宾模型的城市夜间灯光收敛结果。根据 Wald Spatial Lag 和 Wald Spatial Error 统计值，不同空间权重矩阵对应的 P 值均通过了显著性检验，表明采用空间杜宾模型是合适的。根据 lny_{it-1}的系数可知，在考虑相邻城市规模扩张的因素后，基于夜间灯光数据衡量的经济收敛速度得到大幅度提升，且邻接空间权重矩阵对应的收敛速度最大，从原来的 0. 661% 提升至 0. 758% 。另外，$lnsprawl_{it}$和 $w \cdot lnsprawl_{it}$的系数均显著为正，说明邻接城市间的空间溢出效应更强，而且城市蔓延对增强相邻城市间的空间联系发挥着重要的作用。另外，基于空间距离权重矩阵和经济距离权重矩阵的城市蔓延对经济收敛的促进作用也比较显著，表明基于夜间灯光数据反映的经济更加趋同，而且更加符合本书关于城市蔓延对经济收敛影响机制的判断。

表 4. 10　基于空间杜宾模型的经济收敛结果（城市人均 GDP）

空间计量方法	空间杜宾模型		
矩阵分类	邻接空间权重矩阵	空间距离权重矩阵	经济距离权重矩阵
lny_{it-1}	-0. 028 ***	-0. 028 ***	-0. 028 ***
	(-4. 828)	(-4. 725)	(-4. 652)
lns_{it}	0. 013	0. 090 **	0. 053 **
	(0. 370)	(2. 190)	(2. 458)
$ln(n+g+d)_{it}$	-0. 000	-0. 000	0. 000
	(-0. 152)	(-0. 105)	(0. 034)

续表

空间计量方法	空间杜宾模型		
矩阵分类	邻接空间权重矩阵	空间距离权重矩阵	经济距离权重矩阵
$lnlabor_{it}$	0. 274 * (1. 762)	0. 268 * (1. 724)	0. 261 * (1. 653)
$lnsprawl_{it}$	-0. 010 (-0. 715)	-0. 011 (-0. 799)	-0. 016 ** (2. 527)
$w \cdot lns_{it}$	0. 054 (1. 258)	-0. 061 (-1. 117)	0. 151 (0. 279)
$w \cdot ln(n+g+d)_{it}$	0. 003 (0. 712)	0. 003 (0. 565)	0. 003 (0. 448)
$w \cdot lnlabor_{it}$	-0. 165 (-0. 565)	-0. 755 * (-1. 935)	-0. 222 (-0. 577)
$w \cdot lnsprawl_{it}$	-0. 049 ** (-2. 069)	-0. 026 (-0. 819)	0. 022 (0. 576)
λ	0. 193 *** (6. 783)	0. 228 *** (6. 782)	0. 145 *** (3. 674)
收敛速度（%）	0. 283	0. 283	0. 283
收敛周期（年）	244. 07	244. 07	244. 07
Hausman Test	372. 72 (0. 000)	337. 41 (0. 000)	376. 25 (0. 000)
Wald Spatial Lag	2. 162 (p =0. 539)	3. 575 (p =0. 311)	9. 371 ** (p =0. 025)
Wald Spatial Error	2. 582 (p =0. 472)	3. 921 (p =0. 237)	9. 558 ** (p =0. 019)
R^2	0. 381	0. 382	0. 369

注：***、**、*分别表示变量在 1%、5% 和 10% 的水平下通过显著性检验。

表 4. 11　基于空间杜宾模型的经济收敛结果（城市夜间灯光）

空间计量方法	空间杜宾模型		
矩阵分类	邻接空间权重矩阵	空间距离权重矩阵	经济距离权重矩阵
lny_{it-1}	-0. 073 *** (-8. 614)	-0. 066 *** (-7. 641)	-0. 065 *** (-7. 223)
lns_{it}	0. 002 ** (2. 194)	0. 002 ** (2. 066)	0. 002 *** (2. 581)

续表

空间计量方法	空间杜宾模型		
矩阵分类	邻接空间权重矩阵	空间距离权重矩阵	经济距离权重矩阵
$\ln(n+g+d)_{it}$	0.041*** (3.669)	0.006 (0.477)	0.019** (2.575)
$lnlabor_{it}$	0.019 (0.411)	0.045 (0.955)	0.091* (1.665)
$lnsprawl_{it}$	0.022*** (2.610)	0.018** (2.117)	0.016* (1.691)
$w \cdot lns_{it}$	0.002* (1.682)	0.002 (1.219)	0.001 (0.279)
$w \cdot \ln(n+g+d)_{it}$	-0.033 (-0.491)	0.004 (0.213)	0.064*** (2.990)
$w \cdot lnlabor_{it}$	-0.019 (-0.214)	0.165* (1.689)	0.125 (0.941)
$w \cdot lnsprawl_{it}$	-0.009 (-0.632)	-0.007 (-0.481)	0.078*** (3.169)
λ	0.551*** (26.079)	0.636*** (29.217)	0.134*** (3.403)
收敛速度（%）	0.758	0.683	0.672
收敛周期（年）	91.44	101.52	103.13
Hausman Test	570.44 (0.000)	482.76 (0.000)	387.42 (0.000)
Wald Spatial Lag	71.68*** (p=0.000)	42.58*** (p=0.000)	40.66*** (p=0.000)
Wald Spatial Error	66.98*** (p=0.000)	39.58*** (p=0.000)	32.89*** (p=0.000)
R^2	0.644	0.635	0.517

注：***、**、*分别表示变量在1%、5%和10%的水平下通过显著性检验。

4.3.2 基于不同的衡量指标

城市规模的扩张不仅表现为城市空间的蔓延，还体现在人口规模的扩张。表4.12为考虑城市人口规模影响的人均GDP空间β收敛结果，其中城市人口规模以城市常住人口占总人口的比重衡量。根据Hausman的统计值拒绝随机误差项与解释变量存在零相关假设的结果，因此采用空间杜宾固定效应模型。通过对比表 4.4 和表 4.12 中 $\ln y_{it-1}$ 系数的绝对值可知，在考虑城市人口规模的影响因素后经济收敛的趋势有所弱化，表明城市之间存在对流动人口的竞争。另外，由于 $w \cdot \ln scale_{it}$ 自身的系数并不显著，而且也没有影响其他控制变量的符号和显著性，说明邻近城市人口规模的增长并未促进城市自身的经济增长。另外，根据国内外学者的研究发现，受我国行政区划和户籍制度等多方面约束，要素跨城市流动的自由度有所降低，这也导致我国城市规模分布不均衡，从而在一定程度上扩大了城市间的差异（Au 等，2006；梁琦等，2013）。另外，现有的政绩评价体系导致地方官员为提高城市自身的经济水平而通常忽略与其他城市的合作，从而造成了一定的市场分割（徐现祥等，2007；范子英等，2016）。为了进一步纠正 GDP 测量带来的误差对收敛结果的影响，本章进一步引入夜间灯光数据对城市规模的影响进行分析。

表 4.12　基于城市人口规模影响的人均 GDP 空间收敛结果

空间计量方法	空间杜宾模型		
矩阵分类	邻接空间权重矩阵	空间距离权重矩阵	经济距离权重矩阵
$\ln y_{it-1}$	-0.018*** (-4.807)	-0.018*** (-4.756)	-0.018*** (-4.694)
$\ln s_{it}$	0.012 (0.327)	0.091** (2.206)	0.053** (2.462)
$\ln(n+g+d)_{it}$	-0.000 (-0.211)	-0.000 (-0.138)	-0.000 (-0.008)
$\ln labor_{it}$	0.295* (1.890)	0.275* (1.761)	0.267* (1.686)
$\ln scale_{it}$	0.029 (1.066)	0.022 (0.788)	0.025 (0.905)
$w \cdot \ln s_{it}$	0.046 (1.061)	-0.063 (-1.161)	0.150** (2.515)
$w \cdot \ln(n+g+d)_{it}$	0.003 (0.669)	0.003 (0.592)	0.003 (0.473)

续表

空间计量方法	空间杜宾模型		
矩阵分类	邻接空间权重矩阵	空间距离权重矩阵	经济距离权重矩阵
$w \cdot lnlabor_{it}$	-0.165 (-0.562)	-0.758** (-1.938)	-0.203 (-0.525)
$w \cdot lnscale_{it}$	-0.023 (-0.498)	0.030 (0.589)	-0.039 (-0.576)
λ	0.195*** (6.858)	0.225*** (6.681)	0.138*** (3.513)
收敛速度（%）	0.182	0.182	0.182
收敛周期（年）	381.61	381.61	381.61
Hausman Test	402.67 (0.000)	366.39 (0.000)	411.58 (0.000)
Wald Spatial Lag	1.193*** (p=0.551)	1.822*** (p=0.402)	3.197*** (p=0.202)
Wald Spatial Error	1.108*** (p=0.589)	1.768*** (p=0.487)	3.077*** (p=0.283)
R^2	0.380	0.381	0.368

注：***、**、*分别表示变量在1%、5%和10%的水平下通过显著性检验。

表4.13为基于城市人口规模影响的城市夜间灯光的收敛结果。Hausman检验同样支持了控制固定效应的选择。对比表4.6和表4.13中lnyit-1系数的绝对值，在考虑邻近城市的人口规模后，城市自身的经济增长受到限制，而且收敛趋势减弱。另外，在未考虑人口规模影响时，相邻城市夜间灯光的收敛趋势最强，而在考虑相邻城市人口规模的影响后，相邻城市间的收敛趋势得到明显减弱，表明相邻城市对人力资源的竞争效应表现得更为强烈。综上而言，城市人口规模和土地规模的扩张对经济收敛的影响结果不同，人力资本作为驱动经济增长的核心要素具有较强的流动性，邻近城市人口规模的扩张势必对其他城市产生一定的“挤出效应”，从而扩大了经济的差异。然而，城市土地的扩张则可以在一定程度上打破空间的界限，促使城市间特别是相邻城市的同城化发展，进而促进经济的收敛。

表 4.13　　基于城市人口规模影响的夜间灯光空间收敛结果

空间计量方法	空间杜宾模型		
矩阵分类	邻接空间权重矩阵	空间距离权重矩阵	经济距离权重矩阵
$\ln y_{it-1}$	-0.055*** (-8.431)	-0.044*** (-7.395)	-0.061*** (-7.136)
$\ln s_{it}$	0.002** (2.322)	0.002** (2.142)	0.002*** (2.657)
$\ln(n+g+d)_{it}$	0.040*** (3.589)	0.005 (0.440)	0.020*** (2.693)
$\ln labor_{it}$	0.009 (0.185)	0.036 (0.768)	0.073 (1.353)
$\ln scale_{it}$	0.012*** (-2.829)	0.012*** (2.843)	0.011** (-2.276)
$w \cdot \ln s_{it}$	0.002* (1.689)	0.002 (1.196)	0.001 (0.328)
$w \cdot \ln(n+g+d)_{it}$	-0.029** (-2.237)	0.005 (0.325)	0.063*** (2.974)
$w \cdot \ln labor_{it}$	-0.023 (-0.260)	0.174 (1.486)	0.117 (0.881)
$w \cdot \ln scale_{it}$	-0.007** (-1.958)	0.001 (0.141)	-0.042*** (-3.192)
λ	0.548*** (25.84)	0.640*** (29.61)	0.140*** (3.554)
收敛速度（%）	0.672	0.661	0.736
收敛周期（年）	103.13	104.80	94.12
Hausman Test	477.38 (0.000)	368.02 (0.000)	325.71 (0.000)
Wald Spatial Lag	67.89*** (p=0.000)	40.45*** (p=0.000)	39.10*** (p=0.000)
Wald Spatial Error	64.11*** (p=0.000)	33.37*** (p=0.000)	36.03*** (p=0.000)
R^2	0.645	0.636	0.518

注：***、**、* 分别表示变量在 1%、5% 和 10% 的水平下通过显著性检验。

本章小结

斯蒂格利茨曾预言，21 世纪影响人类最大的两个事件：一是高科技带来的产业革命；二是中国的城市化。城市是经济增长的发动机（Lucas，2001）。在 2011 年，中国的城市人口首次超过农村，只用 60 年的时间就实现了城市化率从 10% 到 50% 的转变。据《2013 中国人类发展报告》预测，到 2030 年中国将新增 3.1 亿的城市居民，届时中国城市人口总数将超过 10 亿人，中国城市化率达到 70%。因此，城市现已成为中国经济发展的重要载体。随着城市空间的扩张和城市间基础设施的完善，城市间的经济联系呈现全域收敛或局部收敛的趋势，如京津冀城市群的一体化、长三角城市群内部的宁镇扬、苏锡常同城化等都呈现出收敛的趋势。本章根据绝对收敛和条件收敛的概念，在已有文献的基础上融入城市间的空间作用，并基于不同的假设构建三种空间权重矩阵分别进行分析。由于 GDP 作为衡量经济的指标具有一定的局限性，本章进一步通过全球夜间灯光数据纠正经济衡量的偏差，同时对可能影响经济收敛的因素进行探索，从而得出以下基本结论。

第一，通过 Moran's I 值和 P 值可以得出，2002—2014 年中国城市的人均 GDP 和夜间灯光均存在显著的空间正相关，而且由 Moran's I 值的变化特征可知城市间的空间溢出效应不断增强。通过对城市间的经济收敛性进行分析发现，城市人均 GDP 之间均存在绝对 β 收敛和条件 β 收敛，而且基于经济距离权重矩阵的收敛性最强，说明经济规模更大，距离更小的城市间的收敛趋势更加明显。然而，无论是绝对收敛还是条件收敛，城市间的经济收敛速度较慢，对应的收敛周期较长。

第二，为缩小经济的统计误差，本章采用全球夜间灯光数据作为城市经济的替代变量进行收敛性分析，结果显示城市间经济均存在绝对收敛和条件收敛的趋势，且其收敛速度得到了大幅提升。另外，与人均 GDP 的收敛特征不同，基于邻接空间权重矩阵的灯光数据收敛性更强，这一结论也与城市灯光的图像描述相一致。灯光数据的校验结果进一步说明了采用人均 GDP 进行收敛性分析的局限性，从而增加了经济收敛结果的不确定性。

第三，本章在城市空间不断扩张的现实背景下，分析了城市规模扩张对经济收敛性的机制，并在理论框架构建的基础上对城市扩张的影响进行实证检验。结果表明，由于城市间存在对人力资源的竞争，因此邻近城市人口规模的扩张不利于城市自身的经济增长，从而限制了经济的收敛。相反，城市土地规模的扩张在一定程度上克服了空间的界限，从而有利于城市间的经济收敛。最后，本章还进一步采用不同的空间计量方法进行检验，验证了结果的稳健性。

综上而言，从新经济地理学的角度分析，城市之间经济的空间溢出效应可以促进“中心—外围”的形成，随着贸易自由度的增加，“中心—外围”结构也会向均衡结构演变，区位和空间效应在城市经济的收敛机制中发挥着重要的作用。对于地域广阔的中国而言，不同区域的城市之间发展差异依然比较大，俱乐部收敛的趋势明显强于全域收敛的趋势，但正是由于市场因素的主导和政府的宏观调控，加上基础设施建设的推进，使得城市经济在全国范围内的收敛成为可能。

第 5 章

中国城市全要素生产率的空间收敛性分析

根据经济增长理论，劳动、资本和技术进步是经济增长的源泉。改革开放 40 多年来，中国的城市化运动积累了大量的资本，农业劳动力得到了较大程度释放，技术水平也获得了飞跃式提升，从而创造了中国年均近 10% 经济增速的奇迹，经济总量从 1980 年的世界第 13 位跃升至第 2 位。然而，随着我国经济发展逐步迈入新常态，我国以要素驱动的发展模式不可持续。首先，我国的人口红利正逐渐消失，在 2012 年 15—59 岁劳动年龄人口第一次出现绝对下降，以劳动密集型产业为主导的东部沿海地区面临经济增长动力不足的困境。其次，随着中国老龄化人口的增加，社会抚养支出上升，储蓄率不断下降，资本积累的速度将放缓。最后，随着东部沿海地区劳动力资源价格的提升、资本边际产出的递减以及创新门槛的提高，经济平均增速正逐步放缓①。因此，在经济步入新常态的背景下依靠传统的投资驱动已不能引领我国经济的增长，未来经济发展还需要通过生产率的提升主导。在研究经济收敛的问题时，生产率的因素不容忽视。根据研究表明，全要素生产率在解释经济增长敛散性方面发挥着重要作用。Easterly 和 Levine（2001）研究认为经济增长的差异主要源自不同地区全要素生产率的差距，而非生产要素的驱动。因此，为进一步检验我国城市生产率的收敛特征，本章基于城市的空间溢出效应对生产率的绝对 β 收敛和条件 β 收敛分别进行检验，并对影响因素展开分析。

5.1　模型构建与变量选取

5.1.1　模型构建

5.1.1.1　基础模型

生产率绝对 β 收敛的表达式可以表示为：

---

① 根据数据统计，2016 年重庆、贵州、云南等西部省份的经济增速超过东部的江苏、浙江、广东和山东，甚至安徽、湖北等中部省份的经济增速也位于全国前列。

$$(\ln TFP_{it} - \ln TFP_{i0})/t = \alpha + \gamma \ln TFP_{i0} + \xi_{it}, \xi_{it} \overset{iid}{\sim} N(0, \sigma^2) \tag{5.1}$$

生产率条件 β 收敛的表达式与绝对 β 收敛相似，即为：

$$(\ln TFP_{it} - \ln TFP_{i0})/t = \alpha + \gamma \ln TFP_{i0} + \beta X_{it} + \xi_{it}, \xi_{it} \overset{iid}{\sim} N(0, \sigma^2) \tag{5.2}$$

其中，$\ln TFP_{it}$表示各城市在各时间节点的全要素生产率；$\ln TFP_{i0}$表示各城市初期的全要素生产率①；X_{it}为控制变量；ε_{it}为随机误差。

5.1.1.2 空间因素的引入

考虑到相邻地区存在空间相关性，而且城市间的经济联系强度存在较大差异，因此在研究城市生产率的收敛性时忽略空间因素会导致结论的偏差。本章同样引入邻接空间权重矩阵、空间距离权重矩阵以及经济距离空间权重矩阵分别进行分析②。为明确城市间生产率的空间相关性，先通过 Moran's I 指数进行检验，结果如表 5.1 所示。

表 5.1 中国城市全要素生产率空间相关性检验

年份	Moran's I 值	P - value	年份	Moran's I 值	P - value
2002	0.220 (3.245)	0.000	2009	0.263 (4.250)	0.000
2003	0.243 (2.832)	0.000	2010	0.227 (3.339)	0.001
2004	0.302 (7.779)	0.000	2011	0.280 (0.578)	0.564
2005	0.310 (7.996)	0.000	2012	0.270 (1.931)	0.053
2006	0.274 (4.537)	0.000	2013	0.229 (3.916)	0.000
2007	0.264 (4.284)	0.000	2014	0.389 (6.691)	0.000
2008	0.230 (3.410)	0.001			

① 根据诺瑟姆曲线，当城市化率大于 30% 时进入快速通道。中国在 1998 年城市化率首次超过 30%，而且在 2002 年党的十六大后城市化水平迅速提高，因此本书以 2002 年作为研究生产率收敛的初期。

② 目前关于空间权重矩阵的设定仍是外生给定的，还存在一定的主观性和局限性，因此为减少空间权重矩阵带来的统计误差，本章引入三种不同的空间权重矩阵分别进行对比分析。

根据统计，在 2002—2014 年的时间区间内，除 2011 年之外，城市的生产率之间均存在显著的空间正相关。Moran's I 统计值进一步表明在构建计量模型时需要考虑空间属性。以条件收敛为例，在方程（5.2）的基础上引入空间滞后项，并根据不同的假设，可得到空间滞后模型（5.3）和空间误差模型（5.4）。

$$d(\ln TFP_{it}) = \ln TFP_{it} - \ln TFP_{it-1} = \alpha S + \lambda W_n(\ln TFP_{it} - \ln TFP_{it-1}) + \beta \ln TFP_{it-1} + \beta X_{it} + \xi_{it} \quad (5.3)$$

$$d(\ln TFP_{it}) = \ln TFP_{it} - \ln TFP_{it-1} = \alpha S + \beta \ln TFP_{it-1} + \beta X_{it} + \varphi_{it}, \varphi_{it} = \lambda W \varphi_{it} + \xi_{it} \quad (5.4)$$

其中，S 表示单位列向量，$\xi_{it} \overset{iid}{\sim} N(0,\sigma^2)$。如果 β 值显著小于 0，则表示城市间存在生产率收敛。鉴于极大似然估计的偏误更小（Elhorst，2012），因此本章同样选择极大似然法进行实证分析。

5.1.2　变量选取

参照 Islam（1995）和余泳泽（2015）等对生产率收敛控制变量的处理，本章将 s_{it} 和 $(n+g+d)_{it}$ 作为研究城市生产率收敛的控制变量，且分别取对数值。其中，s_{it} 表示城市的储蓄率，以资本形成率表示（周亚虹等，2009），而 $(n+g+d)_{it}$ 是一个复合变量，表示劳动力增长率、外生技术进步率和折旧率的加总。

5.2　实证结果分析

5.2.1　基于城市全要素生产率的空间收敛性分析

本部分对城市全要素生产率的空间绝对 β 收敛结果进行分析，如表

5.2 所示。

表 5.2　　全要素生产率空间绝对 β 收敛结果

空间计量方法	空间滞后模型			空间误差模型		
矩阵分类	邻接空间权重矩阵	空间距离权重矩阵	经济距离权重矩阵	邻接空间权重矩阵	空间距离权重矩阵	经济距离权重矩阵
$lnTFP_{i0}$	-0.011*** (-6.312)	-0.012*** (-6.323)	-0.010*** (-5.998)	-0.013*** (-7.551)	-0.014*** (-7.471)	-0.010*** (-5.343)
λ	0.126*** (4.753)	0.134*** (4.181)	0.191*** (5.465)	0.456*** (21.376)	0.556*** (24.722)	0.607*** (23.642)
收敛速度（%）	0.111	0.121	0.101	0.131	0.141	0.101
收敛周期（年）	626.66	574.15	689.68	529.72	491.63	689.68
LM Test	23.51 (0.000	12.58 (0.000)	22.88 (0.000)	25.55 (0.000)	13.57 (0.000)	26.20 (0.000)
R^2	0.593	0.591	0.594	0.433	0.433	0.430

注：*** 表示变量在 1% 的水平下通过显著性检验。

LM 检验的统计值支持了空间误差模型的合理性。此外，Hausman 检验的结果拒绝了随机效应误差项与解释变量之间存在零相关的假设。因此，本部分采用空间误差固定效应模型进行分析。对于采用空间滞后固定效应模型和空间误差固定效应模型的结果而言，$lnTFP_{i0}$对应的系数均显著小于0，说明城市生产率之间存在绝对 β 收敛，生产率在长期将收敛于相同的稳态。根据收敛速度 θ 和收敛的收敛周期 τ 的计算公式可以衡量基于不同空间权重矩阵的收敛程度。首先，基于邻接空间权重矩阵的收敛速度为0.131%、收敛周期为529.72 年，表明尽管城市生产率存在绝对收敛，但是收敛速度非常缓慢。其次，基于空间距离权重矩阵的收敛速度和收敛周期分别为0.141%和491.63 年，相对邻接空间权重矩阵对应的结果而言，收敛速度有所增加，但依然比较小。最后，基于经济距离权重矩阵的收敛速度为0.101%、收敛周期为689.68 年，其生产率绝对收敛的周期比基于邻接空间权重矩阵和空间距离权重矩阵的周期长，反映了东、中、西部城市的经济存在较大的空间分布阶梯差。采用空间滞后模型得出的结果与上述结论保持一致，即收敛速度同样比较缓慢，且收敛周期比较长。综上而言，城市生产率间存在绝对收敛的趋势，但收敛的周期比较漫长，而且城市间的经济联系弱于空间联系，存在生产要素市场分割的现象。与此同时，实证结果也说明了尽管目前中国不同地区城市间的生产率存在较大的差异，然而随着生产要素的自由流动和城市间经济联系的增长，城市间的差异从较长时间来看将逐步缩小，最终趋向于稳态值。

表5.3为城市全要素生产率空间条件β收敛的实证结果。通过比较LM检验的统计值和概率值，采用空间误差模型的统计值均大于空间滞后项的对应值。因此，采用空间误差模型更加合适。根据Hausman检验P值，拒绝了随机效应μ_i与解释变量之间存在零相关的假设，因此这里采用空间误差固定效应方程作为基准模型进行分析。由$lnTFP_{it-1}$对应的系数显著为负可知，城市生产率存在收敛的趋势，而且条件β收敛的速度明显快于绝对收敛的速度。根据不同空间权重矩阵的设定，系数的估计值存在差异。在三种不同的空间权重矩阵之间，邻接空间权重矩阵对应的系数绝对值最大，说明收敛性更强，而空间距离权重矩阵对应的系数绝对值次之，经济距离权重矩阵对应的系数绝对值最小。为了直观观察不同权重矩阵下的收敛特征，根据回归结果可以得出不同的收敛速度和收敛周期。将系数估计值代入可得邻接空间权重矩阵对应的收敛速度最快，而对应的收敛周期则最小，分别为1.222%和56.74年，而空间距离权重矩阵对应的收敛速度和收敛周期分别为1.210%和57.27年，经济距离权重矩阵对应的收敛速度最慢，为1.188%，收敛周期为58.35年。上述结果与空间权重矩阵的设定和中国城市的布局特征相关。根据邻接空间权重矩阵设定，城市间如果相邻则为1，否则为0。由于相邻城市间存在地理、文化、经济等方面的地缘关系，因此在控制相关经济因素的影响后城市间的收敛速度最快。进一步对比空间距离权重矩阵和经济距离权重矩阵，空间距离权重矩阵以城市间的空间距离倒数为权重，而经济距离权重矩阵则在物理距离的基础上附加经济特征，可以更好地反映城市经济的空间作用。然而，经济距离权重矩阵对应的收敛速度更慢，一方面表明了中国城市地理空间分布的经济不均衡特征，即存在较大的东中西部的发展差异；另一方面也暗示了中国城市生产率可能存在局部的俱乐部收敛，这也是需要下一步检验和

讨论的部分。另外，需要特别说明的是，尽管生产率的绝对收敛趋势较弱，但条件收敛的趋势比较明显，这一点与人均 GDP 对应的结果存在较大差异。人均 GDP 对应的绝对收敛和条件收敛的趋势均不显著，因此，从收敛结果来看，生产率的收敛并未带来人均 GDP 的收敛，该结果与孙元元（2015）的研究结论一致。主要原因在于，从改革开放至今我国经济水平的提升较大程度依赖于劳动密集型产业，特别是近年来城市化进程大幅增加了固定资产投资，技术进步（生产率）对经济增长的作用并未得到充分发挥（王志刚等，2006；王珏等，2010）。

表 5.3　　全要素生产率空间条件 β 收敛结果

空间计量方法	空间误差模型			空间滞后模型		
矩阵分类	邻接空间权重矩阵	空间距离权重矩阵	经济距离权重矩阵	邻接空间权重矩阵	空间距离权重矩阵	经济距离权重矩阵
$lnTFP_{it-1}$	-0.115*** (-12.312)	-0.114*** (-12.141)	-0.112*** (-11.885)	-0.121*** (-12.787)	-0.119*** (-12.672)	-0.120*** (-12.662)
lns_{it}	0.259*** (14.631)	0.258*** (14.423)	0.270*** (15.495)	0.168*** (8.053)	0.167*** (8.043)	0.170*** (8.136)
$ln(n+g+d)_{it}$	0.386*** (2.655)	0.338** (2.228)	0.315** (2.333)	0.253 (1.518)	0.195 (1.176)	0.249 (1.483)
λ	0.179*** (6.545)	0.229*** (7.142)	0.130*** (3.469)	0.114*** (4.163)	0.162*** (5.012)	0.033 (0.882)
收敛速度（%）	1.222	1.210	1.188	1.289	1.267	1.278
收敛周期（年）	56.74	57.27	58.35	53.74	54.71	54.22
LM Test	870.31 (0.000)	1336.61 (0.000)	9.237 (0.002)	10.60 (0.001)	17.31 (0.000)	5.245 (0.022)
Hausman Test	-22.86 (0.000)	-14.09 (0.007)	-29.88 (0.000)	-22.86 (0.000)	-14.09 (0.007)	-29.88 (0.000)
Wald Spatial Lag	4.567 (p=0.16)	2.832 (p=0.67)	6.823* (p=0.09)			
Wald Spatial Error				2.197 (p=0.25)	1.672 (p=0.77)	5.721 (p=0.13)
R^2	0.399	0.399	0.400	0.433	0.435	0.428

注：***、**、*分别表示变量在1%、5%和10%的水平下通过显著性检验。

5.2.2　基于全要素生产率分解指标的空间收敛性分析

根据上文所述，全要素生产率可以分解为规模效率、技术进步率和技术效率三个方面，表 5.4 至表 5.6 分别为基于城市生产率分解指标的空间条件收敛的估计结果。

基于城市规模效率的收敛结果如表 5.4 所示。根据 LM 检验的统计值和 Hausman 检验的结果表明，采用空间滞后固定效应模型更加合适。与全要素生产率的结果不同，基于不同空间权重矩阵的城市规模效率之间并不存在全域性的收敛，反而存在发散的趋势。对于作为对比分析的空间误差固定效应模型而言，$\ln SE_{it-1}$ 的系数显著为正，即同样存在发散的特征。这种结果与中国城市间较大的规模差异有关。根据梁琦等（2013）的研究，中国城市体系呈扁平化分布，即特大城市和小城市分布较少，中等规模城市分布较多。此外，随着改革开放的不断深入，生产要素跨界流动的限制不断弱化，大城市的集聚优势不断吸引劳动力和资本的转移，而中小城市则受到大城市的排挤而处于劣势，城市空间扩张的速度和规模效率提升的水平均存在空间差异。因此，我国城市规模的空间分布可以在一定程度上解释全域范围内不存在规模效率的收敛性，而呈现发散的特征。

表 5.4　　基于规模效率的空间条件 β 收敛结果

空间计量方法	空间滞后模型			空间误差模型		
矩阵分类	邻接空间权重矩阵	空间距离权重矩阵	经济距离权重矩阵	邻接空间权重矩阵	空间距离权重矩阵	经济距离权重矩阵
$\ln SE_{it-1}$	0.018* (1.764)	0.017* (1.745)	0.017* (1.743)	0.024*** (2.375)	0.023*** (2.323)	0.024*** (2.423)
$\ln s_{it}$	0.294*** (12.908)	0.293*** (12.861)	0.298*** (13.075)	0.399*** (20.891)	0.393*** (20.312)	0.412*** (22.017)
$\ln(n+g+d)_{it}$	0.243 (1.338)	0.232 (1.271)	0.266 (1.451)	0.509*** (3.358)	0.505*** (3.202)	0.463*** (3.269)
λ	0.071** (2.539)	0.094*** (2.812)	-0.056 (-1.478)	0.131*** (4.685)	0.178*** (5.402)	0.078** (2.033)

续表

空间计量方法	空间滞后模型			空间误差模型		
矩阵分类	邻接空间权重矩阵	空间距离权重矩阵	经济距离权重矩阵	邻接空间权重矩阵	空间距离权重矩阵	经济距离权重矩阵
收敛速度（%）	不收敛	不收敛	不收敛	不收敛	不收敛	不收敛
LM Test	14.45 (0.000)	15.59 (0.000)	4.199 (0.040)	7.51 (0.006)	7.39 (0.007)	1.720 (0.190)
Hausman Test	-33.46 (0.000)	-35.91 (0.000)	-86.67 (0.000)	-33.46 (0.000)	-35.91 (0.000)	-86.67 (0.000)
Wald Spatial Lag	1.514 (p=0.57)	2.019 (p=0.80)	2.098 (p=0.76)			
Wald Spatial Error				1.397 (p=0.69)	1.839 (p=0.87)	1.959 (p=0.89)
R^2	0.379	0.379	0.378	0.343	0.343	0.343

注：***、**、*分别表示变量在1%、5%和10%的水平下通过显著性检验。

关于技术进步率的实证结果如表5.5所示。根据LM检验的统计值和Hausman检验的结果，本部分采用空间误差固定效应模型进行分析。由$\ln TP_{it-1}$的系数可知，城市间的技术进步率存在显著的条件β收敛。与全要素生产率收敛结果的不同之处在于，在将系数带入计算收敛速度和收敛周期后发现，基于邻接空间权重矩阵的收敛速度最慢，为1.473%，对应的收敛周期为47.04年，而基于经济距离权重矩阵的收敛速度最快，为1.578%，收敛周期为43.92年，采用空间距离权重矩阵计算的收敛速度居中，收敛速度和收敛周期分别为1.508%和45.96年。这种结果与技术进步的共享特征相关，技术进步的空间相关性可以更多地反映在具有较强经济联系的城市之间，因此技术进步的收敛速度在经济距离权重矩阵的条件下表现最明显，而且控制变量$\ln s_{it}$和$\ln(n+g+d)_{it}$以及表征空间效应的λ值均显著为正。另外，作为对比分析的空间滞后模型同样验证了技术进步率的收敛特征，而且在不同空间权重矩阵作用下的收敛结果与空间误差模型保持一致。

表 5.5　基于技术进步率的空间条件 β 收敛结果

空间计量方法	空间误差模型			空间滞后模型		
矩阵分类	邻接空间权重矩阵	空间距离权重矩阵	经济距离权重矩阵	邻接空间权重矩阵	空间距离权重矩阵	经济距离权重矩阵
$\ln TP_{it-1}$	-0.137*** (-16.334)	-0.140*** (-16.572)	-0.146*** (-17.717)	-0.133*** (-16.020)	-0.134*** (-16.061)	-0.141* (1.744)
$\ln s_{it}$	0.059*** (2.743)	0.058*** (2.639)	0.063*** (2.898)	-0.002 (-0.098)	-0.003 (-0.126)	-0.008 (-0.332)
$\ln(n+g+d)_{it}$	0.324* (1.675)	0.273 (1.356)	0.217 (1.308)	-0.193 (-0.991)	-0.229 (-1.163)	-0.390** (-1.962)
λ	0.354*** (14.501)	0.388*** (13.594)	0.284*** (8.046)	0.261*** (10.373)	0.249*** (8.217)	0.075** (2.039)
收敛速度（%）	1.473	1.508	1.578	1.427	1.439	1.520
收敛周期（年）	47.04	45.96	43.92	48.57	48.18	45.61
LM Test	171.44 (0.000)	207.34 (0.000)	0.598 (0.439)	85.30 (0.000)	15.59 (0.000)	0.178 (0.673)
Hausman Test	-35.13 (0.000)	-41.73 (0.000)	-40.06 (0.000)	-35.13 (0.000)	-41.73 (0.000)	-40.06 (0.000)
Wald Spatial Lag	6.518 (p=0.12)	7.648* (p=0.09)	8.691* (p=0.08)			
Wald Spatial Error				5.622 (p=0.18)	6.957 (p=0.15)	7.062 (p=0.11)
R^2	0.437	0.437	0.437	0.511	0.502	0.487

注：***、**、*分别表示变量在1%、5%和10%的水平下通过显著性检验。

基于技术效率的实证结果如表 5.6 所示，LM 检验的统计值和 Hausman 检验的结果支持空间误差固定效应模型。然而，不同空间权重矩阵下的收敛结果并不一致。例如，采用空间距离权重矩阵或者经济距离权重矩阵计算的系数并不显著，即不存在收敛特征。尽管基于邻接空间权重矩阵的系数 β 为负值，但测算出的收敛速度相对较慢，收敛速度和收敛周期分别为 0.492% 和 141 年。对于空间滞后固定效应模型而言，空间收敛特征则更加不明显，基于邻接空间权重矩阵计算的收敛速度和收敛周期分别为

0.113%和627年，而采用其他两个空间权重矩阵均得到技术效率不收敛的结论。根据我国城市的发展现状，导致技术效率收敛趋势较弱（不明显）的原因是多方面的，由于技术效率与城市的规模存在密切联系，以及我国城市不均衡的规模分布导致规模的效率的发散，从而在一定程度上解释了城市间技术效率的差异。

表5.6　　基于技术效率的空间条件β收敛结果

空间计量方法	空间误差模型			空间滞后模型		
矩阵分类	邻接空间权重矩阵	空间距离权重矩阵	经济距离权重矩阵	邻接空间权重矩阵	空间距离权重矩阵	经济距离权重矩阵
$\ln TE_{it-1}$	-0.048*** (-3.843)	0.0000 (0.000)	0.0000 (-0.031)	-0.011*** (-4.911)	0.000*** (7.992)	0.003*** (7.243)
$\ln s_{it}$	0.000 (0.029)	-0.000 (-0.938)	0.000 (1.520)	-0.001*** (-3.527)	-0.000 (-0.577)	-0.000 (-1.093)
$\ln(n+g+d)_{it}$	-0.024*** (-9.282)	0.000 (0.191)	0.000 (0.428)	-0.009*** (-7.369)	0.000 (0.990)	-0.000 (-0.324)
λ	0.972*** (301.624)	0.999*** (139.213)	0.999*** (108.284)	0.965*** (275.013)	0.989*** (717.271)	0.941 (115.453)
收敛速度（%）	0.492	不收敛	不收敛	0.113	不收敛	不收敛
收敛周期（年）	141			627		
LM Test	2867.22 (0.000)	3610.07 (0.000)	1070.51 (0.000)	102.64 (0.000)	1030.31 (0.000)	31.01 (0.000)
Hausman Test	-33.46 (0.000)	-35.91 (0.000)	-86.67 (0.000)	-33.46 (0.000)	-35.91 (0.000)	-86.67 (0.000)
Wald Spatial Lag	3.566 (p=0.28)	4.209 (p=0.39)	6.397 (p=0.18)			
Wald Spatial Error				1.894 (p=0.57)	2.544 (p=0.49)	4.387 (p=0.33)
R^2	0.242	0.241	0.241	0.973	0.981	0.981

注：***表示变量在1%的水平下通过显著性检验。

综上而言，城市间全要素生产率的收敛主要来自技术进步率的收敛，受城市自身规模等异质性因素的影响，规模效率和技术效率并未表现全域性的收敛特征。

5.2.3　影响城市全要素生产率空间收敛的因素分析

城市全要素生产率无论存在绝对 β 收敛还是条件 β 收敛，都与各个城市的内部因素和外部环境息息相关。因此，本部分在分析城市全要素生产率收敛性特征的基础上，进一步探讨影响这种收敛特征的原因和水平，从而对如何缩小城市生产率差距提供现实支撑。

5.2.3.1　理论机制描述

影响城市自身生产率的因素非常复杂，其中可以直接影响生产率变化的因素包括人力资本结构（夏良科，2010）、外商直接投资（李晓钟等，2014）、科学技术支出（白俊红等，2016）、教育支出（张海峰等，2010）等，由于以上城市生产率的要素存在空间溢出效应，因此这些因素也可以影响生产率的收敛。Lucas 的基本观点为经济增长的关键驱动力在于人力资本积累，而城市之间经济水平的差距也归结于人力资本积累的差异。由于人力资本具有流动性，因此某个城市人力资本的培育在长期可能导致相邻城市或产业结构相似的城市受益，进而促进城市间生产率的趋同。当然，教育支出对人力资本的培育具有重要的促进作用，进而通过优化人力资本间接影响生产率的提升。Nelson 和 Phelps（1965）认为教育增加人力资本首先表现在创新活动，其次表现为接受新技术，然后体现在增强技术的溢出效应。另外，在 Nelson 和 Phelps 模型中，预测了国家之间经济发生收敛的可能性，即教育允许落后地区更好地向发达地区学习，并在进行创新活动时具有更高的经济增长率。这个预测被 Benhabib 和 Spiegel（1994）证实，并发现在经济水平低于平均值的国家中，教育对经济增长的影响更为显著，且表现为人力资本积累带来的技术赶超，但进行技术前沿创新的效用并不显著。既然教育既要求人力资本投入又要求积累人力资本，那么某个地区如果具有较少的人力资本积累，则很可能陷入恶性循环，并长时间处于低人力资本存量的状态。反之，具有较多人力资本积累的地区能够进入经济增长的良性循环而获得持续的增长。因此，从这个角度考虑，教育又可能导致生产率的发散，取决于落后地区如何进行教育方面的投入。

不只是人力资本积累和教育支出会影响一个城市的生产率，随着研发投入的增加和国际技术的流入，城市的科技支出和外商直接投资也可以影响生产率的变化。科技支出对生产率收敛的影响类似于教育支出，即落后地区科技支出的增加对追赶发达地区具有积极的影响，但同样有可能落入“贫困陷阱”，即落后地区往往缺乏大幅度的科技支出。我国为缩小东、中、西部地区间的差异，在20世纪90年代便开始对中、西部特别是西部地区进行转移支付，可以在一定程度上缓解财政压力。由于外商直接投资对区位有更高的要求，因此对生产率收敛的影响更多体现在俱乐部收敛，即对具有相邻城市间的生产率收敛具有促进作用。

5.2.3.2 指标构建

根据指标与生产率的相关性以及数据的可得性，本部分分别选择人力资本指数、教育支出比例、科技支出比例和外商直接投资比重衡量不同变量对生产率的影响。其中，人力资本指数以 lab_{it} 表示，并通过每万人大学生数来衡量；教育支出比例和科技支出比例分别由 tec_{it} 和 edu_{it} 表示，并通过城市的教育支出和科技支出占财政收入的比重来衡量；外商直接投资比重以 fdi_{it} 表示，并由外商直接投资额占总投资的比例表示。相关数据均来源于2003—2015年《中国城市统计年鉴》。

5.2.3.3 实证分析

表5.7为加入影响因素的城市生产率空间条件β收敛结果，并采用逐个加入控制变量的方法衡量不同因素对城市生产率收敛性的影响。整体而言，在加入影响因素后，城市生产率的收敛速率有所提升，相应的收敛周期也有所缩短。以不同权重矩阵第四列（包含全部控制变量）的结果为例，基于邻接空间权重矩阵的收敛速度为1.256%，相应的收敛周期为55.20年，而根据基准模型回归结果计算的收敛速度为1.222%、收敛周期为56.74年；基于空间距离权重矩阵计算的收敛速度为1.233%，对应的收敛周期为56.22年，而对应的基准模型回归结果分别为1.210%和57.27年；同样，基于经济距离权重矩阵计算的收敛速度和收敛周期分别为1.244%和55.71年，对应基准模型的结果分别为1.188%和58.35年。综合以上对比结果表明不同影响因素的引入加速了生产率的收敛。

表 5.7 加入不同影响因素的城市生产率空间条件 β 收敛结果

权重矩阵	邻接空间权重矩阵				空间距离权重矩阵				经济距离权重矩阵			
fdi_{it}	3.481*** (-3.325)	3.472*** (-3.313)	3.573*** (-3.394)	3.727*** (-3.545)	3.382*** (-3.237)	3.373*** (-3.228)	3.479*** (-3.315)	3.634*** (-3.466)	3.453*** (-3.285)	3.447*** (-3.274)	3.549*** (-3.356)	3.699*** (-3.495)
lab_{it}		0.207** (2.175)	0.223** (2.183)	0.268** (2.222)		0.235** (2.195)	0.248** (2.204)	0.297** (2.244)		0.152** (2.129)	0.168** (2.148)	0.215** (2.187)
tec_{it}			-1.928 (-0.921)	-1.984 (-0.955)			-2.028 (-0.976)	-2.079 (-0.991)			-2.036 (-0.974)	-2.093 (-0.991)
edu_{it}				1.703*** (-3.357)				1.741*** (-3.438)				1.704*** (-3.343)
$lnTFP_{it-1}$	-0.120*** (-12.795)	-0.120*** (-12.798)	-0.120*** (-12.767)	-0.118*** (-12.523)	-0.119*** (-12.683)	-0.119*** (-12.686)	-0.119*** (-12.643)	-0.116*** (-12.394)	-0.120*** (-12.671)	-0.120*** (-12.673)	-0.119*** (-12.636)	-0.117*** (-12.391)
lns_{it}	0.167*** (8.055)	0.167*** (8.058)	0.167*** (8.047)	0.166*** (8.028)	0.167*** (8.049)	0.167*** (8.043)	0.167*** (8.044)	0.166*** (8.017)	0.169*** (8.122)	0.169*** (8.126)	0.169*** (8.128)	0.168*** (8.093)
$\ln(n+g+d)_{it}$	0.324* (1.938)	0.323* (1.914)	0.292* (1.693)	0.257 (1.497)	0.267 (1.586)	0.263* (1.616)	0.233 (1.357)	0.194 (1.137)	0.319* (1.896)	0.317* (1.873)	0.286* (1.652)	0.251 (1.453)
λ	0.115*** (4.203)	0.115*** (4.194)	0.118*** (4.321)	0.116*** (4.246)	0.157*** (4.587)	0.160*** (4.959)	0.156*** (4.825)	0.163*** (5.064)	0.040 (1.075)	0.039 (1.078)	0.037 (0.982)	0.031 (0.853)
收敛速度(%)	1.278	1.278	1.278	1.256	1.267	1.267	1.267	1.233	1.278	1.278	1.267	1.244
收敛周期(年)	54.22	54.22	54.22	55.20	54.71	54.71	54.71	56.22	54.22	54.22	54.71	55.71
LM Test	21.23 (0.000)	31.31 (0.000)	21.19 (0.000)	22.02 (0.000)	21.02 (0.000)	21.04 (0.000)	20.98 (0.000)	20.61 (0.000)	2.933 (0.087)	2.922 (0.087)	2.45 (0.093)	3.37 (0.066)
Hausman Test	-36.09 (0.000)	-30.96 (0.000)	-41.21 (0.000)	-47.26 (0.000)	-19.97 (0.000)	-16.35 (0.000)	-22.95 (0.002)	-29.59 (0.003)	-38.23 (0.000)	-36.19 (0.000)	-45.48 (0.000)	-62.75 (0.000)
R^2	0.431	0.432	0.441	0.441	0.443	0.442	0.432	0.441	0.432	0.433	0.440	0.443

注：***、**、* 分别表示变量在 1%、5% 和 10% 的水平下通过显著性检验。

针对不同的指标，其对生产率收敛影响的结果也存在差异。其中，外商直接投资对生产率的收敛具有显著的促进作用，这与我国外商投资的布局存在较大的关联。在早期，Arrow（1971）和 Findlay（1978）则认为外商直接投资具有外溢效应，距离外资企业越近，空间溢出效应越强。改革开放以来，中国大部分外商投资企业聚集在东部地区，从而拉大了我国企业生产率的区域差距（罗雨泽等，2008）。然而，随着东部生产成本的不断提升，大量企业包括外商投资企业逐步向内地迁移，从而在一定程度上缩短了东、西部的差异，例如成都、重庆等现已成为外商投资的重要集聚地。另外，外商直接投资对于区位选择具有一定的趋同效应，从而促进了生产率的收敛。人力资本作为直接参与城市生产生活的主体，对城市生产率的提升具有显著的促进作用，人力资本结构与技术进步之间的动态适配可以成为区域经济持续增长的源泉（张月玲等，2015）。结果表明，人力资本对提升城市生产率方面发挥重要作用，而且随着人力资本跨地区的流动在一定程度上缩小了生产率的差异。然而，需要特别说明的是，城市间的人力资本积累依然存在较大的差距，东部部分城市依然集聚了大量的人力资本，通过人力资本积累缩小生产率差异的局面尚未形成。从长远来看，中、西部城市一方面需要积极培育适合当地产业发展的人力资本，另一方面在要素流动性不断增强的背景下积极承接东部劳动力的转移。科技支出对生产率的促进作用并不显著，系数均未通过显著性检验，这也反映了政府支出或补贴不一定能够转化为生产率的提升。邵敏等（2012）就通过研究表明政府补贴对企业生产率的影响效果可能会与企业获补贴收入的多少密切相关，而且如果政府补贴超过一定的临界值则会抑制生产率水平的提高。教育作为经济增长和技术进步的源泉，已得到人力资本理论和内生增长理论的支持和认同。教育支出对生产率的提升具有一定的促进作用，而且教育具有的公共品属性显著地促进了生产率的收敛。因此，从引入影响因素后的实证结果来看，城市间生产率的收敛速度在不同因素的驱动下得到了不同程度的提升，而且人力资本作为驱动生产率提升的源动力发挥着显著的正向作用。

5.3　稳健性检验

5.3.1　基于不同折旧率的检验

在测算全要素生产率及其分解时，第 3 章重新对折旧率进行了估算，而且对结果的分析也均基于该折旧率。在大量关于生产率分解的研究中，较多学者采用张军（彭国华，2005；孙传旺等，2010；邓明，2014；江永宏等，2016）测算出的折旧率，也有部分学者采用单豪杰（梁泳梅等，2015；余泳泽，2015）估算出的折旧率，为了对上文实证结果的准确性和稳健性进行检验，本部分采用张军和单豪杰测算的折旧率对应的生产率收敛分别进行再回归。

表 5.8 为基于不同折旧率回归的城市生产率空间条件收敛的结果，先分析以张军（2004）折旧率为基础测算出的生产率收敛结果。根据 $\ln TFP_{it-1}$ 的符号可以判断生产率存在收敛的趋势，而且通过比较系数大小可知通过张军折旧率计算的生产率收敛程度更大，该结论可通过计算收敛速度和收敛周期更加直观的呈现。针对不同的空间权重矩阵，通过邻接空间权重矩阵计算的收敛速度均比基于空间距离权重矩阵和经济距离权重矩阵得到的收敛速度慢，说明具有空间联系（经济联系）的城市之间具有更高的生产率收敛趋势，在一定程度上打破了地域的限制。与张军（2004）收敛结论相似，基于单豪杰（2008）折旧率的 $\ln TFP_{it-1}$ 系数均显著为负，说明城市生产率间同样存在条件收敛。然而，与张军（2004）不同的是，根据单豪杰（2008）折旧率测算的生产率，基于邻接空间权重矩阵的收敛速度最快，为 1.602%，而且均高于张军（2004）折旧率和本书测算折旧率对应的结果。这种结果与上文基准模型回归的结果相似，即均为邻接空间权重矩阵对应的结果最大。

控制变量的符号与上文保持一致，然而控制变量的显著性与基准模型相比有所弱化，甚至在单豪杰（2008）对应的结果中除了外商直接投资的作用相对显著外，其他三个指标均未通过显著性检验。对于张军（2004）的结果则均未通过1%水平的显著性检验，而是分别通过了5%或10%水平的检验。尽管如此，城市生产率间存在条件收敛的结论是一致的，而且在引入影响因素后对收敛速度提升均发挥一定的作用，从而验证了基准模型回归结果的稳健性。

表5.8　基于不同折旧率的城市生产率空间条件β收敛结果

空间计量方法	张军（2004）			单豪杰（2008）		
矩阵分类	邻接空间权重矩阵	空间距离权重矩阵	经济距离权重矩阵	邻接空间权重矩阵	空间距离权重矩阵	经济距离权重矩阵
$lnTFP_{it-1}$	-0.138*** (-14.313)	-0.151*** (-15.621)	-0.151*** (-15.623)	-0.148*** (-16.362)	-0.147*** (-16.335)	-0.147*** (-16.376)
lns_{it}	0.231*** (13.625)	0.163*** (7.982)	0.164*** (8.043)	0.123*** (6.386)	0.123*** (6.352)	0.124*** (6.393)
$\ln(n+g+d)_{it}$	0.171 (1.313)	0.498** (2.932)	0.541*** (3.197)	0.187 (1.172)	0.182 (1.134)	0.191 (1.197)
λ	0.143*** (5.494)	0.094*** (2.838)	0.024*** (3.634)	0.020 (0.732)	0.049 (1.485)	0.002 (0.063)
fdi_{it}	2.986*** (-2.892)	2.022* (-1.953)	2.046** (-1.974)	2.079*** (-2.122)	2.059** (-2.100)	2.079** (-2.121)
lab_{it}	-0.149 (-0.125)	0.912* (1.762)	0.921* (1.773)	0.288 (0.264)	0.288 (0.265)	0.284 (0.252)
tec_{it}	-2.863* (-1.783)	-0.823 (-0.399)	-0.777 (-0.381)	-0.491 (-0.254)	-0.506 (-0.259)	-0.496 (-0.253)
edu_{it}	1.391*** (-2.903)	0.691* (-1.794)	0.711* (-1.812)	0.062 (0.134)	0.054 (0.113)	0.064 (0.134)
收敛速度（%）	1.485	1.637	1.637	1.602	1.589	1.589
收敛周期（年）	46.68	42.34	42.34	43.27	43.59	43.59
LM Test	35.71 (0.000)	6.987 (0.008)	42.94 (0.000)	13.97 (0.000)	17.31 (0.000)	15.64 (0.000)
Hausman Test	-71.58 (0.000)	-69.17 (0.000)	-60.73 (0.000)	-51.68 (0.000)	-83.27 (0.000)	-54.79 (0.000)
R^2	0.256	0.293	0.291	0.249	0.250	0.226

注：***、**、*分别表示变量在1%、5%和10%的水平下通过显著性检验。

通过基准模型分析与借助张军（2004）和单豪杰（2008）不同折旧率的稳健性检验，本书可以得出城市生产率之间存在弱绝对 β 收敛和强条件 β 收敛的事实。然而，通过对比不同折旧率的结果不难发现，不同折旧率对应的结果存在一定程度的差异，折旧率大小越接近，测算出的生产率收敛结论也越相似。因此，合理测算并更新折旧率，进而通过准确衡量资本存量得到城市的全要素生产率是进行收敛研究的基础。从这个角度考虑，本书摒弃了所有城市采用统一折旧率的方法，而采用不同类别资产按不同年份加权平均的方式得到各省份的总折旧率，并假定同一省份内各市折旧率与该省固定资产加权的总折旧率相同（柯善咨等，2009）。这种处理方式将更加准确地衡量不同地区城市的折旧率，从而减小对城市生产率测算的误差，进一步提高生产率收敛结果的可信度。

5.3.2　基于不同空间计量模型的检验

LeSage 和 Pace（2009）指出空间杜宾模型同时嵌套了空间滞后模型和空间误差模型，分别放松不同的假设便可以得到相应的模型。另外，在研究空间溢出效应时，控制变量之间也存在空间相关性，因此空间权重矩阵与控制变量的交互项可能对生产率收敛具有促进作用，而空间杜宾模型则可以引入两者的交互项。表 5.9 为基于空间杜宾模型的城市生产率空间条件收敛的结果。

表 5.9　基于空间杜宾模型的城市生产率空间条件 β 收敛结果

空间计量方法	空间杜宾模型		
矩阵分类	邻接空间权重矩阵	空间距离权重矩阵	经济距离权重矩阵
$\ln TFP_{it-1}$	-0.119*** (-13.312)	-0.118*** (-13.173)	-0.118*** (-13.132)
$\ln s_{it}$	0.164*** (8.302)	0.164*** (8.291)	0.163*** (8.262)
$\ln(n+g+d)_{it}$	0.549** (2.053)	-0.138 (-0.464)	0.226 (1.382)

续表

空间计量方法	空间杜宾模型		
矩阵分类	邻接空间权重矩阵	空间距离权重矩阵	经济距离权重矩阵
fdi_{it}	4.607*** (-4.252)	3.714** (-3.493)	3.875*** (-3.874)
lab_{it}	0.231 (0.201)	0.373 (0.331)	0.013 (0.012)
tec_{it}	-1.906 (-0.929)	-2.351 (-1.131)	-1.552 (-0.764)
edu_{it}	1.989*** (-3.944)	2.062*** (-4.113)	1.595*** (-3.292)
$w \cdot lns_{it}$	0.032 (0.872)	0.039 (0.873)	0.037 (0.682)
$w \cdot ln(n+g+d)_{it}$	-0.431 (-1.313)	0.639* (1.652)	0.498 (1.073)
$w \cdot fdi_{it}$	3.949** (2.082)	0.558 (0.263)	9.714*** (2.981)
$w \cdot lab_{it}$	-4.981** (-2.264)	-1.949*** (-2.672)	-0.716** (-2.271)
$w \cdot tec_{it}$	-0.044 (-0.012)	3.499 (0.853)	8.822 (1.522)
$w \cdot edu_{it}$	1.306 (1.514)	2.119* (1.923)	-3.171** (-2.352)
λ	0.121*** (4.312)	0.151*** (4.524)	-0.009 (-0.240)
收敛速度（%）	1.267	1.256	1.256
收敛周期（年）	54.71	55.20	55.20
Hausman Test	193.97 (0.000)	177.99 (0.000)	165.48 (0.000)
Wald Spatial Lag	7.599* (p=0.055)	1.998 (p=0.573)	6.593* (p=0.086)
Wald Spatial Error	7.053* (p=0.067)	1.859 (p=0.668)	6.359* (p=0.089)
R^2	0.443	0.441	0.438

注：***、**、*分别表示变量在1%、5%和10%的水平下通过显著性检验。

根据 $\ln TFP_{it-1}$ 的系数可知，在空间杜宾模型的条件下生产率同样是收敛的，而且随着相邻城市空间变量的引入，城市间生产率收敛的趋势增强，邻接空间权重矩阵、空间距离权重矩阵以及经济距离权重矩阵对应的收敛率也分别从原来的 1. 122%、1. 120% 和 1. 188% 增加到 1. 267%、1. 256% 和 1. 256%。然而，与表 5. 7 的结果相比，相邻城市空间变量的引入并未显著促进生产率的收敛，空间交互项与控制变量交互项甚至出现了负值，特别是邻近城市间存在对人力资本的“抢夺”，表明城市间依然存在对要素资源的竞争，从而加大了城市间的“离心力”，不利于生产率的收敛。随着区域一体化水平的提高，打破市场分割和消除行政边界可以在一定程度上缓解资源恶性竞争的现象。

本章小结

本章从城市生产率收敛的视角兼论了我国城市发展的效率与公平问题。鉴于不同城市间可能存在空间相关性，本章先通过 Moran's I 指数进行检验并将空间因素引入计量模型中，采用邻接空间权重矩阵、空间距离权重矩阵以及经济距离权重矩阵进行空间计量分析，进而得出以下结论。

①城市生产率之间存在显著的空间相关性，且通过空间计量分析发现在不同空间权重的作用下城市生产率间均存在绝对 β 收敛的趋势，但收敛的周期比较漫长，中国不同地区城市间的生产率在较长时间内仍然存在较大的差异。对于条件 β 收敛而言，$\ln TFP_{it-1}$ 的系数显著为负，且通过计算收敛速度和收敛周期可知邻接空间权重矩阵对应的收敛速度最快，而对应的收敛周期则最小，分别为 1. 222% 和 56. 74 年，而空间距离权重矩阵对应的收敛速度和收敛周期分别为 1. 21% 和 57. 27 年，经济距离权重矩阵对应的收敛速度最慢，为 1. 188%，对应的收敛周期为 58. 35 年。生产率条件收敛并未带来人均 GDP 的条件收敛，却与城市夜间灯光的收敛趋势比较接近。

②对于生产率分解部分的收敛特征而言，基于不同空间权重矩阵的城市规模效率之间均不存在全域性的收敛特征，这与中国城市间较大的规模差异和城市体系呈扁平化分布的结构有关。对于技术进步率而言，城市间存在显著的条件β收敛，而且基于经济距离权重矩阵的收敛速度最快，为1.578%，收敛周期为43.92年，基于邻接空间权重矩阵的收敛趋势最弱，收敛速度和收敛周期分别为1.473%和47.04年。与技术进步率不同，技术效率间的收敛特征不明显，即使存在$\ln TFP_{it-1}$系数为负的结果，但系数比较小，收敛周期比较长。因此，城市生产率的收敛主要来自技术进步率的趋同，城市间规模效率和技术效率的差异还将在较长时间内存在，从这种意义上讲，规模效率和技术效率也成为未来缩小城市生产率差异的潜在因素。

③城市生产率的收敛特征受不同影响因素的制约，本章将外商直接投资、人力资本、科技支出以及教育支出等可以直接作用城市生产率变化的指标引入分析框架。结果显示，引入影响因素后的收敛速度均有一定程度提升，其中基于邻接空间权重矩阵的收敛速度为1.256%，相应的收敛周期为55.20年；基于空间距离权重矩阵计算的收敛速度为1.233%，对应的收敛周期为56.22年；基于经济距离权重矩阵计算的收敛速度和收敛周期分别为1.244%和55.71年。在单个指标影响的结果中，外商直接投资、教育支出和人力资本均对生产率的增长和收敛发挥显著的促进作用，随着要素流动性的增加和技术溢出效应的增强，生产率收敛的趋势将进一步得到强化。

为进一步检验实证结果的稳健性，本章通过采用不同的折旧率和不同的空间计量模型进行再检验，发现采用张军（2004）和单豪杰（2008）不同折旧率得到的实证结果与前文一致，而且通过空间杜宾模型分析发现尽管生产率间存在收敛的趋势，但城市间仍存在资源竞争的现象。综上而言，基于城市层面的生产率之间存在空间溢出效应，而且不同地理位置的城市生产率的增长速度存在差异，但在全国范围内依然存在城市生产率的弱绝对β收敛和强条件β收敛特征，城市的规模效率和技术效率将成为未来引领生产率收敛的主要因素。

第 6 章

中国城市经济规模的空间俱乐部收敛性分析

根据 Barro 和 Sala – I – Martin（1991）的定义，俱乐部收敛是指具有相同或相似经济条件和结构特征的区域或空间单元，其经济增长最终趋向于稳态的现象。在三种收敛模型中，地区间的绝对 β 收敛和条件 β 收敛一直作为区域经济研究的焦点，而俱乐部收敛到 20 世纪 90 年代中期才逐渐得到学术界的关注，进入 21 世纪后成为研究的热点。另外，以 Romer（1986、1990）和 Lucas（1988、1990）为代表的内生增长理论认为由于存在技术内生性，发达国家或地区的经济增长具有源源不断的动力，贫富差距将不断拉大，因此难以出现全域性的收敛，而仅在相似初始条件和结构特征等地区形成俱乐部收敛（Barro，1991）。Fischer 和 Stirbock（2006）指出针对俱乐部收敛的实证研究还相对匮乏，俱乐部收敛的假说尚处于检验阶段。然而，由于不同地区之间存在明显的文化差异和特殊的历史背景，因此在全域范围内趋于收敛的概率会较大幅度降低。相反，考虑到临近地区之间具有相似的文化背景和结构特征，研究不同俱乐部内部的收敛更能反映经济增长的区位差异和结构特征。随着我国城市规模的扩张和区域一体化水平的提高，城市集群化发展已成为经济增长的主要形式，而且城市群满足城市地理位置接近和经济条件相似等结构特征，因此本章以我国发展相对比较成熟的五大国家级城市群为研究对象，系统分析城市的经济增长是否存在俱乐部收敛的现象。

6.1　模型构建与数据来源

6.1.1　模型构建

根据空间依赖假设的不同，空间计量模型存在多种形式，而由于空间滞后模型（SAR）和空间误差模型（SEM）可以相互补充和识别，因此一直作为空间计量分析的惯用方法，本章同样采用以上两种模型进行收敛性分析。由于俱乐部收敛的城市在长期收敛于同一稳态，因此空间滞后的收敛方程为：

$$(\ln y_{it} - \ln y_0)/t = \alpha S + \lambda W_n(\ln y_{it} - \ln y_0) + \beta \ln y_0 + \xi_{it} \tag{6.1}$$

其中，S 表示空间单位列向量，$\xi_{it} \overset{iid}{\sim} N(0, \sigma^2)$。如果误差项存在空间相关性，则表现为空间误差模型，对应的收敛方程为：

$$(\ln y_{it} - \ln y_0)/t = \alpha S + \beta \ln y_0 + \beta X_{it} + \varphi_{it}, \varphi_{it} = \lambda W \varphi_{it} + \xi_{it} \tag{6.2}$$

如果 β 值显著且小于 0，则表示存在经济收敛。

根据包含空间属性的俱乐部收敛的机制可知，区域之间的空间溢出效应带来的经济收敛本质上就是若干空间单元形成的俱乐部经济趋同。Krugman 在新经济地理理论中提出的阴影效应说明空间外部性受行政边界的“玻璃门”限制，由于不同区位存在历史、文化、地理等方面的差异，俱乐部收敛仅发生在具有地理邻近与结构特征相似的区域之间。另外，在研究空间溢出效应时，控制变量之间也存在空间相关性，因此空间权重矩阵与控制变量的交互项可能对经济收敛具有促进作用，而空间杜宾模型（SDM）则可以引入两者的交互项，并可以表示为：

$$(\ln y_{it} - \ln y_0)/t = \alpha S + \lambda W_n(\ln y_{it} - \ln y_0) + \alpha l_N + \gamma \ln W y_0 + \theta W_n X_{it} + \xi_{it} \tag{6.3}$$

其中，W_n表示空间权重矩阵，$l_N = (1, 1, \cdots, 1)^T$

根据 López - Bazo（2004）的处理方法，本章将 s_{it}、$(n+g+d)_{it}$和 $labor_{it}$作为研究城市经济收敛的控制变量，且均取对数值。其中，s_{it}表示城市的储蓄率，以资本形成率表示①（周亚虹等，2009）；在复合表达式$(n+g+d)_{it}$中，n 表示劳动力增长率，g 表示外生技术进步率，d 表示折旧率；$labor_{it}$表示城市的人力资本，以每万人大学生数衡量。

① 根据周亚虹等（2009）的表述，尽管中国各地的储蓄率差异较大，然而地区内部由于具有相近的社会文化和经济环境，因此相同省份城市间的储蓄率差异较小，取对数后的储蓄率的变化就更小，因此本章以各自省份的储蓄率代替所属城市的储蓄率。

6.1.2　数据来源

本章的数据来自 2003—2015 年《中国城市统计年鉴》，为保持数据的完整性和准确性，剔除了部分数据不完整的城市，最终包括直辖市、地级市在内的 264 个城市。另外，国内生产总值（GDP）和固定资产投资均按照 2000 年的不变价进行平减，从而消除价格因素的影响。由于各级政府的统计设施和方法存在较大的差异，从而导致 GDP 的数据存在较大的不确定性。因此，在进行实证检验的同时本章同样采用城市夜间灯光数据进行校正。城市夜间灯光的数据来自美国国家海洋和大气管理局（NOAA），并通过地理信息系统软件对每个栅格的灯光进行提取和处理，同时根据国家基础地理信息中心公布的行政区划矢量图对边界进行剪裁，并基于中国地理范围的栅格数据与灯光数据进行匹配，从而得到每个城市群内部成员的灯光数据。

6.2　实证分析

本部分对我国五大国家级城市群的经济增长进行空间俱乐部收敛的检验，并通过城市夜间灯光数据对结果进行校正，研究对象包括发展相对成熟的京津冀城市群、珠三角城市群、长三角城市群、长江中游城市群以及成渝城市群。

6.2.1　基于人均 GDP 的空间俱乐部收敛

基于人均 GDP 的京津冀城市群的空间收敛结果如表 6.1 所示。为了更好地对比加入相邻空间单元对经济增长的影响，本章采用空间滞后（误差）模型和空间杜宾模型分别进行分析。

表 6.1 基于人均 GDP 的京津冀城市群空间俱乐部收敛

空间计量方法	空间滞后模型			空间杜宾模型		
矩阵分类	邻接空间权重矩阵	空间距离权重矩阵	经济距离权重矩阵	邻接空间权重矩阵	空间距离权重矩阵	经济距离权重矩阵
$\ln y_{it-1}$ （$\ln y_0$）	-0.204*** (-5.273)	-0.203*** (-4.992)	-0.206*** (-8.614)	-0.211*** (-5.770)	-0.221*** (-6.010)	-0.232*** (-8.614)
$\ln s_{it}$				0.001 (0.041)	0.011 (0.669)	0.002 (0.193)
$\ln(n+g+d)_{it}$				-0.106 (-1.046)	0.027 (0.295)	0.031 (0.379)
$\ln labor_{it}$				-0.144 (-0.342)	0.133 (0.409)	0.119 (0.411)
$w \cdot \ln s_{it}$				-0.043 (-1.006)	-0.062** (-2.187)	-0.042* (1.682)
$w \cdot \ln(n+g+d)_{it}$				-0.539** (-2.149)	-0.111 (-1.168)	-0.253* (-1.791)
$w \cdot \ln labor_{it}$				-0.662 (-0.818)	0.056 (0.061)	-0.019 (-0.714)
λ	-0.241* (-1.818)	0.163* (1.669)	0.189* (1.719)	0.312** (-2.319)	0.023** (2.231)	0.289* (1.823)
收敛速度（%）	2.282	2.269	2.307	2.369	2.497	2.639
收敛周期（年）	30.38	30.55	30.05	29.24	27.75	26.26
LM Test	4.343 (0.037)	0.312 (0.576)	0.679 (0.254)			
Hausman Test				44.76 (0.000)	41.43 (0.000)	43.27 (0.000)
Wald Spatial Lag				3.513 (p=0.17)	9.645*** (p=0.008)	8.547** (p=0.02)
Wald Spatial Error				3.627 (p=0.18)	9.839*** (p=0.008)	8.632** (p=0.02)
R^2	0.664	0.641	0.635	0.706	0.679	0.644

注：***、**、*分别表示变量在1%、5%和10%的水平下通过显著性检验。

通过对比 LM 检验的统计值以及 Hausman 检验的 P 值，本部分选择空间滞后模型进行分析。根据实证结果，λ 系数显著为正，说明城市间的经济增长存在显著的正向空间溢出效应。根据 $\ln y_{it-1}$ 的系数可知，对于不同空间权重矩阵和空间计量模型，京津冀城市群的经济增长均收敛。在不同空间权重矩阵的作用下，系数的估计值存在差异。对于空间滞后固定效应模型而言，邻接空间权重矩阵的收敛系数绝对值最大，说明相邻城市之间收敛特征更加明显。但这种情形基于未考虑其他邻近城市储蓄率等方面的影响。对于考虑以上因素的空间杜宾模型而言，收敛结果则发生了明显的改变，不仅对应空间权重矩阵的收敛率得到了显著提升，而且基于经济距离权重矩阵对应的经济收敛率最大。该结果也表明随着京津冀基础设施一体化和市场一体化的推进，城市之间的经济联系在一定程度上打破了地域之间的空间界限，城市间的功能互补促进了经济的收敛。为了更加直观地观察不同空间权重矩阵下的收敛特征，根据回归结果可以得出不同的收敛速度和追赶周期①。对于空间滞后模型基于经济距离权重矩阵对应的收敛速度和收敛周期分别为 2.307% 和 30.05 年，而空间杜宾模型对应的结果分别为 2.639% 和 26.26 年。该结果表明，尽管京津冀城市群内部的河北各市与北京和天津的经济规模相差悬殊，但随着区域协同发展的推进，城市间仍存在收敛的趋势。然而，需要特别指出的是，空间交互项 $w \cdot \ln s_{it}$ 和 $w \cdot \ln(n+g+d)_{it}$ 显著为负，表明城市之间存在对要素资源的恶性竞争，特别是在相邻城市之间尚未形成良性的互动关系。

基于人均 GDP 的长三角城市群空间收敛的结果如表 6.2 所示。根据 LM 检验统计值和 Hausman 检验的 P 值，本部分选择空间误差固定效应模型进行分析。根据实证结果，λ 显著为正，说明城市间的经济增长具有显著正相关。另外，根据 $\ln y_{it-1}$ 的系数可知，对于不同空间权重矩阵和空间计量模型，长三角城市群的经济增长均收敛。对于空间误差固定效应模型而言，基于空间距离权重矩阵的收敛系数绝对值最大，说明距离越近的城市其收敛趋势越明显，这种结果与长三角城市群完善的基础设施和较高的

① 为保持表述的简洁性，本章仅列出对应不同计量模型中最大的收敛率。

同城化水平有较大关联（郝良峰和邱斌，2016）。对于考虑邻近城市影响因素的空间杜宾模型而言，收敛结果相应地发生了改变，不仅对应空间权重矩阵的收敛率得到了显著提升，而且基于经济距离权重矩阵对应的经济收敛率最大。该结果也表明随着长三角城市群行政边界的打破和同城化水平的提高，城市之间经济的联系更加紧密。另外，部分中小城市也凭借其与大城市之间的区位优势获得了快速的发展，例如，昆山的经济增长受上海的辐射一直保持强劲的发展态势，并未发生理论中的“虹吸效应”。然而，根据空间交互项的系数可知，邻近城市的储蓄率越高，对城市的经济增长越不利，说明城市之间还存在对资本等要素的同质竞争关系。对于空间误差模型而言，其最快的收敛速度和对应的收敛周期分别为 1.743% 和 39.75 年，而空间杜宾模型对应的结果分别为 3.285% 和 21.10 年。因此，长三角城市群的收敛趋势明显，而且在加入相邻城市的空间影响因素后，长三角城市群的收敛速度得到大幅提升，俱乐部收敛特征更加显著。长三角城市群具有较高的收敛水平与其发展背景存在密切关联。长三角城市群早在 1992 年便建立了城市经济协调会，从而推动了城市之间经济的联合与协作。目前，长三角城市群已成为中国经济实力最强、市场发育最好、产业关联度最高的区域之一，也成功栖身世界第六大城市群。然而，根据实证结果也可以看出，相邻城市的控制变量对自身经济增长的作用并不显著，表明城市间的协同发展水平还存在一定的提升空间。

表 6.2　　基于人均 GDP 的长三角城市群空间俱乐部收敛

空间计量方法	空间误差模型			空间杜宾模型		
矩阵分类	邻接空间权重矩阵	空间距离权重矩阵	经济距离权重矩阵	邻接空间权重矩阵	空间距离权重矩阵	经济距离权重矩阵
$\ln y_{it-1}$ （$\ln y_0$）	-0.140***	-0.160***	-0.137***	-0.244***	-0.221***	-0.280***
	(-4.786)	(-5.413)	(-4.711)	(-4.555)	(-6.010)	(-4.649)
$\ln s_{it}$				-0.004	0.011	-0.004
				(-0.576)	(0.669)	(-0.590)
$\ln(n+g+d)_{it}$				-0.118	0.027	0.168
				(-0.549)	(0.295)	(0.922)

续表

空间计量方法	空间误差模型			空间杜宾模型		
矩阵分类	邻接空间权重矩阵	空间距离权重矩阵	经济距离权重矩阵	邻接空间权重矩阵	空间距离权重矩阵	经济距离权重矩阵
$lnlabor_{it}$				0. 512 (0. 937)	0. 133 (0. 409)	0. 609 * (1. 810)
$w \cdot lns_{it}$				0. 004 (0. 422)	-0. 062 ** (-2. 187)	0. 002 (0. 193)
$w \cdot \ln(n+g+d)_{it}$				0. 136 (0. 550)	-0. 111 (-1. 168)	0. 038 (0. 129)
$w \cdot lnlabor_{it}$				1. 415 * (1. 780)	0. 056 (0. 061)	-1. 805 (-1. 453)
λ	0. 306 *** (4. 507)	0. 390 *** (5. 466)	0. 345 *** (4. 660)	0. 202 *** (2. 824)	0. 023 (0. 231)	0. 294 *** (3. 843)
收敛速度（%）	1. 555	1. 743	1. 473	2. 797	2. 497	3. 285
收敛周期（年）	44. 58	39. 75	47. 04	24. 78	27. 75	21. 10
LM Test	8. 979 (0. 003)	20. 47 (0. 000)	22. 26 (0. 000)			
Hausman Test				44. 83 (0. 000)	58. 76 (0. 000)	65. 75 (0. 000)
Wald Spatial Lag				5. 358 * (p =0. 07)	1. 984 (p =0. 37)	1. 544 (p =0. 46)
Wald Spatial Error				5. 637 * (p =0. 06)	2. 237 (p =0. 33)	1. 621 (p =0. 38)
R^2	0. 509	0. 529	0. 635	0. 525	0. 679	0. 541

注：***、**、* 分别表示变量在 1%、5% 和 10% 的水平下通过显著性检验。

基于人均 GDP 的珠三角城市群的经济增长空间收敛结果如表 6. 3 所示。LM 检验的统计值和 Hausman 检验的 P 值支持选择空间误差固定效应模型进行分析。根据实证结果，λ 显著为正，说明城市间的经济具有显著正相关。尽管 lny_{it-1} 的系数为负值，但对于不同空间权重矩阵和空间计量模型而言均不显著，表明珠三角城市群内部存在较大的经济差异。另外，空间杜宾模型在引入城市间的相互影响后，空间交互项 $w \cdot lns_{it}$ 显著为正，表明城市之间存在正向的协同效应，较高的市场化水平促进了资本的跨城流动。然而，空间交互项 w · $lnlabor_{it}$ 却显著为负，表明人力资本向邻近城市的流失限制了经济的增长。珠三角城市群内部不存在经济收敛的现象与其“中心—外围”的发展格局密切相关，即在城市群内部形成了以广州、深圳、东莞、佛山、珠海等城市组成的中心内环，和以江门、肇庆、惠州、河源、汕尾等城市组成的外环，城市间的经济实力相差悬殊，中心城市对外围城市的带动不足，优势资源不断向中心城市聚集，从而诱发了中心城市对外围城市的“虹吸效应”，最终导致中心城市的经济增速快于外围城市，这也进一步解释了珠三角城市群的经济不存在俱乐部收敛的内在原因。因此，珠三角城市群还需要进一步探索能够促进城市经济协同发展的可行途径，例如，珠三角城市群可以借鉴长三角城市群的经验，成立以经济协同发展为纽带的区域性经济合作组织等。

表 6.3　　基于人均 GDP 的珠三角城市群空间俱乐部收敛

空间计量方法	空间误差模型			空间杜宾模型		
矩阵分类	邻接空间权重矩阵	空间距离权重矩阵	经济距离权重矩阵	邻接空间权重矩阵	空间距离权重矩阵	经济距离权重矩阵
lny_{it-1} （lny_0）	-0.003 (-0.418)	-0.003 (-0.345)	-0.003 (-0.328)	-0.003 (-0.484)	-0.003 (-0.473)	-0.003 (-0.418)
lns_{it}				0.077*** (3.945)	0.067*** (2.978)	0.066*** (2.835)
$ln(n+g+d)_{it}$				0.035 (-0.155)	-0.034 (-0.167)	-0.036 (-0.177)
$lnlabor_{it}$				0.516 (1.034)	0.523 (1.302)	0.489* (1.758)
w · lns_{it}				0.083*** (2.641)	0.078*** (2.593)	0.064** (2.381)
w · $ln(n+g+d)_{it}$				0.146 (0.512)	0.157 (0.418)	0.138 (0.554)
w · $lnlabor_{it}$				-1.953** (-2.047)	-1.571* (-1.963)	-1.668* (-1.846)

续表

空间计量方法	空间误差模型			空间杜宾模型		
矩阵分类	邻接空间权重矩阵	空间距离权重矩阵	经济距离权重矩阵	邻接空间权重矩阵	空间距离权重矩阵	经济距离权重矩阵
λ	0.241** (2.484)	0.218*** (2.671)	0.238** (2.236)	-0.113 (-1.067)	-0.110 (-1.189)	-0.009 (-1.111)
收敛速度（%）	0.030	0.030	0.030	0.030	0.030	0.030
收敛周期（年）	2307.03	2307.03	2307.03	2307.03	2307.03	2307.03
LM Test	0.642 (0.423)	0.432 (0.643)	0.642 (0.423)			
Hausman Test				6.19 (0.000)	4.18 (0.000)	6.19 (0.000)
Wald Spatial Lag				2.676 (p=0.26)	2.478 (p=0.29)	0.839 (p=0.66)
Wald Spatial Error				2.895 (p=0.18)	2.779 (p=0.22)	1.067 (p=0.62)
R^2	0.509	0.518	0.509	0.525	0.518	0.503

注：***、**、*分别表示变量在1%、5%和10%的水平下通过显著性检验。

表6.4为基于人均GDP的长江中游城市群的经济空间收敛结果。根据LM检验统计值和Hausman检验的P值，本部分选择空间误差固定效应模型进行分析。对于空间误差模型和空间杜宾模型而言，λ值显著为负，说明城市间的经济增长存在“此消彼长”的竞争关系。然而，这并不影响城市之间的经济收敛性，根据$\ln y_{it-1}$的系数可知，对于不同的空间权重矩阵和空间计量模型，长江中游城市群均存在经济增长的收敛。对于空间误差固定效应模型而言，对应的邻接空间权重矩阵的收敛系数绝对值最大，说明相邻城市的收敛趋势最明显。在引入影响因素后，$\ln y_{it-1}$系数的绝对值得到大幅提升，而且同样是邻接空间权重矩阵对应的收敛系数最大。通过$\ln y_{it-1}$的系数可以测算出空间误差模型对应的最大收敛率和最小收敛周期分别为0.855%和81.01年，而空间杜宾模型对应的收敛率和收敛周期分别为2.930%和23.65年。然而，空间交互项的系数并不显著，表明城市间的协同发展还存在提升的空间。另外，空间距离权重矩阵和经济距离权

重矩阵对应的 $\ln y_{it-1}$ 系数绝对值相对较小，表明随着城市间空间距离的拉大，经济收敛的趋势明显减弱。这种结论与长江中游城市群的空间结构存在较大关联，即长江中游城市群位于长江经济带的核心区域，地跨武汉都市圈、环鄱阳湖城市群、环长株潭城市群，但由于三大城市群分布在不同的省份，受地理、文化、行政等不同因素的制约，使三大城市群之间的空间联系和经济联系较大程度弱化，从而导致不同城市群之间形成恶性竞争的关系①。另外，空间交互项 $w \cdot \ln labor_{it}$ 显著为负，说明城市群内部存在对人力资源的竞争。因此，长江中游城市群同样应当借鉴长三角城市群的发展经验，构建协调不同城市群发展的组织机构，从而为打破行政“玻璃门”，探索城市间的利益共享机制提供政策支持。

表 6.4　　基于人均 GDP 的长江中游城市群空间俱乐部收敛

空间计量方法	空间误差模型			空间杜宾模型		
矩阵分类	邻接空间权重矩阵	空间距离权重矩阵	经济距离权重矩阵	邻接空间权重矩阵	空间距离权重矩阵	经济距离权重矩阵
$\ln y_{it-1}$ （$\ln y_0$）	-0.082*** (-5.140)	-0.076*** (-4.959)	-0.081*** (-5.117)	-0.254*** (-4.454)	-0.228*** (-4.607)	-0.245*** (-5.254)
$\ln s_{it}$				0.005 (1.062)	0.003 (0.762)	0.003 (0.832)
$\ln(n+g+d)_{it}$				0.006 (0.028)	0.141* (1.891)	0.158** (1.957)
$\ln labor_{it}$				0.159 (0.441)	0.194 (0.539)	0.190 (0.520)
$w \cdot \ln s_{it}$				0.009 (1.139)	-0.003 (-0.300)	0.001 (0.092)
$w \cdot \ln(n+g+d)_{it}$				0.272 (1.002)	0.077 (0.409)	0.012 (0.061)

① 为进一步确定三大城市群内部城市间的相互作用，本章分别对三大城市群的空间收敛性进行分析，发现同一城市群内部的城市经济存在空间负相关，但仍存在经济收敛的趋势。

续表

空间计量方法	空间误差模型			空间杜宾模型		
矩阵分类	邻接空间权重矩阵	空间距离权重矩阵	经济距离权重矩阵	邻接空间权重矩阵	空间距离权重矩阵	经济距离权重矩阵
$w \cdot lnlabor_{it}$				0.004 (0.006)	−0.686* (−1.888)	−0.284* (−1.807)
λ	−0.142* (−1.672)	−0.147* (−1.879)	−0.107 (−1.427)	−0.243*** (−2.873)	−0.215*** (−2.767)	−0.149** (−1.997)
收敛速度（%）	0.855	0.790	0.845	2.930	2.588	2.810
收敛周期（年）	81.01	87.69	82.06	23.65	26.78	24.66
LM Test	6.204 (0.013)	7.245 (0.007)	3.016 (0.082)			
Hausman Test				43.07 (0.000)	50.56 (0.000)	57.68 (0.000)
Wald Spatial Lag				8.187** (p=0.02)	3.238 (p=0.19)	4.392 (p=0.11)
Wald Spatial Error				7.859** (p=0.03)	2.859 (p=0.22)	4.219 (p=0.18)
R^2	0.379	0.378	0.379	0.475	0.468	0.457

注：***、**、*分别表示变量在1%、5%和10%的水平下通过显著性检验。

表6.5为基于人均GDP的成渝城市群的经济空间收敛结果。根据LM检验的统计值和Hausman检验的P值，本部分选择空间滞后固定效应模型进行分析。对于空间滞后模型和空间杜宾模型而言，λ值均显著为正，表明城市间存在经济增长的显著正相关。另外，根据lny_{it-1}的系数可知，对于不同空间权重矩阵和空间计量模型而言，成渝城市群的经济增长存在收敛的趋势。在不同空间权重矩阵的条件下，lny_{it-1}的系数各不相同。两种模型均基于经济距离权重矩阵的收敛系数最大，空间滞后模型对应的收敛率和收敛周期分别为4.478%和15.48年，空间杜宾模型对应分别为4.494%和15.42年。相比其他城市群而言，成渝城市群的收敛速度相对较快，而且城市间的经济联系强于空间联系。空间杜宾模型在引入邻近城市的影响因素后，经济距离权重矩阵对应的$w \cdot lns_{it}$和$w \cdot ln(n+g+d)_{it}$系

数显著为正，且较大幅度提高了经济的收敛速度。这种较强的收敛趋势与成渝城市群的历史背景和地理禀赋密切相关。由于成渝城市群地处成渝地区，由四川 15 个地市和重庆 27 个县区组成，重庆自古地属四川，具有一脉相承的历史、经济和文化背景，因此具有“先天”的区域一体化发展优势。然而，同时也应当看到成渝城市群的空间相关性并不十分显著，而且相邻城市间依然存在人力资本的竞争，这也反映了城市间依然存在一定的行政壁垒，地方保护或市场分割的问题并未得到根本解决。

表 6.5　　基于人均 GDP 的成渝城市群空间俱乐部收敛

空间计量方法	空间滞后模型			空间杜宾模型		
矩阵分类	邻接空间权重矩阵	空间距离权重矩阵	经济距离权重矩阵	邻接空间权重矩阵	空间距离权重矩阵	经济距离权重矩阵
lny_{it-1} （lny_0）	-0.360*** (-6.635)	-0.358*** (-6.531)	-0.361*** (-6.523)	-0.346*** (-6.634)	-0.344*** (-6.925)	-0.362*** (-7.317)
lns_{it}				-0.012* (-1.710)	-0.010 (-1.383)	-0.009 (-1.378)
$ln(n+g+d)_{it}$				0.407** (2.026)	0.479** (2.531)	0.420** (2.248)
$lnlabor_{it}$				-0.302 (-0.692)	-0.408 (-1.005)	-0.292 (-0.730)
$w \cdot lns_{it}$				0.009 (0.553)	0.029** (2.378)	0.038*** (3.150)
$w \cdot ln(n+g+d)_{it}$				0.398 (0.873)	0.639*** (2.657)	0.565** (2.524)
$w \cdot lnlabor_{it}$				-2.275* (-1.835)	-0.274 (-0.288)	0.373 (0.458)
λ	0.143* (-1.945)	0.057* (-1.682)	0.008** (-2.110)	0.229* (-1.856)	0.103** (-2.149)	0.011** (-2.123)
收敛速度（%）	4.463	4.431	4.478	4.246	4.216	4.494
收敛周期（年）	15.53	15.64	15.48	16.32	16.44	15.42
LM Test	3.690 (0.055)	1.401 (0.237)	0.699 (0.403)			

续表

空间计量方法	空间滞后模型			空间杜宾模型		
矩阵分类	邻接空间权重矩阵	空间距离权重矩阵	经济距离权重矩阵	邻接空间权重矩阵	空间距离权重矩阵	经济距离权重矩阵
Hausman Test				43.07 (0.000)	50.56 (0.000)	57.68 (0.000)
Wald Spatial Lag				0.106 (p=0.95)	4.409 (p=0.11)	9.715*** (p=0.007)
Wald Spatial Error				0.097 (p=0.96)	4.315 (p=0.14)	9.388*** (p=0.009)
R^2	0.537	0.527	0.528	0.560	0.573	0.581

注：***、**、*分别表示变量在1%、5%和10%的水平下通过显著性检验。

6.2.2　基于城市夜间灯光的空间俱乐部收敛

为了更加准确地反映不同城市群俱乐部收敛的特征，本部分进一步采用更具客观性的全球夜间灯光数据进行检验。

表6.6为基于城市夜间灯光的京津冀城市群俱乐部收敛的检验结果。通过对比LM检验的统计值和Hausman检验的P值，本部分选择空间滞后固定效应模型进行分析。根据统计结果，对于不同空间权重矩阵和空间计量模型而言，京津冀城市群的 $\ln y_{it-1}$ 系数均是负值，表明存在经济的收敛性。另外，与人均GDP的实证结果不同之处在于，对于空间滞后模型和空间杜宾模型而言，除空间滞后固定效应模型中空间距离权重矩阵和经济距离权重矩阵对应的 λ 值不显著外，其余 λ 值均显著为负，说明城市之间存在生产要素的同质竞争关系。在空间滞后固定效应模型中，经济距离权重矩阵的收敛系数绝对值最大，表明城市间的经济互动增强了俱乐部收敛的趋势。然而，在加入邻近城市的空间因素后，邻接空间权重矩阵对应的收敛速度最快，即相邻城市间的要素流动性更强。根据收敛系数可以得出不同的收敛速度和收敛周期。空间滞后模型对应的最快收敛速度和对应的收敛周期分别为0.651%和106.52年，而空间杜宾模型对应的结果分别为

0.747%和92.76年。空间交互项w·$lnlabor_{it}$显著为正，表明京津冀城市群内部存在人力资本的共享。因此，如果采用更具客观性的灯光数据为基准进行分析，收敛速度会放慢，而且相邻城市间的收敛趋势更加显著，这种结果与目前城市群内部存在经济发展格局不均衡有较大关联。京津冀城市群以北京和天津为核心，随着中心城市部分功能向周边城市疏散，这些城市的经济增速得到大幅提升。然而，对于相对“偏远”的其他城市而言，经济发展还比较落后，依然存在较大的追赶空间。由此，作为中国北部最大的城市群，京津冀城市群应当在区域总体发展战略的引领下更加注重城市间分工协作，打破行政边界，逐步推进基础设施建设和市场一体化进程，从而缩短城市间的时间距离和经济距离，为推进京津冀城市群有序发展提供有利条件。

表6.6 基于城市夜间灯光的京津冀城市群空间俱乐部收敛

空间计量方法	空间滞后模型			空间杜宾模型		
矩阵分类	邻接空间权重矩阵	空间距离权重矩阵	经济距离权重矩阵	邻接空间权重矩阵	空间距离权重矩阵	经济距离权重矩阵
lny_{it-1}（lny_0）	−0.057*** (−3.948)	−0.061*** (−3.805)	−0.063*** (−2.795)	−0.072*** (−4.906)	−0.062*** (−4.137)	−0.065*** (−3.835)
lns_{it}				0.004** (2.248)	0.004** (2.218)	0.004** (2.567)
$ln(n+g+d)_{it}$				−0.011 (−0.946)	−0.010 (−0.889)	−0.010 (−0.923)
$lnlabor_{it}$				0.018 (0.351)	0.070* (1.787)	0.090* (1.877)
w·lns_{it}				0.002 (0.390)	0.001 (0.305)	0.001 (0.285)
w·$ln(n+g+d)_{it}$				−0.043 (−1.425)	0.002 (0.218)	0.003 (0.438)
w·$lnlabor_{it}$				0.057** (2.571)	0.224** (2.123)	0.267** (2.111)

续表

空间计量方法	空间滞后模型			空间杜宾模型		
矩阵分类	邻接空间权重矩阵	空间距离权重矩阵	经济距离权重矩阵	邻接空间权重矩阵	空间距离权重矩阵	经济距离权重矩阵
λ	-0.373*** (-2.937)	0.064 (0.652)	0.068 (0.467)	-0.417*** (-3.090)	-0.287*** (-2.858)	-0.543* (-1.897)
收敛速度（%）	0.587	0.629	0.651	0.747	0.640	0.672
收敛周期（年）	118.11	110.13	106.52	92.76	108.29	103.13
LM Test	9.758 (0.002)	1.147 (0.284)	4.786 (0.094)			
Hausman Test				81.15 (0.000)	76.46 (0.000)	98.56 (0.000)
Wald Spatial Lag				2.982 (p=0.225)	15.49*** (p=0.000)	13.78*** (p=0.000)
Wald Spatial Error				2.361 (p=0.266)	14.98*** (p=0.000)	13.21*** (p=0.000)
R^2	0.937	0.941	0.933	0.941	0.940	0.944

注：***、**、*分别表示变量在1%、5%和10%的水平下通过显著性检验。

表6.7为基于城市夜间灯光的长三角城市群俱乐部收敛的检验结果。根据LM检验的统计值Hausman检验的P值，本部分选择空间误差固定效应模型进行分析。根据实证结果，λ显著为正，说明城市之间的经济存在空间正相关。另外，对于不同空间权重矩阵和空间计量模型而言，长三角城市群的lny_{it-1}系数均为负值，表明存在经济的收敛趋势，这也与上文关于人均GDP收敛的结论保持一致。然而，基于灯光数据的收敛率与基于人均GDP测算的收敛速度存在较大差别，两种衡量方法对应的最快收敛速度分别为0.758%和0.790%，收敛周期分别为91.44年和87.69年，即基于灯光数据的收敛速度大幅降低。与人均GDP结果保持一致，空间误差模型最快收敛速度对应的空间权重矩阵仍然为空间距离权重矩阵，同样说明距离越近的城市其经济收敛的趋势越明显。空间杜宾模型在加入邻近城市的影响因素后，收敛速度得到小幅提升，而且经济距离权重矩阵对应的收敛速度最快，表明长三角城市群内部较高的基础设施一体化和市场一体化水

平加强了城市间的经济联系（孙斌栋和丁嵩，2016）。另外，空间交互项 $w \cdot lnlabor_{it}$ 显著为正，表明城市群内部人力资本的共享促进了经济的收敛。然而，空间交互项 $w \cdot ln(n+g+d)_{it}$ 却显著为负，表明城市间依然存在着资源竞争，这也与长三角城市群内部的产业同构发展、行政壁垒高筑、协调机制滞后等问题有关（郝良峰和邱斌，2016）。此外，长三角城市群30个成员中的经济规模存在较大的区位差异，江苏苏南地区城市的经济水平远高于安徽或江苏苏北地区的城市，从而也成为制约长三角经济收敛的内在因素。

表 6.7　基于城市夜间灯光的长三角城市群空间俱乐部收敛

空间计量方法	空间误差模型			空间杜宾模型		
矩阵分类	邻接空间权重矩阵	空间距离权重矩阵	经济距离权重矩阵	邻接空间权重矩阵	空间距离权重矩阵	经济距离权重矩阵
lny_{it-1} (lny_0)	-0.065*** (-5.321)	-0.073*** (-5.293)	-0.055*** (-4.143)	-0.058*** (-2.759)	-0.070*** (-3.470)	-0.076*** (-3.888)
lns_{it}				0.001 (0.573)	0.000 (0.177)	0.000 (0.138)
$ln(n+g+d)_{it}$				0.140*** (2.922)	0.301*** (6.304)	0.248*** (5.864)
$lnlabor_{it}$				0.091 (0.760)	0.137 (1.172)	0.147 (1.279)
$w \cdot lns_{it}$				0.002 (0.787)	0.003 (1.061)	0.001 (0.395)
$w \cdot ln(n+g+d)_{it}$				-0.017 (-0.301)	-0.236*** (-3.361)	-0.152** (-2.234)
$w \cdot lnlabor_{it}$				0.612*** (2.884)	0.274 (1.032)	0.325 (1.302)
λ	0.489*** (8.598)	0.608*** (11.442)	0.551*** (9.451)	0.230*** (3.301)	0.354*** (4.863)	0.348*** (4.801)
收敛速度（%）	0.672	0.758	0.566	0.597	0.726	0.790
收敛周期（年）	103.13	91.44	122.53	116.01	95.51	87.69

续表

空间计量方法	空间误差模型			空间杜宾模型		
矩阵分类	邻接空间权重矩阵	空间距离权重矩阵	经济距离权重矩阵	邻接空间权重矩阵	空间距离权重矩阵	经济距离权重矩阵
LM Test	7.947 (0.005)	20.47 (0.000)	22.26 (0.000)			
Hausman Test				117.56 (0.000)	103.95 (0.000)	104.80 (0.000)
Wald Spatial Lag				26.08*** (p=0.000)	13.24*** (p=0.001)	14.85*** (p=0.000)
Wald Spatial Error				5.637* (p=0.06)	2.237 (p=0.33)	1.621 (p=0.38)
R^2	0.699	0.672	0.679	0.831	0.837	0.837

注：***、**、*分别表示变量在1%、5%和10%的水平下通过显著性检验。

表6.8为基于城市夜间灯光的珠三角城市群俱乐部收敛的检验结果。LM检验统计值和Hausman检验的P值支持选择空间误差固定效应模型进行分析。在空间误差固定效应模型和空间杜宾固定效应模型中λ值均显著为正，说明在考虑相邻城市相互作用前后城市间的经济增长均存在显著正相关，而该结论与人均GDP对应的结果存在差别。在空间误差模型中，$\ln y_{it-1}$的系数为正值，但并不显著，表明不存在经济增长的收敛现象，但同时也不能说明城市经济之间是否发散。空间杜宾模型在引入城市间的相互影响后，$\ln y_{it-1}$的系数变为负值，但结果仍然不显著。因此，综合对比人均GDP和夜间灯光数据的结果后发现，珠三角城市群不存在经济增长的俱乐部收敛，从城市的灯光分布也可以看出珠三角城市群内部出现了Quah（1997b）描述的“双峰”现象，即沿海城市的灯光亮度更强。空间交互项$w \cdot \ln s_{it}$的系数显著为负，表明珠三角城市群内部存在资源竞争的状况。尽管珠三角城市群是中国改革开放以来发展最早的国家级城市群，也是经济密度、创新密度最高的区域之一，但由于缺乏对整个城市群发展的统筹协调机制，导致城市发展两极分化。因此，如何促进中心城市与外围城市协同发展成为缩小城市群内部差异的关键。

表 6.8　　基于城市夜间灯光的珠三角城市群空间俱乐部收敛

空间计量方法	空间滞后模型			空间杜宾模型		
矩阵分类	邻接空间权重矩阵	空间距离权重矩阵	经济距离权重矩阵	邻接空间权重矩阵	空间距离权重矩阵	经济距离权重矩阵
lny_{it-1} (lny_0)	0.016 (0.771)	0.018 (0.648)	0.023 (0.598)	-0.027 (-1.379)	-0.029 (-1.523)	-0.031 (-1.601)
lns_{it}				-0.004*** (-2.596)	-0.003* (-1.918)	-0.005** (-2.334)
$ln(n+g+d)_{it}$				0.033 (-0.138)	0.035 (-0.177)	0.031 (-0.156)
$lnlabor_{it}$				-0.033 (-0.805)	-0.035 (-0.783)	-0.032 (-0.881)
$w \cdot lns_{it}$				-0.005* (-1.812)	-0.006* (-1.793)	-0.005* (-1.723)
$w \cdot ln(n+g+d)_{it}$				0.130 (0.312)	0.132 (0.338)	0.128 (0.294)
$w \cdot lnlabor_{it}$				-0.002 (-0.034)	-0.001 (-0.028)	-0.003 (-0.038)
λ	0.503*** (6.631)	0.476*** (5.634)	0.459*** (5.277)	0.402*** (4.853)	0.364*** (3.745)	0.437*** (3.943)
收敛速度（%）	—	—	—	—	—	—
收敛周期（年）	—	—	—	—	—	—
LM Test	8.951 (0.003)	7.856 (0.004)	7.457 (0.002)			
Hausman Test				34.06 (0.000)	55.08 (0.000)	64.44 (0.000)
Wald Spatial Lag				26.66*** (p=0.000)	33.22*** (p=0.000)	37.36*** (p=0.000)
Wald Spatial Error				22.98*** (p=0.000)	30.88*** (p=0.000)	35.25*** (p=0.000)
R^2	0.859	0.798	0.818	0.872	0.856	0.872

注：***、**、*分别表示变量在1%、5%和10%的水平下通过显著性检验。

表6.9为基于城市夜间灯光的长江中游城市群俱乐部收敛的检验结果。根据LM检验统计值和Hausman检验的P值，本部分选择空间滞后固定效

应模型进行分析。在空间滞后模型中 λ 显著为正，说明城市间的经济增长具有显著正相关，该结论与人均 GDP 检验的结果存在差异。然而，空间杜宾模型对应的 λ 值并不显著，在考虑相邻城市影响因素后的 $\ln y_{it-1}$ 系数绝对值变小，而且根据 $\ln y_{it-1}$ 的系数值可知空间滞后模型对应的收敛率和收敛周期分别为 1.267% 和 54.71 年，而空间杜宾模型对应的收敛率和收敛周期分别为 1.210% 和 57.27 年。另外，考虑到 $w \cdot \ln s_{it}$ 和 $w \cdot \ln labor_{it}$ 的系数显著为正，且经济收敛趋势减弱，表明经济优势更大的城市对资本的吸收能力更强。而且，与人均 GDP 检验的结果一致，两种模型对应的最大收敛率均对应邻接空间权重矩阵，而基于空间距离权重矩阵和经济距离权重矩阵的收敛趋势较弱，进一步验证了长江中游城市群存在各省内部相邻城市抱团发展，而跨省城市群的经济联系相对较弱的现象。因此，在长江中游城市群地理覆盖范围较广的现实背景下，打破行政边界，加强湖北、江西、湖南内部三大城市群的空间联系和经济联系，同时强化中心城市武汉、南昌和长沙对周边城市的辐射效应是促进长江中游城市群协同发展的有效路径。

表 6.9　基于城市夜间灯光的长江中游城市群空间俱乐部收敛

空间计量方法	空间滞后模型			空间杜宾模型		
矩阵分类	邻接空间权重矩阵	空间距离权重矩阵	经济距离权重矩阵	邻接空间权重矩阵	空间距离权重矩阵	经济距离权重矩阵
$\ln y_{it-1}$ （$\ln y_0$）	-0.119*** (-3.918)	-0.105*** (-3.504)	-0.106*** (-3.483)	-0.114*** (-4.187)	-0.071*** (-2.587)	-0.094*** (-3.188)
$\ln s_{it}$				0.000 (0.123)	-0.001 (-0.731)	-0.000 (-0.359)
$\ln(n+g+d)_{it}$				-0.033 (-0.658)	-0.047 (-1.361)	0.017 (0.450)
$\ln labor_{it}$				-0.114 (-1.348)	0.062 (0.776)	-0.023 (-0.264)
$w \cdot \ln s_{it}$				0.003* (1.782)	0.001* (1.899)	0.001 (1.614)
$w \cdot \ln(n+g+d)_{it}$				-0.055 (-0.917)	-0.031 (-0.705)	-0.030 (-0.609)

续表

空间计量方法	空间滞后模型			空间杜宾模型		
矩阵分类	邻接空间权重矩阵	空间距离权重矩阵	经济距离权重矩阵	邻接空间权重矩阵	空间距离权重矩阵	经济距离权重矩阵
w · $lnlabor_{it}$				0.589*** (3.298)	0.446*** (2.669)	0.186 (1.383)
λ	0.411*** (6.378)	0.384*** (6.280)	0.370*** (6.165)	0.041 (0.528)	0.056 (0.786)	0.071 (1.030)
收敛速度（%）	1.267	1.109	1.120	1.210	0.736	0.987
收敛周期（年）	54.71	62.48	61.86	57.27	94.12	70.22
LM Test	14.86 (0.000)	21.81 (0.000)	20.87 (0.000)			
Hausman Test				103.17 (0.000)	97.68 (0.000)	105.06 (0.000)
Wald Spatial Lag				68.14*** (p=0.000)	97.07*** (p=0.000)	87.50*** (p=0.000)
Wald Spatial Error				66.49*** (p=0.000)	98.69*** (p=0.000)	89.37*** (p=0.000)
R^2	0.709	0.712	0.710	0.778	0.803	0.766

注：***、*分别表示变量在1%、10%的水平下通过显著性检验。

表6.10为基于城市夜间灯光的成渝城市群俱乐部收敛检验结果。根据LM检验的统计值和Hausman检验的P值，本部分选择空间滞后固定效应模型进行分析。对于空间滞后模型和空间杜宾模型而言，λ值均显著为正，表明城市间的经济存在显著的正相关。另外，根据lny_{it-1}的系数可知，对于不同空间权重矩阵和空间计量模型而言，成渝城市群的经济均收敛。与人均GDP的收敛特征不同，基于夜间灯光数据的空间杜宾模型对应的最大收敛率基于邻接权重矩阵，另外空间杜宾模型对应的收敛率大于空间滞后模型，而且w · lns_{it}和w · $lnlabor_{it}$的系数显著为正，说明相邻城市间资本的自由流动促进了经济的收敛。综合对比城市人均GDP和夜间灯光数据的收敛结果可以发现，成渝城市群内部存在更为显著的经济俱乐部收敛，但两种结果存在不同的收敛机制。对于夜间灯光数据而言，在未加入相邻城市

的影响时，经济联系紧密的城市更趋于收敛，而在控制相邻城市的影响因素后，要素的共享促使相邻城市间更趋于收敛。这种结果表明城市间的经济互动更多体现在相邻城市之间，且对经济收敛具有显著的正向促进作用。根据空间杜宾模型的结果，经济距离权重矩阵对应的收敛速度较慢，说明城市群内部的经济联系还存在较大的强化空间，而且相对于其他城市群而言，成渝城市群内部的基础设施建设还有待于进一步完善，滞后的基础设施建设在一定程度上约束了城市间的经济联系。

表 6.10　　基于城市夜间灯光的成渝城市群空间俱乐部收敛

空间计量方法	空间滞后模型			空间杜宾模型		
矩阵分类	邻接空间权重矩阵	空间距离权重矩阵	经济距离权重矩阵	邻接空间权重矩阵	空间距离权重矩阵	经济距离权重矩阵
lny_{it-1} (lny_0)	-0.107*** (-4.727)	-0.099*** (-4.580)	-0.129*** (-4.833)	-0.222*** (-7.163)	-0.221*** (-4.378)	-0.165*** (-3.022)
lns_{it}				0.004** (2.004)	0.005** (2.266)	0.004** (2.064)
$\ln(n+g+d)_{it}$				0.074 (1.452)	0.023 (0.393)	-0.002 (-0.044)
$lnlabor_{it}$				0.130 (1.055)	0.170 (1.451)	0.176 (1.498)
$w \cdot lns_{it}$				0.000 (0.055)	0.004** (2.255)	0.003* (1.847)
$w \cdot \ln(n+g+d)_{it}$				0.111 (0.959)	-0.054 (-0.815)	-0.069 (-1.082)
$w \cdot lnlabor_{it}$				0.796** (2.194)	0.187 (0.632)	-0.081 (-0.359)
λ	0.652*** (10.100)	0.505*** (8.019)	0.581*** (10.492)	0.261** (-2.103)	0.088** (-2.001)	0.072* (-1.792)
收敛速度（%）	1.132	1.042	1.381	2.510	2.497	1.803
收敛周期（年）	61.25	66.49	50.18	27.61	27.75	38.43
LM Test	2.752 (0.097)	0.568 (0.451)	0.702 (0.402)			

续表

空间计量方法	空间滞后模型			空间杜宾模型		
矩阵分类	邻接空间权重矩阵	空间距离权重矩阵	经济距离权重矩阵	邻接空间权重矩阵	空间距离权重矩阵	经济距离权重矩阵
Hausman Test				48.61 (0.000)	50.64 (0.000)	55.16 (0.000)
Wald Spatial Lag				3.863 (p=0.15)	1.208 (p=0.55)	2.716 (p=0.26)
Wald Spatial Error				3.561 (p=0.19)	1.116 (p=0.62)	2.543 (p=0.29)
R^2	0.185	0.291	0.260	0.750	0.739	0.741

注：***、**、*分别表示变量在1%、5%和10%的水平下通过显著性检验。

6.2.3 不同空间俱乐部经济规模收敛趋势的对比分析

前文分析的五大国家级城市群均居于中国的不同区位，每个城市群均具有独一无二的成长背景和发展模式，因此每个城市群内部的经济收敛趋势也存在差异。为更加清晰地对比不同区位城市群的收敛特征，本部分综合五大城市群的收敛结果进行对比分析。

表6.11统计了五大国家级城市群基于城市人均GDP在不同空间计量模型下的最快收敛速度和最小收敛周期。在五大城市群中，只有珠三角城市群不存在俱乐部收敛，而其他四个城市群的经济均存在不同程度的趋同，而且收敛速度因地而异。综合对比不同城市群的收敛速度可以发现，成渝城市群的收敛速度最快，其次为京津冀城市群，再次为长三角城市群，最慢为长江中游城市群。在考虑其他城市经济因素的影响后，城市群的收敛趋势更加明显，其中，对长江中游城市群的影响最为显著，其次为长三角城市群。这也说明长江中游城市群和长三角城市群城市间生产要素的空间作用更强，空间溢出效应对收敛结果的影响更加明显。

对于存在俱乐部收敛特征的四大城市群而言，成渝城市群地处中国西部地区，是西部大开发的重要平台和长江经济带的重要一环。根据统计，成渝城市群虽然只覆盖了川渝总面积的 1/3，却聚集了 75% 的人口，占川渝地区经济总量的比例达 70% 以上。因此，成渝城市群内部城市区位的紧密布局、历史的同根同源以及经济的互补融合促进了经济的收敛。尽管经济收敛并不完全等同于经济高增速，但城市的抱团发展可以充分发挥集聚效应，具有较强的后发优势。统计发现，在 2014 年，成渝城市群的人均 GDP 不但在整体上得到显著提升，而且城市间人均 GDP 收敛的趋势也存在一定程度增强。

京津冀城市群经济的收敛水平也相对较高，但主要表现为外围城市低经济水平的收敛。尽管中央已将京津冀城市群协同发展上升为国家战略，较大程度地促进了城市间的合作，然而由于京津冀城市群形成了以北京和天津为核心的发展格局，其他外围城市的经济水平严重滞后，中心城市对外围城市具有显著的“虹吸效应”。因此，这种收敛并非中心城市高经济水平的收敛，而主要源于外围城市低经济水平的收敛。另外，在空间杜宾模型在引入城市间经济因素的相互影响后，收敛趋势并未得到显著增强，这也反映了京津冀城市群内部还存在行政壁垒和市场分割的因素。长三角城市群作为国内城市规模和经济规模最大的城市群之一，不仅地理范围覆盖广（地跨上海、江苏、浙江和安徽），而且市场一体化水平和基础设施一体化水平均位于国内城市群前列。根据统计结果，长三角城市群空间杜宾模型对应的收敛率均高于长江中游城市群和京津冀城市群，表明尽管地跨多个行政区，长三角城市群的行政边界效应得到了弱化，而这种结果较大程度归因于城市协调组织的成立。长江中游城市群与长三角城市群同处长江经济带，行政区划地跨湖北、江西、湖南三省，尽管缺乏有效的城市协调组织，但在考虑相邻城市影响后的收敛水平明显提高，而这种结果与长江中游城市群的空间布局有关。长江中游城市群可以进一步划分为武汉都市圈、环鄱阳湖城市群和环长株潭城市群，三个城市群内部分别以武汉、南昌和长沙为中心，外围城市与中心城市存在较强的经济联系和空间联系，因此当考虑邻近城市经济的相互影响时收敛趋势明显增强。然而，从整个城市群的长远发展来看，跨省城市群之间的空间联系还有待于进一步加强。珠三角城市群的经济增长并不存在显著的俱乐部收敛，广州、深圳等具有较高经济活力的城市聚集了大量的优势资源，对周边城市存在一定的“虹吸效应”。为缩小珠三角城市群的内部差异，需要成立有效的城市群协调组织兼顾每个城市成员的利益。

表 6.11　　基于人均 GDP 的五大城市群空间收敛结果对比分析

城市群	京津冀城市群		长三角城市群		珠三角城市群		长江中游城市群		成渝城市群	
模型	SAR	SDM	SEM	SDM	SEM	SDM	SEM	SDM	SAR	SDM
$\ln y_{it-1}$	-0.206***	-0.232***	-0.160***	-0.280***	-0.003	-0.003	-0.082***	-0.254***	-0.361***	-0.362***
	(-8.614)	(-8.614)	(-5.413)	(-4.649)	(-0.418)	(-0.484)	(-5.140)	(-4.454)	(-6.523)	(-7.317)
λ	0.189*	0.289*	0.390***	0.294***	0.241**	-0.110	-0.142*	-0.243**	0.008**	0.011**
	(1.719)	(1.823)	(5.466)	(3.843)	(2.484)	(-1.189)	(-1.672)	(-2.873)	(-2.110)	(-2.123)
收敛速度（%）	2.307	2.639	1.743	3.285	不收敛	不收敛	0.856	2.930	4.478	4.494
追赶周期（年）	30.05	26.26	39.75	21.10	—	—	81.01	23.65	15.48	15.42

注：***、**、* 分别表示变量在 1%、5% 和 10% 的水平下通过显著性检验。

作为对经济统计指标（人均 GDP）的校正和收敛结果稳健性的检验，表 6.12 统计了五大国家级城市群基于城市夜间灯光数据在不同空间计量模型下的最快收敛速度和最小收敛周期。总体而言，五大城市群基于夜间灯光数据的收敛性相比人均 GDP 的结果并未发生根本性改变，同样得到仅珠三角城市群不收敛的结果。然而，与人均 GDP 收敛结果不同之处在于，基于夜间灯光数据的收敛速度明显降低，这种结果既与区域性的统计方法相关，也反映了各大城市群的真实收敛趋势可能并没有人均 GDP 收敛结果体现的那么显著。具体而言，五大城市群中具有最强收敛趋势的仍然是成渝城市群，其次为长江中游城市群，再次为长三角城市群，最后为京津冀城市群。统计发现，夜间灯光反映的长江中游城市群存在三个灯光密度较高的区域，即分别以武汉、南昌和长沙为中心，这种结论与人均 GDP 收敛结果反映的结果不谋而合。另外，内部三大城市群的交界地带灯光亮度明显减弱，进一步验证了前文关于长江中游城市群存在跨省的行政边界和市场分割的判断。

基于夜间灯光的京津冀城市群的收敛趋势明显减弱，通过灯光图像可以看出离北京和天津两地距离越远，灯光亮度越弱，反映了中心城市对外围城市的辐射效应还不强，城市经济存在“冰火两重天”的发展格局。长三角城市群的收敛强度始终接近五大城市群的平均水平，既具有一定的同城化发展趋势，同时又存在一定的行政边界效应和市场分割。另外，城市群内部的经济密度空间分布并不均匀，这也在一定程度上弱化了收敛趋势。尽管珠三角城市群是中国最具经济活力和竞争力的城市群之一，但珠三角城市群不存在俱乐部收敛的结论未得到根本性改变，以广州、深圳为中心的城市灯光密度明显高于其他城市。统筹规划城市群内各城市的职能分工，进一步加强城市之间的协作有助于带动周边城市的发展。

表6.12　基于城市夜间灯光的五大城市群空间收敛结果对比分析

城市群	京津冀城市群		长三角城市群		珠三角城市群		长江中游城市群		成渝城市群	
模型	SAR	SDM	SEM	SDM	SAR	SDM	SAR	SDM	SAR	SDM
$\ln y_{it-1}$	-0.063***	-0.072***	-0.073***	-0.076***	0.023	-0.031	-0.119***	-0.114***	-0.129***	-0.222***
	(-2.795)	(-4.906)	(-5.293)	(-3.888)	(0.598)	(-1.601)	(-3.918)	(-4.187)	(-4.833)	(-7.163)
λ	0.068	-0.417***	0.608***	0.348***	0.503***	0.437***	0.411***	0.041	0.581***	0.261**
	(0.467)	(-3.090)	(11.440)	(4.801)	(6.631)	(3.943)	(6.378)	(0.528)	(10.492)	(-2.103)
收敛速度（%）	0.651	0.747	0.758	0.790	不收敛	不收敛	1.267	1.210	1.381	2.510
追赶周期（年）	106.52	92.76	91.44	87.69	—	—	54.71	57.27	50.19	27.61

注：***、** 分别表示变量在1%、5%的水平下通过显著性检验。

本章小结

根据 Barro 和 Sala - I - Martin（1991）的定义，俱乐部收敛是指具有相同或相似经济条件和结构特征的区域或空间单元，其经济增长最终会趋向稳态的现象。本章考虑城市的空间溢出效应，以发展比较成熟的京津冀城市群、长三角城市群、珠三角城市群、长江中游城市群以及成渝城市群五大国家级城市群为研究对象，分别分析了基于不同空间计量模型和不同空间权重矩阵的收敛性，并得出如下结论：

①在五大城市群中，珠三角城市群不存在显著的俱乐部收敛，成渝城市群的收敛趋势最强，其次为京津冀城市群，然后为长三角城市群和长江中游城市群。

②在考虑相邻城市的影响因素后，城市群的收敛趋势均存在较大幅度提升，其中长江中游城市群的变化幅度最大。

③为校正人均 GDP 的统计误差，采用夜间灯光数据对收敛结果进行检验的结果并未发生根本性改变，但各大城市群收敛速度均得到不同程度放缓，长江中游城市群的收敛强度仅次于成渝城市群，而京津冀城市群的收敛趋势次于长三角城市群。

此外，不同空间权重矩阵对应的收敛速度也存在差异，反映了在不同空间作用的机制下城市间具有不同的收敛趋势。

以上关于五大国家级城市群俱乐部收敛的分析折射出不同城市群内部存在的问题。首先，由于各大城市群均地跨不同的行政区，长期存在的市场分割和行政边界不同程度地限制了城市的融合发展，因此，成立城市群协调发展组织并按期召开城市群联席会是促进城市之间良性互动的有效途径。其次，由于城市群内部存在地缘相近等特点，产业间发展容易形成同质竞争的关系，最终导致资源错配。因此，统筹协调规划产业发展，明确城市职能分工，有序推进产业结构转型升级是保持城市群经济持续增长的源泉。最后，不同城市群之间的协作能力有待于加强。例如，成渝城市群、长江中游城市群和长三角城市群分别位于长江经济带的不同环节，加强城市群之间的分工协作、宏观把握不同城市群的功能定位、避免城市群各自为政，是推进中国城市群健康发展的落脚点。

第 7 章

中国城市全要素生产率的空间俱乐部收敛性分析

根据文献梳理，目前关于中国我国经济俱乐部收敛的研究已取得丰硕的成果。全要素生产率在解释经济增长敛散性方面发挥着重要作用，但相对较少的文献对生产率的俱乐部收敛展开研究。因此，本章进一步基于城市间的空间溢出效应对不同城市群生产率的俱乐部收敛进行实证分析。

7.1　模型构建与数据来源

7.1.1　模型构建

本章同样采用空间滞后模型和空间误差模型进行收敛性分析。其中，空间滞后模型的收敛方程为：

$$(\ln TFP_{it} - \ln TFP_0)/t = \alpha S + \lambda W_n(\ln TFP_{it} - \ln TFP_0) + \beta \ln TFP_0 + \xi_{it} \quad (7.1)$$

其中，TFP_0表示基期全要素生产率；W_n为空间权重矩阵；S 表示空间单位列向量，$\xi_{it} \overset{iid}{\sim} N(0,\sigma^2)$。对应的空间误差模型为：

$$(\ln TFP_{it} - \ln TFP_0)/t = \alpha S + \beta \ln TFP_0 + \varphi_{it}, \varphi_{it} = \lambda W \varphi_{it} + \xi_{it} \quad (7.2)$$

由于空间杜宾模型同时嵌套了空间滞后模型和空间误差模型，本章采用空间杜宾模型引入相邻城市的影响因素，收敛方程可表示为：

$$(\ln TFP_{it} - \ln TFP_0)/t = \alpha S + \lambda W_n(\ln TFP_{it} - \ln TFP_0) + \alpha l_N + \gamma \ln WTFP_0 + \theta W_n X_{it} + \xi_{it} \quad (7.3)$$

其中，W_n表示空间权重矩阵，$l_N = (1,1,\cdots,1)^T$

7.1.2　数据来源

参照 Islam（1995）和余泳泽（2015）对生产率收敛的处理方法，本章将 s_{it}和（$n+g+d$）$_{it}$作为研究城市生产率收敛的控制变量，且分别取对数值。本章的数据来自 2002—2014 年《中国城市统计年鉴》，为保持数据的完整性和准确性，剔除了部分数据不完整的城市，最终包括直辖市、地级市在内的264个城市。在测算城市的生产率时需要准确地度量资本存量，而计算城市层面的资本存量须先确定折旧率，本章采用估算的各个省份的折旧率来代替辖城市的折旧率，从而减少计量误差。此外，国内生产总值（GDP）和固定资产投资均按照2000年的不变价格进行平减，从而消除价格因素的影响。

7.2 实证分析

7.2.1 基于生产率的空间俱乐部收敛

本节分别对京津冀城市群、长三角城市群、珠三角城市群、长江中游城市群以及成渝城市群进行生产率的空间俱乐部收敛性分析。

基于京津冀城市群的全要素生产率空间俱乐部收敛结果如表7.1所示，为了区分加入相邻空间单元影响前后对生产率收敛结果的影响，本部分分别采用空间滞后（误差）模型和空间杜宾模型进行分析。通过比较LM检验的统计值和概率值，采用三类空间权重矩阵均不能在1%的水平下拒绝没有空间误差项的原假设。另外，Hausman检验的P值拒绝了随机效应与解释变量之间存在零相关的假设，因此，本部分以空间滞后固定效应方程作为基准模型进行分析。首先，根据实证结果，λ系数显著为正，表明京津冀城市群内部之间的全要素生产率存在显著的正向空间溢出效应。然而，由于基于不同空间权重矩阵的$\ln TFP_{it-1}$系数均不显著，因此京津冀城市群内部并不存在生产率的收敛。另外，在加入相邻城市的影响因素后不但未发生生产率的收敛，而且λ值也由正转负，$w \cdot \ln(n+g+d)_{it}$的系数也显著为负，说明京津冀城市群内部存在要素资源的恶性竞争问题。这种现象与城市之间存在的边界效应有关。在2014年京津冀协同发展战略落实之前，城市群内部呈现严重的相互隔裂的格局，城市间各自为政、同质竞争、行政边界加深了城市群发展过程中的矛盾（王成龙等，2016）。另外，河北的发展并未充分发挥紧邻北京和天津的地缘优势，反而大搞能源重化工产业，并重点发展内陆地区而忽略了沿海经济，从而形成了以北京、天津为增长极，而河北为“环京津贫困带”的空间布局，造成了京津冀城市群内部资源分配的不均衡和环境的严重污染（陆大道，2015）。因此，结合京津冀城市群生产率的收敛结果可以发现，城市群协同发展的目标未达到，城市之间的分工协作、产业融合、公共服务一体化等进程还需要进一步推进。

表 7.1　　基于全要素生产率的京津冀城市群空间俱乐部收敛

空间计量方法	空间误差模型			空间杜宾模型		
矩阵分类	邻接空间权重矩阵	空间距离权重矩阵	经济距离权重矩阵	邻接空间权重矩阵	空间距离权重矩阵	经济距离权重矩阵
$\ln TFP_{it-1}$（$\ln TFP_0$）	-0.014 (-0.234)	-0.017 (-0.240)	-0.019 (-0.256)	-0.009 (-0.162)	-0.010 (-0.202)	-0.011 (-0.218)
$\ln s_{it}$				-1.897 (-0.667)	1.400 (0.518)	1.466 (0.641)
$\ln(n+g+d)_{it}$				1.709 (0.812)	-3.352*** (-2.683)	-4.018*** (-3.537)
$w \cdot \ln s_{it}$				-3.695 (-0.772)	5.993* (1.802)	6.662* (1.931)
$w \cdot \ln(n+g+d)_{it}$				4.931 (1.225)	-9.649*** (-2.811)	-10.579*** (-2.793)
λ	0.540*** (6.394)	0.295*** (3.359)	0.289*** (3.285)	-0.167 (-1.283)	-0.300*** (-3.114)	-0.365*** (-3.339)
收敛速度（%）	不收敛	不收敛	不收敛	不收敛	不收敛	不收敛
收敛周期（年）	—	—	—	—	—	—
LM Test	0.639 (0.424)	5.161 (0.023)	7.644 (0.018)			
Hausman Test				7.123 (0.000)	12.728 (0.000)	15.639 (0.000)

续表

空间计量方法	空间误差模型			空间杜宾模型		
矩阵分类	邻接空间权重矩阵	空间距离权重矩阵	经济距离权重矩阵	邻接空间权重矩阵	空间距离权重矩阵	经济距离权重矩阵
Wald Spatial Lag				0.841 (p=0.66)	1.407*** (p=0.49)	1.897** (p=0.32)
Wald Spatial Error				0.632 (p=0.49)	1.217*** (p=0.32)	1.776** (p=0.29)
R^2	0.266	0.289	0.305	0.648	0.697	0.709

注：***、**、*分别表示变量在1%、5%和10%的水平下通过显著性检验。

基于长三角城市群的全要素生产率空间俱乐部收敛结果如表7.2所示。根据LM检验的统计值和Hausman检验的P值，本部分采用空间误差固定效应模型作为基准模型进行分析。根据实证结果，λ显著为正表明城市间的全要素生产率具有显著正相关的关系。另外，根据$lnTFP_{it-1}$的系数可知，对于不同空间权重矩阵和空间计量模型而言，长三角城市群的生产率均存在显著的收敛特征，该结果与范金和严斌剑（2008）的研究结论一致。在不同空间权重矩阵的作用下，$lnTFP_{it-1}$收敛的趋势各不相同。具体而言，基于经济距离权重矩阵的收敛系数绝对值最大，收敛速度和收敛周期分别为3.354%和20.66年，说明经济联系越紧密的城市其收敛趋势越明显，这种结果与长三角城市群完善的基础设施和较高的同城化水平有关。另外，长三角城市群早在1992年便成立市长联席会议制度，从而为加强城市间产业协作和实现基础设施公共服务一体化等目标奠定了坚实的基础。空间误差模型未考虑其他邻近城市经济因素的影响，对于空间杜宾模型而言，不同空间权重矩阵对应的$lnTFP_{it-1}$系数发生了不同程度改变，$lnTFP_{it-1}$的系数存在一定程度的降低，对应的最快收敛速度和最小收敛周期分别为2.944%和23.55年，而且表示城市间空间相关性的λ值变为负值。该结果进一步表明尽管长三角城市群协同发展水平较高，然而由于城市群地跨"三省一市"，城市间还存在一定的产业同构现象和行政边界效应，从而降低了城市间的同城化水平（郝良峰和邱斌，2016）。

表 7.2　　基于全要素生产率的长三角城市群空间俱乐部收敛

空间计量方法	空间误差模型			空间杜宾模型		
矩阵分类	邻接空间权重矩阵	空间距离权重矩阵	经济距离权重矩阵	邻接空间权重矩阵	空间距离权重矩阵	经济距离权重矩阵
$lnTFP_{it-1}$ ($lnTFP_0$)	-0.278*** (-7.295)	-0.257*** (-6.271)	-0.285*** (-6.996)	-0.245*** (-6.965)	-0.254*** (-7.521)	-0.255*** (-7.643)
lns_{it}				-4.183* (-1.900)	-4.054* (-1.804)	-4.575** (-2.040)
$ln(n+g+d)_{it}$				-3.564 (-1.092)	-2.548 (-0.792)	-3.223 (-1.012)
$w \cdot lns_{it}$				9.336*** (2.850)	7.402** (2.263)	4.001 (1.249)
$w \cdot ln(n+g+d)_{it}$				-0.275 (-0.049)	2.811 (0.432)	8.020 (1.258)
λ	0.402*** (6.777)	0.465*** (7.445)	0.462*** (7.395)	-0.069 (-0.961)	-0.207** (-2.467)	-0.215*** (-2.637)
收敛速度（%）	3.257	2.971	3.354	2.810	2.930	2.944
收敛周期（年）	21.28	23.33	20.66	24.66	23.65	23.55
LM Test	0.713 (0.398)	20.47 (0.000)	22.26 (0.000)			
Hausman Test				44.83 (0.000)	58.76 (0.000)	65.75 (0.000)
Wald Spatial Lag				8.228** (p=0.02)	7.515** (p=0.02)	7.893** (p=0.02)
Wald Spatial Error				7.109** (p=0.04)	7.021** (p=0.03)	7.325** (p=0.03)
R^2	0.365	0.361	0.360	0.649	0.655	0.664

注：***、**、*分别表示变量在 1%、5% 和 10% 的水平下通过显著性检验。

基于珠三角城市群的全要素生产率空间俱乐部收敛结果如表 7.3 所示。LM 检验统计值和 Hausman 检验的 P 值支持空间滞后固定效应方程。实证结果表明，λ 显著为正，说明城市间的生产率增长存在显著的正相关关系。另外，根据 $lnTFP_{it-1}$ 的系数可知珠三角城市群存在生产率的收敛，而且根据系数绝对值可知基于经济距离权重矩阵的收敛系数最大，对应的收敛速度和收敛周期分别为 1.960% 和 35.36 年。该结果说明作为市场化水平较高的珠三角城市群，其内部存在相对畅通的生产要素流动，而且珠三角城市群的成员主要分布在广东省内，因此具有统筹各城市发展的客观条件，行政边界效应表现得并不明显。另外，在考虑相邻城市的影响因素后，$\ln TFP_{it-1}$系数绝对值增加，空间杜宾模型对应的收敛速度和收敛周期分别为 2.070% 和 33.48 年，说明城市间的空间溢出效应进一步促进了生产率的收敛，导致收敛速度得到相应提升。然而，对比长三角城市群，珠三角城市群的区域一体化水平还存在一定的提升空间。

表 7.3　基于全要素生产率的珠三角城市群空间俱乐部收敛

空间计量方法	空间滞后模型			空间杜宾模型		
矩阵分类	邻接空间权重矩阵	空间距离权重矩阵	经济距离权重矩阵	邻接空间权重矩阵	空间距离权重矩阵	经济距离权重矩阵
$\ln TFP_{it-1}$ ($\ln TFP_0$)	-0.154** (-2.516)	-0.163*** (-3.145)	-0.178*** (-3.485)	-0.169*** (-2.975)	-0.173*** (-3.044)	-0.187*** (-3.691)
$\ln s_{it}$				-5.620 (-1.391)	-5.034* (-1.684)	-4.879* (-1.693)
$\ln(n+g+d)_{it}$				-1.929 (-0.538)	-1.836 (-0.488)	-1.766 (-0.496)
$w \cdot \ln s_{it}$				2.490 (0.318)	3.043 (0.538)	3.217 (0.737)
$w \cdot \ln(n+g+d)_{it}$				-9.578 (-1.400)	-9.023 (-1.387)	-8.739 (-1.354)
λ	0.204** (2.196)	0.219** (2.547)	0.222*** (2.839)	0.055 (0.555)	0.065 (0.476)	0.069 (0.378)
收敛速度（%）	1.672	1.779	1.960	1.851	1.899	2.070
收敛周期（年）	41.45	38.95	35.36	37.44	36.49	33.48
LM Test	0.534 (0.465)	0.732 (0.575)	0.837 (0.643)			
Hausman Test				6.19 (0.000)	4.18 (0.000)	6.19 (0.000)

续表

空间计量方法	空间滞后模型			空间杜宾模型		
矩阵分类	邻接空间权重矩阵	空间距离权重矩阵	经济距离权重矩阵	邻接空间权重矩阵	空间距离权重矩阵	经济距离权重矩阵
Wald Spatial Lag				2.758 (p=0.25)	2.913 (p=0.23)	3.233 (p=0.20)
Wald Spatial Error				2.325 (p=0.33)	2.751 (p=0.28)	3.017 (p=0.22)
R^2	0.309	0.317	0.331	0.328	0.344	0.399

注：***、**、*分别表示变量在1%、5%和10%的水平下通过显著性检验。

表7.4为基于长江中游城市群的全要素生产率空间俱乐部收敛结果。根据LM检验的统计值和Hausman检验的P值，本部分采用空间滞后固定效应方程作为基准模型进行分析。对于空间滞后模型和空间杜宾模型而言，λ显著为负，说明城市间的生产率存在“此消彼长”的竞争关系。然而，这并不影响城市之间的收敛性，根据$\ln TFP_{it-1}$的系数可知，对于不同空间权重矩阵和空间计量模型，长江中游城市群存在全要素生产率的收敛，而且不同的空间权重矩阵条件下的$\ln TFP_{it-1}$系数也各不相同。同时，整体上基于经济距离权重矩阵的收敛系数绝对值最大，说明经济联系越强，城市间的收敛趋势越显著。在考虑邻近城市控制变量的影响因素后，$\ln TFP_{it-1}$系数的绝对值得到一定程度提升，而且同样基于经济距离权重矩阵的收敛系数最大。空间滞后模型对应的最大收敛率和最小收敛周期分别为1.154%和60.06年，而空间杜宾模型对应的最大收敛率和最小收敛周期分别为1.188%和58.35年。但是，λ系数显著为负，表明城市间存在对要素资源的同质竞争。这种现象与长江中游城市群的空间结构存在较大关联，即长江中游城市群位于长江经济带的核心区域，地跨武汉都市圈、环鄱阳湖城市群、环长株潭城市群，但由于城市群分布在不同的省份，受地理、文化、行政等不同因素的制约，导致城市群之间的空间联系和经济联系得到较大程度弱化，从而在不同城市群之间容易形成恶性竞争的关系。因此，长江中游城市群应当搭建协调不同城市群发展的组织机构，为打破行政“玻璃门”并探索城市间的利益共享机制提供政策支持。

表 7.4 基于全要素生产率的长江中游城市群空间俱乐部收敛

空间计量方法	空间滞后模型			空间杜宾模型		
矩阵分类	邻接空间权重矩阵	空间距离权重矩阵	经济距离权重矩阵	邻接空间权重矩阵	空间距离权重矩阵	经济距离权重矩阵
$lnTFP_{it-1}(lnTFP_0)$	-0.107*** (-3.401)	-0.109*** (-3.466)	-0.109*** (-3.431)	-0.105*** (-3.536)	-0.109*** (-3.696)	-0.112*** (-3.767)
lns_{it}				-10.008** (-2.205)	-9.779** (-2.170)	-9.216** (-2.030)
$ln(n+g+d)_{it}$				12.357*** (3.376)	11.558*** (3.131)	11.426*** (3.052)
$w \cdot lns_{it}$				0.084 (0.008)	-5.518 (-0.927)	-6.621 (-1.115)
$w \cdot ln(n+g+d)_{it}$				2.392 (0.266)	-4.612 (-0.853)	-6.476 (-1.351)
λ	-0.204*** (-2.614)	-0.135* (-1.924)	-0.088 (-1.301)	-0.220*** (-2.738)	-0.166** (-2.253)	-0.119* (-1.684)
收敛速度（%）	1.132	1.154	1.154	1.109	1.154	1.188
收敛周期（年）	61.25	60.06	60.06	62.48	60.06	58.35
LM Test	6.285 (0.012)	10.244 (0.001)	4.945 (0.026)			
Hausman Test				43.07 (0.000)	50.56 (0.000)	57.68 (0.000)
Wald Spatial Lag				3.806 (p=0.15)	2.422 (p=0.29)	1.608 (p=0.45)
Wald Spatial Error				3.679 (p=0.18)	2.311 (p=0.30)	1.579 (p=0.48)
R^2	0.483	0.479	0.379	0.491	0.487	0.479

注：***、**、*分别表示变量在1%、5%和10%的水平下通过显著性检验。

表7.5为基于成渝城市群的全要素生产率的空间俱乐部收敛结果。根据LM检验的统计值Hausman检验的P值，本部分采用空间滞后固定效应模型作为基准模型进行分析。根据$lnTFP_{it-1}$的系数可知，在不同空间权重矩阵的条件下，$lnTFP_{it-1}$的系数存在差异。对于空间滞后模型而言，基于

经济距离权重矩阵的收敛系数最大，且收敛率和收敛周期分别为 1.065%和 65.10 年。然而，当空间杜宾模型引入邻近城市的影响因素后，不同空间权重矩阵对应的收敛速度均得到不同程度放缓，收敛率和收敛周期分别为 0.812%和 85.35 年。同时，λ 显著为负，表明城市群内部还存在地方保护或市场分割的现象，城市间存在对资源的恶性竞争，城市群的区域一体化水平尚存在提升空间。

表 7.5　　基于全要素生产率的成渝城市群空间俱乐部收敛

空间计量方法	空间滞后模型			空间杜宾模型		
矩阵分类	邻接空间权重矩阵	空间距离权重矩阵	经济距离权重矩阵	邻接空间权重矩阵	空间距离权重矩阵	经济距离权重矩阵
$lnTFP_{it-1}$ （$lnTFP_0$）	-0.096***	-0.098***	-0.101***	-0.077**	-0.071**	-0.078**
	(-2.947)	(-2.953)	(-3.016)	(-2.416)	(-2.167)	(-2.459)
lns_{it}				11.117*	8.372	7.615
				(1.822)	(1.332)	(1.181)
$\ln(n+g+d)_{it}$				-1.698	-0.967	-0.975
				(-0.353)	(-0.191)	(-0.192)
$w \cdot lns_{it}$				30.766***	9.757	1.256
				(2.593)	(1.003)	(0.126)
$w \cdot \ln(n+g+d)_{it}$				4.010	12.450	12.144
				(0.305)	(1.201)	(1.281)
λ	-0.197*	-0.033	0.001	-0.347***	-0.039	-0.017
	(-1.697)	(-0.387)	(0.018)	(-2.932)	(-0.452)	(-0.197)
收敛速度（%）	1.009	1.031	1.065	0.801	0.736	0.812
收敛周期（年）	68.67	67.20	65.10	86.51	94.12	85.35
LM Test	4.799	1.565	0.650			
	(0.028)	(0.211)	(0.420)			
Hausman Test				43.07	50.56	57.68
				(0.000)	(0.000)	(0.000)
Wald Spatial Lag				6.842**	6.211**	4.453
				(p=0.03)	(p=0.04)	(p=0.11)
Wald Spatial Error				6.219**	6.001*	4.396
				(p=0.04)	(p=0.06)	(p=0.12)
R^2	0.467	0.445	0.442	0.503	0.475	0.467

注：***、**、*分别表示变量在 1%、5%和 10%的水平下通过显著性检验。

7.2.2 基于生产率分解指标的空间俱乐部收敛

根据全要素生产率的构成，本部分分别从城市的规模效率、技术进步率以及技术效率三个方面对不同城市群的俱乐部收敛进行检验，并结合不同城市群的空间结构对生产率构成指标的趋同或趋异的结果进行分析。

7.2.2.1 基于规模效率的空间俱乐部收敛

表7.6为基于规模效率的五大城市群空间俱乐部收敛结果。京津冀城市群在空间误差模型的条件下不存在规模效率的收敛，而在加入邻近城市控制变量的影响后，规模效率存在显著的收敛特征，收敛速度和收敛周期分别为1.602%和43.28年。这种收敛结果主要源自邻近城市储蓄率的增加，即$\ln s_{it}$和$w \cdot \ln s_{it}$均显著为正。因此，邻近城市间资本的积累（资本形成）有利于双方规模效率的增长，从而导致规模效率的趋同。另外，在进入21世纪以来，京津冀城市群的基础设施建设较大程度地提高了城市群一体化水平，加快了城市间的要素流动和技术溢出，从而提高了规模效率的收敛水平。然而，尽管空间杜宾模型对应的$\ln SE_{it-1}$系数显著为负，但用来衡量城市间规模效率相关性的λ系数却为负值，表明城市间的规模效率还存在“此消彼长”的竞争关系。目前京津冀城市群的城市规模分布不平衡，北京和天津的人口规模不断攀升，北京市人口已超过2000万人，天津市也已超过1500万人，大量的优势资源向北京和天津两个中心城市聚集，而其他外围城市的发展受到限制，存在中心城市对外围城市的“虹吸效应”。随着雄安新区的设立，将彻底改变河北无中心城市的格局，预期城市群的空间结构也将得到较大程度优化。

对于作为世界第六大城市群的长三角城市群而言，其内部存在显著的规模效率空间俱乐部收敛。对于空间误差模型的收敛结果，$\ln SE_{it-1}$显著为负，且对应的收敛速度和收敛周期分别为0.965%和71.82年，而且λ系数显著为正，表明城市间的规模效率存在相互促进的正向效应。相比京津冀城市群而言，长三角城市群的空间结构比较均衡，即形成了以上海为中心城市，南京和杭州为副中心城市的城市层级体系结构。另外，长三角城市群内部同城化发展的趋势明显，以苏锡常、宁镇扬等为代表的区域一体化发展格局正逐步形成，从而促进了城市间规模效率的收敛。在引入邻近城市控制变量的影响后，长三角城市群规模效率的收敛趋势有所增强，收敛速度和收敛周期分别为1.098%和63.12年，且λ显著为正，表明城市间的资本积累（资本形成）促进了双方规模效率的提升，进而促进了规模效率的趋同。

与京津冀城市群和长三角城市群规模效率的收敛结果不同，对于不同空间计量模型和空间权重矩阵而言，其他三大城市群均不存在规模效率的收敛。具体而言，尽管珠三角城市群的市场一体化水平较高，但城市间的人口规模存在较大差异。以人口规模为例，以广州和深圳为中心城市的人口规模均超过1000万人，其他周边城市的人口规模相对较低，而且不足500万人口的城市占大多数。因此，城市规模的差异直接导致了规模效率的趋异。另外，空间误差模型和空间杜宾模型对应的λ系数值均为正，表明城市间的规模效率存在相互促进的关系，反映了较高的市场一体化水平促进了要素的流动和技术的溢出，然而这种结果并未带来城市间规模效率的趋同。长江中游城市群同样不存在规模效率的收敛，而这种结果与长江中游城市群的空间结构存在较大关联。长江中游城市群地跨三个省级行政区，在缺乏完善的城市群协调机制的前提下存在城市的行政壁垒，从而抑制了要素的自由流动和城市规模效率的趋同。此外，对于湖北、湖南和江西内部的城市群而言，除中心城市武汉、长沙和南昌外，其他周边城市的人口规模和经济规模与中心城市相差悬殊，从而导致规模效率的分化。成渝城市群同样不存在规模效率的收敛，这种现象同样与成渝城市群的规模空间分布密切相关。成渝城市群以成都和重庆作为两个核心城市，中心城市与外围城市之间的人口规模存在显著的差异。以成都为例，目前成都人口规模已超过1400万人，但作为四川第二大城市的绵阳人口规模还不足600万人。重庆市区与周边郊县也存在较大的规模差异。因此，成渝城市群规模效率的趋异同样源于规模分布的失衡。综上而言，对于珠三角、长江中游以及成渝城市群而言，由于中心城市与外围城市存在较大的规模差异，从而导致了规模效率的分化。因此，三大城市群应当优化城市的体系结构，在发挥中心城市辐射效应的同时打造区域副中心，进而形成规模层级分布的城市体系结构，并在完善的城市体系协调机制的保障下实现不同规模城市的优势互补。

表 7.6　　基于规模效率的五大城市群空间俱乐部收敛结果

城市群	京津冀城市群		长三角城市群		珠三角城市群		长江中游城市群		成渝城市群	
计量模型	SEM	SDM	SEM	SDM	SAR	SDM	SEM	SDM	SAR	SDM
$lnSE_{it-1}$ ($lnSE_0$)	-0.097 (-1.303)	-0.148*** (-2.862)	-0.092*** (-2.583)	-0.104*** (-3.432)	0.048 (0.724)	0.071 (1.132)	-0.019 (-0.645)	-0.005 (-0.191)	-0.061 (-1.459)	-0.058 (-1.524)
lns_{it}		16.93*** (2.886)		-0.937 (-0.365)		-2.924 (-0.784)		-6.279 (-1.223)		-1.265 (-0.133)
$\ln(n+g+d)_{it}$		-3.334 (-1.247)		-8.553** (-2.323)		0.221 (0.072)		-3.595 (1.453)		1.276 (0.174)
$w \cdot lns_{it}$		24.582*** (3.313)		6.545* (1.776)		-9.017 (-1.243)		-7.878 (-1.156)		30.113** (2.043)
$w \cdot \ln(n+g+d)_{it}$		-4.173 (-0.563)		3.216 (1.615)		-10.724* (-1.783)		-3.312 (-0.543)		-23.763* (-1.655)
λ	0.223** (2.413)	-0.441*** (-4.991)	0.478*** (7.753)	0.160 (0.434)	0.299*** (3.371)	0.202** (2.163)	0.118** (2.091)	-0.063* (-1.866)	0.098** (2.192)	0.003** (2.044)
收敛速度(%)	不收敛	1.602	0.965	1.098	不收敛	不收敛	不收敛	不收敛	不收敛	不收敛
收敛周期(年)	—	43.28	71.82	63.12	—	—	—	—	—	—
LM Test	11.86 (0.001)		2.05 (0.153)		3.762 (0.052)		0.496 (0.481)		0.072 (0.787)	
Hausman Test		7.76 (0.005)		42.06 (0.000)		10.69 (0.001)		-10.72 (0.001)		16.26 (0.000)
Wald Spatial Lag		9.436*** (p=0.009)		10.133*** (p=0.006)		8.229** (p=0.016)		6.242** (p=0.044)		13.121*** (p=0.001)
Wald Spatial Error		9.879*** (p=0.008)		10.461*** (p=0.005)		7.894** (p=0.025)		5.978** (p=0.048)		12.096*** (p=0.002)
R^2	0.123	0.644	0.283	0.625	0.433	0.286	0.182	0.309	0.394	0.453

注：***、**、* 分别表示变量在 1%、5% 和 10% 的水平下通过显著性检验。

7.2.2.2　基于技术进步率的空间俱乐部收敛

表 7.7 为基于技术进步率的五大城市群空间俱乐部收敛结果。总体而言，与全域范围内技术进步率收敛的结果保持一致，五大城市群的技术进步率均存在不同程度的空间俱乐部收敛。就不同城市群而言，其收敛的趋势和城市间的空间溢出效应均存在较大差异。具体而言，京津冀城市群在空间误差模型和空间杜宾模型的条件下均存在技术进步率的收敛，然而在引入邻近城市的影响因素后，收敛趋势有所放缓，收敛速度由原来的 1.827% 放缓至 1.637%。另外，空间杜宾模型对应的相邻城市控制变量的系数并不显著，而且 λ 值也由显著正相关变得不显著，表明城市更加注重自身技术进步水平的提高，技术的空间溢出效应并未得到充分发挥。长三角城市群在未考虑邻近城市的影响因素前，收敛速度和收敛周期分别为 1.485% 和 46.67 年，然而在引入邻近城市的影响因素后，收敛速度放缓至 1.199%。与京津冀城市群的收敛结果相似，空间杜宾模型对应邻近城市控制变量的系数并不显著，而且 λ 值同样由显著正相关演变为不显著，表明长三角城市群内部同样存在对技术要素的恶性竞争，具有区位优势和规模优势的城市具有较强的资源吸附能力，在一定程度上限制了周边城市的发展。同时，长三角城市群地跨“三省一市”，尽管在城市群内部已经构建了相对完善的城市体系协调机制，但城市间的行政“玻璃门”并未彻底打破（郝良峰和邱斌，2016），“各自为政”的经济格局抑制了技术的空间溢出。与京津冀城市群和长三角城市群相比，珠三角城市群具有更强的技术收敛趋势。空间误差模型和空间杜宾模型对应的收敛速度和收敛周期分别为 2.731% 和 25.38 年，以及 2.094% 和 33.08 年。尽管在引入相邻城市控制变量的影响后收敛趋势有所减弱，但 $\ln(n+g+d)_{it}$ 的系数显著为正，且 λ 值显著为正，表明城市间的技术进步存在相互促进的作用。作为我国改革开放“桥头堡”的珠三角城市群具有较高的市场一体化水平和成熟的现代产业体系，这在一定程度上克服了行政边界带来的负面影响，从而强化了技术的空间溢出效应。对于长江中游城市群而言，$\ln TP_{it-1}$ 系数显著为负，且空间误差模型对应的收敛速度和收敛周期分别为 1.381% 和 50.18 年，而在考虑邻近城市的影响因素后收敛速度和收敛周期分别放缓至

1.098%和63.12年，而且用来衡量城市空间相关性的λ值由显著为正而变为不显著，表明城市间的技术溢出效应受相邻城市竞争的影响而得到弱化。成渝城市群同样存在空间杜宾模型中的$\ln TP_{it-1}$系数绝对值变小的现象，而且根据λ的系数可知成渝城市群内部存在技术进步率的负向关系，即邻近城市的技术进步以"牺牲"其他城市利益为代价①。因此，尽管成渝城市群内部技术进步率存在收敛的趋势，有利于缩小城市间的技术差异，但由于城市间存在对技术资源的竞争，从而不利于整个城市群的技术进步。

7.2.2.3 基于技术效率的空间俱乐部收敛

表7.8为基于技术效率的五大城市群空间俱乐部收敛结果。总体而言，京津冀城市群、长三角城市群与成渝城市群的技术效率呈现发散的趋势，而长江中游城市群的收敛结果并不显著，仅珠三角城市群呈弱收敛的趋势。具体而言，京津冀城市群对应的$\ln TE_{it-1}$的系数显著为正，且λ值显著为正，表明城市间存在技术效率的正向溢出效应，且技术效率在城市之间存在"极化效应"。城市的技术效率与城市规模和产业结构息息相关。从京津冀城市群的空间构成来看，北京、天津的城市规模和技术水平远高于其他城市，且北京和天津两城凭借集聚经济的优势仍然在吸引大量优势资源汇集，目前的经济格局呈现以北京、天津为增长极，而河北为"环京津贫困带"的空间布局。这种城市的规模格局和产业分布也导致京津冀城市群的技术效率出现两极分化。就长三角城市群而言，$\ln TE_{it-1}$和λ值均显著为正，表明城市间技术效率呈发散趋势，且城市间技术效率存在正向的空间溢出效应。尽管长三角城市群的协作机制为加强城市间产业协作和基础设施公共服务一体化等奠定了坚实的基础，但由于城市群内部存在城市规模效率的差异，从而扩大了技术效率的差异。另外，由于缺乏完善的产业协调组织，长三角城市群内部存在一定的产业同构现象，导致中小城市的产业竞争力（要素聚集度）不足，进而影响了技术效率的提升。因此，长三角城市群的中小城市应当发挥自身优势，与大城市错位发展，避免同质

---

① 通过对成渝城市群中心城市成都和重庆的技术进步率和周边城市技术进步率进行对比后发现，在未考虑空间效应前城市间技术进步率不存在收敛的趋势。

表 7.7 基于技术进步率的五大城市群空间俱乐部收敛结果

城市群	京津冀城市群		长三角城市群		珠三角城市群		长江中游城市群		成渝城市群	
计量模型	SEM	SDM	SEM	SDM	SEM	SDM	SEM	SDM	SAR	SDM
$lnTP_{it-1}$ ($lnTP_0$)	-0.167*** (-3.443)	-0.151*** (-3.554)	-0.138*** (-6.473)	-0.113*** (-5.293)	-0.239*** (-5.694)	-0.189*** (-4.472)	-0.129*** (-5.845)	-0.104*** (-5.063)	-0.117*** (-3.565)	-0.112*** (-3.518)
lns_{it}		0.340 (0.063)		-1.377 (-0.402)		18.797*** (3.752)		-6.834* (-1.783)		0.210 (0.032)
$ln(n+g+d)_{it}$		-6.050** (-2.254)		-1.611 (-0.325)		-4.706 (-1.082)		-9.307*** (-3.014)		-10.424* (-1.923)
$w \cdot lns_{it}$		1.284 (0.152)		-3.971 (-0.786)		6.799 (0.641)		13.105*** (2.634)		-5.122 (-0.462)
$w \cdot ln(n+g+d)_{it}$		-4.132 (-0.562)		2.175 (0.221)		25.239*** (3.105)		0.308 (0.073)		18.374 (1.595)
λ	0.326*** (3.816)	0.001 (0.015)	0.289*** (3.912)	-0.008 (-0.093)	0.221** (2.575)	0.176* (1.873)	0.312*** (4.961)	0.056 (0.784)	-0.170** (-2.013)	-0.234*** (-2.745)
收敛速度(%)	1.827	1.637	1.485	1.199	2.731	2.094	1.381	1.098	1.244	1.188
收敛周期(年)	37.93	42.34	46.67	57.80	25.38	33.08	50.18	63.12	55.70	58.35
LM Test	0.002 (0.959)		0.060 (0.806)		0.056 (0.813)		0.631 (0.427)		6.409 (0.011)	
Hausman Test		16.86 (0.000)		-16.22 (0.000)		34.19 (0.000)		43.87 (0.000)		9.08 (0.002)
Wald Spatial Lag		0.173 (p=0.917)		1.685 (p=0.43)		1.168 (p=0.56)		32.39*** (p=0.000)		1.838 (p=0.39)
Wald Spatial Error		0.265 (p=0.832)		1.798 (p=0.48)		1.057 (p=0.58)		30.59*** (p=0.000)		1.793 (p=0.42)
R^2	0.413	0.654	0.443	0.578	0.581	0.613	0.424	0.563	0.495	0.522

注：***、**、*分别表示变量在1%、5%和10%的水平下通过显著性检验。

竞争。

就珠三角城市群而言，$\ln TE_{it-1}$显著为负，表明存在技术效率的趋同。另外，λ值显著为正，说明城市间技术效率存在正向的空间溢出效应。与其他四大城市群相比，尽管珠三角城市群技术效率的收敛趋势较弱，但珠三角城市群较高的市场化水平促进了要素的跨界流动和技术溢出，而且珠三角城市群的技术进步率和全要素生产率的收敛趋势均高于其他城市群，通过进一步优化城市规模分布可以进一步促进城市群技术效率的平衡。根据实证结果，长江中游城市群的λ值显著为正，表明城市间存在正向的空间溢出效应。然而，由于长江中游城市群不存在规模效率的收敛，且技术效率与规模效率密切相关，从而导致城市群不存在技术效率的收敛。另外，长江中游城市群技术效率的收敛还同时受到行政边界的约束。因此，优化长江中游城市群的城市规模分布，弱化城市间（特别是跨省城市间）的边界效应可以缩小技术效率的差异。对于成渝城市群而言，$\ln TE_{it-1}$的系数显著为正，意味着城市间存在技术效率的发散。另外，λ值显著为正，表明城市间存在正向的空间溢出效应。该结果表明尽管成渝城市群的经济规模存在较强的收敛趋势，但城市间的技术效率存在明显的差异。成渝城市群以成都和重庆作为带动城市群东西发展的双核，与周边城市相比具有明显的规模优势和技术优势，中心城市对周边城市的辐射效应还有待于进一步增强。

7.2.3 不同空间俱乐部生产率收敛趋势的对比分析

7.2.3.1 基于城市群生产率的对比分析

表7.9为基于全要素生产率的五大城市群空间俱乐部收敛的对比结果。

表 7.8　　基于技术效率的五大城市群空间俱乐部收敛结果

城市群	京津冀城市群		长三角城市群		珠三角城市群		长江中游城市群		成渝城市群	
计量模型	SAR	SDM	SAR	SDM	SAR	SDM	SAR	SDM	SAR	SDM
$lnTE_{it-1}$ $(lnTE_0)$	0.002*** (3.473)	0.002** (1.994)	0.003*** (7.873)	0.003*** (6.244)	-0.004*** (-5.263)	-0.005* (-1.655)	-0.000 (-0.383)	-0.000 (-0.413)	0.001*** (2.622)	0.002*** (3.203)
lns_{it}		0.000 (0.241)		-0.000 (-0.803)		-0.000 (-0.063)		0.000 (0.535)		0.000 (0.144)
$\ln(n+g+d)_{it}$		0.000 (0.274)		0.000 (0.635)		-0.000 (-0.063)		0.000 (0.263)		0.000 (0.084)
$w \cdot lns_{it}$		-0.000 (-0.293)		-0.000 (-0.034)		-0.000 (-0.023)		-0.000 (-0.594)		-0.000 (-0.741)
$w \cdot \ln(n+g+d)_{it}$		0.000 (0.464)		0.000 (0.373)		0.000 (0.151)		-0.000 (-0.155)		-0.000 (-0.453)
λ	0.784*** (22.957)	0.707*** (15.423)	0.798*** (31.435)	0.694*** (20.961)	0.799*** (42.573)	0.894*** (40.933)	0.977*** (34.344)	0.967*** (36.493)	0.899*** (54.054)	0.873*** (43.401)
收敛速度(%)	发散	发散	发散	发散	0.040	0.050	不收敛	不收敛	发散	发散
收敛周期(年)	—	—	—	—	1729	1382	—	—	—	—
LM Test	88.290 (0.000)		196.38 (0.000)		101.75 (0.000)		424.625 (0.000)		145.28 (0.000)	
Hausman Test		26.88 (0.000)		-26.38 (0.000)		44.25 (0.000)		48.76 (0.000)		39.23 (0.000)
Wald Spatial Lag		0.392 (p=0.821)		1.741 (p=0.418)		19.29*** (p=0.000)		1.479 (p=0.477)		3.299 (p=0.192)
Wald Spatial Error		0.487 (p=0.772)		0.821 (p=0.339)		17.89*** (p=0.000)		1.688 (p=0.472)		3.193 (p=0.208)
R^2	0.983	0.972	0.966	0.978	0.981	0.972	0.963	0.972	0.983	0.972

注：***、**、*分别表示变量在1%、5%和10%的水平下通过显著性检验。

表 7.9　基于全要素生产率的五大城市群空间俱乐部收敛对比结果

城市群	京津冀城市群	长三角城市群	珠三角城市群	长江中游城市群	成渝城市群
模型	SDM	SDM	SDM	SDM	SDM
$\ln TFP_{it-1}$	-0.011 (-0.218)	-0.255*** (-7.643)	-0.187*** (-3.691)	-0.112*** (-3.767)	-0.078** (-2.459)
λ	-0.365*** (-3.339)	-0.215*** (-2.637)	0.069 (0.378)	-0.119* (-1.684)	-0.017 (-0.197)
收敛速度（%）	不收敛	2.944	2.070	1.188	0.812
追赶周期（年）	—	23.55	33.48	58.35	85.35

注：***、**、*分别表示变量在1%、5%和10%的水平下通过显著性检验。

总体而言，除京津冀城市群外，其他城市群生产率均存在不同程度的空间俱乐部收敛。就京津冀城市群而言，尽管京津冀城市群的人均 GDP 和夜间灯光存在显著的俱乐部收敛，但从更深层次的角度（生产率的角度）分析后发现城市群内部依然存在资源的竞争和错配。另外，λ 值显著为负，表明城市之间的生产率存在负相关关系，城市之间存在着要素资源恶性竞争的问题。河北部分城市作为京津冀城市群的成员并未充分发挥地缘优势和政策红利，目前形成了以北京、天津为增长极，而河北为“环京津贫困带”的空间布局，区域整体协同发展的目标尚未达到①。

就长三角城市群而言，根据 $\ln TFP_{it-1}$ 的系数可知，长三角城市群的生产率空间收敛趋势最强。经统计发现，在 2002 年生产率提升较高的区域集中在南京至上海的沿线城市，另外杭州和宁波的生产率增速较快。在 2014 年长三角城市群表现出显著的生产率空间收敛，而且长江以北的城市生产率呈现追赶的态势。另外，长三角城市群三个中心城市（上海、南京和杭州）的生产率增速有所放缓，而上海周边城市的生产率增幅较高。在 2002—2014 年，长三角城市群规模不断壮大，现已发展成为我国经济密度

① 2017 年 4 月 1 日，中央设立河北“雄安新区”，有利于加快补齐河北发展短板，提升河北经济社会发展质量和水平，从而为推进京津冀城市群一体化注入强大动力。

最大、产出效率最高的地区之一，为世界公认的第六大城市群。长三角城市群的崛起较大程度依赖于区域管理体制的改革和城市层级体系的构建。长三角城市群早在1992年便成立市长联席会议制度，为加强城市间产业协作和基础设施公共服务一体化等奠定了坚实的基础。另外，城市群形成了以上海为龙头，南京和杭州为两翼的城市层级体系，成为带动长三角地区发展的重要支撑。尽管长三角城市群的人均GDP和夜间灯光的收敛趋势弱于成渝城市群和长江中游城市群，但随着生产率提升在促进经济增长方面发挥了越来越重要的作用，因此从长期来看，生产率的收敛可以进一步促进经济的收敛。同时需要特别指出的是，用来反映城市空间相关性的λ值显著为负，表明城市间还存在对要素资源的同质竞争。另外，由于长三角城市群地跨“三省一市”，城市群内部的行政壁垒也在一定程度限制了要素的流动。

珠三角城市群对应的$\ln TFP_{it-1}$系数显著为负，表明存在生产率的收敛。由于珠三角城市群的成员城市主要分布在广东省内，因此具有统筹各城市发展的客观条件。然而，珠三角城市群依然存在经济格局不均衡和规模分布不合理的问题，相对中心城市而言中小城市的发展依然滞后。另外，对比长三角城市群的收敛系数，珠三角城市群的收敛趋势还存在较大的提升空间。长江中游城市群存在生产率收敛的趋势，然而，λ值显著为负，表明城市群内部存在资源竞争。因此，协调城市群内部的要素配置成为促进长江中游城市群协同发展的关键。

成渝城市群生产率的收敛趋势相比其他城市群而言较弱，与人均GDP或夜间灯光的收敛趋势形成鲜明对比。因此，成渝城市群内部的要素流动性和技术溢出效应等均有待于进一步增强。另外，成渝城市群的空间相关性并不显著，尚需要通过城市群协调组织减弱地方保护或市场分割的消极影响。

7.2.3.2 基于生产率分解指标的对比分析

根据实证结果，京津冀城市群和长三角城市群均存在规模效率的空间收敛，而其他三大城市群不存在规模效率收敛的现象（见表7.10）。尽管京津冀城市群内部存在较大的规模差异，但京津冀一体化发展战略加强了中心城市与外围城市的空间联系和经济联系，从而强化了中心城市对外围城市的辐射作用。另外，随着北京和天津城市规模的扩张，空间拥挤成本不断上升，从而限制了规模效率的提升，反而在环北京和天津地区的规模效率提升幅度较大。以上两方面原因促进了京津冀城市群规模效率的收敛。长三角城市群则形成了以上海为中心、南京和杭州为副中心，其他外围城市为节点的城市层级体系，城市体系结构的优化促进了规模效率的收敛。珠三角城市群、长江中游城市群以及成渝城市群由于存在较大的规模差异，且未形成层次鲜明的城市体系结构，从而导致规模效率的分化。

表 7.10　基于规模效率的五大城市群空间俱乐部收敛对比结果

城市群	京津冀城市群	长三角城市群	珠三角城市群	长江中游城市群	成渝城市群
模型	SDM	SDM	SDM	SDM	SDM
$\ln SE_{it-1}$	-0.148*** (-2.862)	-0.104*** (-3.432)	0.071 (1.132)	-0.005 (-0.191)	-0.058 (-1.524)
λ	-0.441*** (-4.991)	0.160 (0.434)	0.202** (2.163)	-0.063* (-1.866)	0.003** (2.044)
收敛速度（%）	1.602	1.098	不收敛	不收敛	不收敛
追赶周期（年）	43.28	63.12	—	—	—

注：***、**、* 分别表示变量在 1%、5% 和 10% 的水平下通过显著性检验。

表 7.11 为基于技术进步率的五大城市群空间俱乐部收敛对比结果。五大城市群均存在不同程度的技术进步率收敛。其中，珠三角城市的收敛趋势最强，然后依次为京津冀城市群、长三角城市群、成渝城市群以及长江中游城市群。珠三角城市群具有较强的技术进步率收敛主要源于珠三角地区成熟的市场经济意识和完善的产业体系。另外，珠三角城市群成员分布主要集中在广东省内，从而更有利于生产要素的跨地区流动。长三角城市群与成渝城市群的收敛趋势比较接近。其中，由于长三角城市群内部具有较高的经济活力和相对完善的基础设施，从而增强了城市间的空间相关性。但是，由于长三角城市群内部存在一定的产业同构现象，从而抑制了

技术的空间溢出。对于成渝城市群而言，尽管城市间具有同源文化的先天条件，但 λ 值显著为负，表明城市间的技术协同效应较弱。长江中游城市群的收敛趋势最弱，且城市间空间相关性并不显著。

表 7.11　基于技术进步率的五大城市群空间俱乐部收敛对比结果

城市群	京津冀城市群	长三角城市群	珠三角城市群	长江中游城市群	成渝城市群
模型	SDM	SDM	SDM	SDM	SDM
$\ln TP_{it-1}$	-0.151***	-0.113***	-0.189***	-0.104***	-0.112***
	(-3.554)	(-5.293)	(-4.472)	(-5.063)	(-3.518)
λ	0.001	-0.008	0.176*	0.056	-0.234***
	(0.015)	(-0.093)	(1.873)	(0.784)	(-2.745)
收敛速度（%）	1.637	1.199	2.094	1.098	1.188
追赶周期（年）	42.34	57.80	33.08	63.12	58.35

注：***、*分别表示变量在1%、10%的水平下通过显著性检验。

表 7.12 为基于不同城市群的技术效率空间俱乐部收敛的对比结果。其中，京津冀城市群、成渝城市群和长三角城市群均存在技术效率的发散，而珠三角城市群存在技术效率的收敛，长江中游城市群收敛特征并不显著。京津冀城市群和成渝城市群内部存在中心城市与外围城市的规模差异，且中心城市集聚效应较强，从而影响了技术效率的趋同。长三角城市群尽管具备相对合理的城市层级体系，但由于城市群内部存在产业同构的现象，大城市对技术资源的集聚优势更加明显，从而导致技术效率的发散。珠三角城市群内部要素的自由流动促进了技术效率的趋同，但由于城市之间依然存在较大的规模差异，因此技术效率的收敛趋势并不明显。

表 7.12　基于技术效率的五大城市群空间俱乐部收敛对比结果

城市群	京津冀城市群	长三角城市群	珠三角城市群	长江中游城市群	成渝城市群
模型	SDM	SDM	SDM	SDM	SDM
$\ln TE_{it-1}$	0.002**	0.003***	-0.005*	-0.000	0.002***
	(1.994)	(6.244)	(-1.655)	(-0.413)	(3.203)

续表

城市群	京津冀城市群	长三角城市群	珠三角城市群	长江中游城市群	成渝城市群
模型	SDM	SDM	SDM	SDM	SDM
λ	0.707 *** (15.423)	0.694 *** (20.961)	0.894 *** (40.933)	0.967 *** (36.493)	0.873 *** (43.401)
收敛速度（%）	发散	发散	0.050	不收敛	发散
追赶周期（年）	—	—	1382	—	—

注：***、**、*分别表示变量在1%、5%和10%的水平下通过显著性检验。

本章小结

根据空间俱乐部趋同的定义，本章选取京津冀城市群、长三角城市群、珠三角城市群、长江中游城市群以及成渝城市群作为研究对象，并采用不同的空间计量模型和不同的空间权重矩阵，进而得出以下结论：

①五大城市群中，仅京津冀城市群不存在生产率的收敛，而收敛趋势最强的城市群为长三角城市群，其次为珠三角城市群，然后为长江中游城市群和成渝城市群。

②根据生产率分解指标的空间收敛结果，京津冀城市群和长三角城市群存在规模效率的收敛，而其他三大城市群收敛特征不显著；五大城市群均存在技术进步率的收敛，且珠三角城市群的特征最明显，而长江中游城市群的收敛趋势最弱；对于技术效率收敛性而言，仅珠三角城市群呈现收敛的趋势，京津冀城市群、长三角城市群以及成渝城市群存在技术效率的发散，而长江中游城市群收敛趋势不明显。

③珠三角城市群内部存在生产率及构成要素的正向空间溢出效应，其余四大城市群内部均存在不同程度的对生产（技术）要素的同质竞争。

本章重点研究了我国城市生产率的敛散性并发现导致生产率差异的主

要动因在于规模效率的差异。根据新经济地理学关于集聚经济的描述，较大的规模差异并不利于小城市的发展，在循环累计因果效应的作用下，不同规模层级的城市容易形成路径依赖。因此，在全国范围内统筹规划城市规模的分布，特别是在中西部地区培育一批具有较大发展潜力的大城市可以在一定程度上缓解生产率“东高西低”的格局。另外，城市群已成为引领我国城市发展的重要载体，单一的城市体系结构不利于要素的有效配置和城市价值链的构建。因此，打破行政“玻璃门”，构建由不同规模等级城市组成的城市层级体系，并根据城市自身优势打造城市群内部的价值链条，可以为拉动城市群整体生产率提升提供深层次动力。另外，新经济地理学的理论研究表明，城市之间经济的空间溢出效应可以促进“中心—外围”结构的形成，而随着贸易自由度的提高，“中心—外围”结构也会向均衡结构演变。对于中国这样一个地域广阔的国家来说，不同区域的城市生产率及其构成因素的差异依然比较大，但随着市场主导的作用越来越强和政府宏观调控程度的日益加深，在全国范围（城市群）内形成城市生产率收敛的概率将不断增加。

第 8 章

结论与政策建议

8.1　结论

以 Solow 和 Swan 为代表的学者提出新古典增长理论，并阐述了资本边际产出存在递减的趋势，经济增长最终将收敛于稳态值。如果不同经济体具有一致的储蓄率、人口增长率和技术进步率，那么经过长期的演变这些经济体将收敛于某个稳态值，这也正是 β 收敛中的绝对收敛。当然，各个经济单元通常具有各自的储蓄率等个体特征，因此在大多数情况下，需要在控制个体特征的条件下经济体才会趋于收敛，这就是 β 收敛中的条件收敛。随着空间经济学和空间计量经济学的发展，在新古典增长模型中逐渐衍生出空间 Solow 模型，该模型的重要性在于揭示了空间外溢效应对经济收敛的作用，即区域之间的经济受邻近区域初始值和增长水平的影响。因此，即使对于初始禀赋相同的两个区域，由于其邻近空间存在技术或规模等方面的差异，其最终会趋向于分化。尽管区域之间存在空间外部性，但为得到方程的均衡解，Solow 模型假设这种外部性并不足以使物质资本和人力资本的边际产出增加，在该分析框架下，地区之间的经济是空间收敛的。本书也正是以空间 Solow 的分析框架为基础，检验中国城市经济的收敛特征及其影响因素。

本书的实证部分基于空间溢出效应对我国城市的经济增长、生产率及其分解指标的收敛性进行了系统分析，并取得了丰富的研究成果。总体而言，在 2002—2014 年，我国城市经济水平的整体差异正逐步缩小，特别是中、西部地区个别城市的经济增速甚至超过东部地区，形成了一定的追赶态势。然而，根据城市经济的收敛分布以及空间收敛的实证结果发现，我国城市之间的经济差异依然明显，根据人均 GDP 反映的经济收敛趋势较弱。为排除经济指标的主观因素，本书采用校正后的城市夜间灯光数据进行检验，结果表明城市间的经济规模存在相对明显的收敛趋势，而且实证分析也表明城市之间的收敛速度得到了较大幅度提升。人均 GDP 与夜间灯光数据反映的城市经济的收敛特征存在差异，这也进一步加深了对人均GDP反映的中国城市经济增长真实性的质疑。尽管人均GDP与夜间灯光数据之间存在显著正相关，但通过灯光数据测算的经济增长率与官方统计的数据并不吻合。通过测算，本书采用全球夜间灯光数据进行校正和检验后，城市间经济的收敛速度相比官方统计的人均GDP数据平均加快了3.4倍。因此，从更加客观的角度分析，我国城市之间的经济差异正在逐步缩小。城市规模扩张可以影响城市间经济的收敛，主要有三个方面的原因：第一，城市规模的扩张拉近了城市间的物理距离。城市人口规模和土地规模的扩张使得邻接城市间的边界变得模糊，甚至规模较大的城市其空间结构逐步由单中心城市向多中心城市发展，从而更加促进了与相邻城市的融合发展，从而在一定程度上弱化了城市间的边界效应。第二，城市规模的扩张加强了交通、信息等基础设施建设，从而缩短了城市间的时空距离。截至2016年年底，中国的高铁里程已经突破2万公里，占世界高铁总里程的65%，京沪、京广、沪昆等高铁线打通了城市间进行空间联系和经济联系的大动脉，中国的城市发展开启了同城化模式。第三，不同规模城市间更利于形成资源互补。在对影响经济增长收敛的影响因素进行分析后发现，由于存在对人力资源的竞争，因此邻近城市人口规模的扩大并不利于城市自身的经济增长。相反，城市土地规模的扩张在一定程度上克服了空间的界限，进而有利于经济的收敛。

随着城市经济增长由要素驱动向技术驱动的转变，未来经济趋同或趋异较大程度取决于生产率的变动。另外，已有研究表明生产率在解释经济增长的收敛问题时扮演了重要角色。因此，为进一步分析城市生产率的收敛性，本书在重新估算每个城市折旧率的基础上，通过永续盘存法对城市资本存量进行测算，并在此基础上计算城市生产率及其分解指标。研究表明，在未考虑空间相关性时城市生产率的收敛趋势并不明显，而且城市间的生产率差异较大；在考虑空间溢出效应后，生产率存在明显的条件β收敛，表明如果存在资本、人力资本等生产要素的均衡分配，则城市间的生产率具有明显的收敛趋势。相对生产率的收敛结果而言，由于人均GDP的绝对β收敛和条件β收敛趋势均不明显，因此城市的生产率收敛并未带来经济的收敛，该结果与孙元元（2015）的研究结论一致。然而，如果从城市夜间灯光衡量的经济增长收敛性进行分析，生产率和经济规模的差异又具有相似的变动轨迹。为进一步分析生产率变动的深层次原因，本书对生产率分解指标分别进行了空间收敛分析，结果表明我国不均衡的城市规模分布导致规模效率和技术效率的发散，生产率收敛更多地体现在技术进步率的收敛。根据梁琦等（2013）的研究，中国城市体系呈扁平化分布，即特大城市和小城市分布较少，中等规模城市分布较多。此外，随着改革开放的不断深入，生产要素跨界流动的限制不断弱化，大城市的集聚优势不断吸引劳动力和资本的转移，而中小城市则受到大城市的排挤而处于劣势，城市空间扩张的速度和规模效率提升的水平均存在空间差异。因此，我国城市规模的空间分布可以在一定程度上解释全域范围内不存在规模效率的收敛性，而呈现发散的特征。技术效率在一定程度上受规模效率的影响，因此也未呈现收敛的特征。因此，从一定意义上讲，规模效率和技术效率也成为未来缩小生产率差异乃至经济规模差异的潜在因素。

大量研究表明，具有相同区位或相似结构特征的地区间经济收敛的概率更大，表现为经济收敛的俱乐部效应。本书以我国发展成熟的五大国家级城市群为例，进一步研究我国城市经济和生产率的空间俱乐部收敛。结果表明，相对全域范围内城市的经济增长收敛结果而言，在城市群内部具有更加显著的收敛趋势，而且不同城市群的收敛特征存在差异。另外，在空间俱乐部收敛的结果中，生产率与经济增长的收敛轨迹存在明显的差异，即生产率收敛并未带来经济增长的收敛。就具体的收敛结果而言，珠三角城市群内部存在较大的经济差异，深圳、广州等沿海城市的经济规模远大于内陆城市。因此，珠三角城市群的发展模式表现为“效率占优”，经济重心主要集中在少数中心城市。然而，从城市群的长远发展出发还需要兼顾周边城市的发展。在其他四大城市群中，由于成渝城市群的内部城市成员具有地理邻近、文化同源的“先天优势”，因此在成渝城市群内部的经济规模差异最小。为进一步对收敛结论进行检验，本书采用各城市的夜间灯光数据对收敛性进行分析，结果并未发生根本性的改变，而仅体现为收敛趋势的增强。通过对城市生产率及分解指标进行空间俱乐部收敛分析后发现，由于京津冀城市群内部北京和天津的生产率水平远高于其他周边城市，因此不存在生产率的收敛，而珠三角城市群较高的市场一体化水平促使生产率收敛。就生产率的分解指标而言，仅京津冀城市群和长三角城市群存在规模效率的收敛，并同时表现为技术效率的发散。五大国家级城市群均存在技术进步率的收敛。对于长江中游城市群而言，由于城市群地跨湖北的武汉都市圈、湖南的长株潭城市群以及江西的环鄱阳湖经济圈，受行政区划等因素的制约，城市群之间的协调能力不足导致经济收敛的趋势并不明显，而且通过实证结果表明城市之间的经济增长存在空间负相关，“1 +1 +1 >3”的集聚效应有待于进一步释放。另外，作为长江经济带重要节点的成渝城市群其内部的规模效率和技术效率存在较大的差异，需要在中心城市（成都和重庆）带动城市群发展的基础上，进一步推进周边城市经济规模和生产率水平的提升。

综上而言，尽管城市间的经济（生产率）水平的差异随着城市间经济联系的增强而得到一定程度弱化，但通过研究仍然发现了城市间发展不协调的证据。例如，在引入相邻城市控制变量的影响因素后，城市间收敛的速度放缓，且邻近城市的生产要素对城市自身的经济增长存在一定的抑制作用。此外，城市间空间依赖的系数在个别情况下为负值，说明城市间存在“非合作博弈”的现象，城市的增长以牺牲相邻城市的发展为代价，这种现象在不同行政级别或者存在产业同构的城市之间表现得尤为明显。同时，本书通过对生产率分解指标的空间收敛性进行分析后发现，我国城市的规模效率和技术效率未出现收敛的现象，甚至在某种条件下存在发散的趋势，这种结论与我国城市规模分布的不合理性和现有户籍制度限制劳动力的流动存在一定的关联。另外，我国城市群的城市体系结构不尽合理，城市规模存在两极分化的现象，例如，京津冀城市群形成了以北京和天津为核心，河北周边为外围的单中心城市体系，这种城市体系结构既增加了中心城市的生活（生产）成本，又不利于外围城市的发展，进而限制了城市群内部城市间的协同发展。因此，针对以上研究结论，本章对推进城市协同发展的可行路径进行探索，并围绕如果克服我国城市发展的不协调因素提出相应的政策建议。

8.2 政策建议

8.2.1 推动城市协同发展的可行路径

8.2.1.1 搭建政府合作桥梁的路径

传统意义上的政府合作主要表现为不同级别政府通过权力的调节而形成的协作关系，这种形式比较单一，而且不利于跨行政区的政府合作。随着区域一体化进程的推进，政府间合作的方式也更加趋于多元化，并分别受到三种力量的推动，即行政力量、市场力量以及社会力量。在当前政府合作的框架内，合作的动力犹如一个多驱动混合体，政府间合作的背后不再局限于单一动力的推动，而是受到多方面力量的共同作用。

（1）行政力量下的政府合作

行政力量下的政府合作主要基于上层政府部门的协调，也来自政府间为追求共同利益而形成的自发合作。中央政府引导的政府间合作主要通过上级向下级的号召，然后地方政府积极响应形成的合作关系，如不同省份之间或不同城市之间的对口帮扶。尽管中央政府是推进政府间合作不可或缺的重要环节，但政府间合作的主体集中在地方政府之间，中央政府的作用主要在地方政府间发生利益冲突时才得到有效发挥。在引导并激励地方政府进行合作时，中央政府主要通过三种途径，即资金支持、政策引导和地方政府的政绩评价。随着基础设施一体化的推进和公共服务一体化水平的提高，中央政府引导地方政府合作的途径也更趋于多元化，例如成立中央政府领导下的城市群协调组织等。由于城市群内部的成员之间并不存在领导与被领导的关系，是每个城市平衡和调节自身利益最大化与提供公共物品最大供给之间的矛盾而形成的城市综合体。因此，如果缺乏一个可以协调城市间公共事务的上层机构，那么城市间的协同发展将没有制度保障，行政边界、市场分割等不利因素会抑制城市群的健康发展。

（2）市场力量推动下的政府间合作

随着我国经济体制改革的不断深化，市场调节在我国经济发展的过程中扮演着越来越重要的角色，而且目前形成了政府干预与市场调节双管齐下的发展模式。企业作为市场调节的主力军，在促进城市间协同发展方面同样发挥着重要的作用，很多政府间的联系正是源于企业间的合作需求，而这一种政府合作正是在市场力量的推动下形成的。江阴和靖江工业园区的建设则是典型的政府间合作的案例。江阴隶属于无锡市，作为全国百强县之首具有丰富的民间资本和良好的投资环境，经济活力较高。相应地，靖江则隶属于泰州市，经济发展水平相对较低，但具有江阴所不具备的成本优势，于是两者之间形成了优势互补的关系。随着两地企业合作广度和深度的增加，江阴与靖江两地政府跨江成立了江苏省江阴市靖江园区，并通过江阴—靖江沿江开发促进会协调两个县政府之间的关系。另外，贵阳数据大平台的构建同样吸引了大量东部企业参与合作，并加强了政府之间的联系。这种市场推动下的政府合作也逐步成为构建城市沟通桥梁的主要途径。

（3）社会力量推动下的政府合作

随着我国市场化改革进程的推进，政府也同时进行了政治体制的改革。在中央政府向地方进行权力下放的同时，我国政府同时开启了向社会领域分权的进程，并通过培育民间组织，将部分公共服务和公共产品的供给交由此类组织进行协调。因此，民间形成的非营利组织也在“补缺”市场失灵和政府失灵时被赋予厚望，并在城市间合作过程中发挥重要作用，例如城市间行业协会的成立则是在社会力量下推动的政府间合作。一方面，行业协会构建了企业与政府、政府与政府之间的沟通桥梁，将企业的利益诉求和权利主张迅速传递到各方政府，并将政府决策过程中传递的信息反馈给企业，从而建立起一种长久可靠的信任机制。另一方面，行业协会在协调企业与政府、政府与政府之间的利益冲突方面同样扮演重要的角色，因此社会力量推动的政府合作同样是不可忽略的重要因素。

8.2.1.2　构建产业合作机制的路径

（1）利益分享机制的构建

产业合作的初衷应建立在利益均沾的基础上，如果某个城市的产业发展以牺牲其他城市作为代价，则会减弱城市间开展产业合作的积极性，而且不能实现共赢的局面。产业合作其实是要素资源的再配置，以每个城市的优势产业形成互补的结构。要素再配置的过程涉及各方利益的重新分配，这种复杂的利益关系容易导致“市场失灵”，也就是说决策者均是基于城市本身的发展考虑，而缺少统筹产业布局的激励。因此，在坚持利益共享原则的前提下需要制订统一的区域发展规划。国际著名区域规划专家芒福德曾经指出：“如果区域要更好地发展，就必须设立有法定资格的、有规划和投资权利的区域性权威机构”，这就是产业合作的制度保障。那么，在各方利益得到兼顾的基础上，可以进一步依靠市场力量，由企业主导产业的合作，从而实现资源的有效配置。

（2）协同互补机制的构建

如果利益分享机制是进行产业合作的前提，那么协同互补机制的构建则是实现利益分享的关键。城市作为产业发展的载体，具有不同的规模和产业结构。因此，在进行产业协同发展时，应先明确每个城市的资源优势和产业优势，进而充分发挥大城市的带动作用和中小城市的辅助功能。更加注重城市间产业的前后向关联性，打造跨城市的产业价值链，最大限度发挥产业的集聚效应。在一定的空间范围内，城市的规模往往存在较大的差异，一般而言，较大城市规模的产业结构率先进行升级，而中小城市的产业结构相对“固化”，容易形成对传统产业的路径依赖。那么，在构建产业的协同互补机制时，还需要根据城市的功能定位制定差异化的产业发展政策，以利于大城市的规模优势发展生产（生活）性服务业和高新技术产业，并构建与中小城市的产业价值链条，带动中小城市产业的发展。

（3）协作保护机制的构建

产业合作包含着各方的利益诉求，在一定意义上城市间的产业合作是一个多方的动态博弈过程，如果成员不能得到切实的利益，则可能随时申请退出，从而增加了产业合作机制的不确定性。从这个角度考虑，则需要通过立法保证产业合作的顺利进行，同时明确参与产业合作成员的责任和义务，通过完善区域执法监督机制和构建公共管理信息平台保障法律的实施，从而在立法保护的作用下促进跨行政区域的产业协作。与国外相比，我国关于区域协调组织的法律保障比较滞后。随着我国基础设施的不断完善和要素流动性的增强，城市之间特别是城市群内部的产业合作更加紧密，然而市场分割和行政区划限制了产业参与分工协作的过程，进而导致效率的损失。

8.2.1.3 实现公共服务一体化的路径

(1) 推进教育服务均等化进程

在 Nelson 和 Phelps 的模型中，地区间增长率的差异主要来自人力资本的差异，从而带来不同程度的技术进步。Benhabib 和 Spiegel (1994) 也发现教育对落后地区经济增长的促进作用更为显著，且表现为人力资本积累带来的技术赶超，因此教育水平的差异可以在一定程度上解释地区经济的差距。实现教育服务的均等化首先需要保障每个公民受教育的权益，通过完善法律体系保障不同地区适龄儿童均可享受平等接受教育的机会，起点上的平等是最基本的要求。其次，根据不同地区的教育水平合理配置教育资源，例如，对于我国中西部地区而言，教育资源相对匮乏，则需要中央政府部门对落后地区的教育支出进行扶持，协调具有优质教育资源的地区对落后地区进行对口帮扶，完善落后地区的教育公共基础设施，从而缩小地区间教育水平的差距。最后，加强师资队伍建设，加大对落后地区引进人才的扶持力度。教育的层次和效率在很大程度上取决于师资队伍的建设，而且由于发达地区具有更明显的区位优势和更强的人才引进力度，从而导致落后地区教育效率的缺失。定向地培养或引导高层次人才服务于落后地区的教育发展，可以在一定程度上促进教育服务的均等化。

(2) 推进交通基础设施一体化

随着区域一体化水平的不断提高和生产要素流动性的不断增强，地区之间的交流需求不断增加，实现公共服务一体化需要以完善的交通基础设施作为硬件支撑，而且这种交通系统应当是一体化和智能化的。完善高效的一体化、智能化交通体系要依赖于硬件、软件以及各组件的紧密组合。

其中，硬件包括公路、铁路、水路、航道、停车场等交通基础设施，而软件包括交通管理机制和交通管理方法，组件包括人才培养等相关的综合管理措施。如果基础设施的建设存在区域分割和部门分割，而且为寻求自身利益的最大化而进行“非合作博弈”，则可能带来不必要的重复建设和投资浪费，不利于基础设施建设的一体化。因此，交通网络的建设应当避免“各自为政，同台竞争”的现象，在中央协调部门的统筹安排下，充分考虑各种运输方式的协调配合，形成一个在职能上分工明确、在空间上结构合理的交通网络系统。

（3）加强公共信息平台建设

随着信息技术水平的提高，文化、教育、咨询、金融甚至医疗行业的多个服务领域得以突破时间和空间的限制，实现远程服务和错时消费，较大程度地提高了生产（生活）的效率，加强公共信息平台建设可以加快公共服务一体化进程。因此，在信息平台建设和信息共享方面，不同地区应当坚持“开放协作，互利共赢”的原则，在兼顾各方利益的基础上，尽可能地提供不同行业或政府的相关信息，消除信息封锁的现象，强调信息公开、透明，强化信息资源的互通互利，从而降低地区间的交流成本。与此同时，完善公共信息平台的管理体制，加强对信息系统的维护，增强公共服务综合信息平台网络、综合信息库和各部门业务信息系统的安全防护能力建设。同时，保证信息化建设多元化的筹资机制，坚持以市场的主导地位，推动地方政府向服务型政府转变。

8.2.2　推动城市协同发展的政策建议

8.2.2.1　坚持市场主导地位，推进行政体制改革

改革开放以来，中央制定了“发展才是硬道理”的主基调，将发展作为国家的第一要务，从而导致不同地区的经济飞速发展，而地区间的差异也不断拉大。为缩小逐步扩大的地区差异，中央又进一步强调了区域协调发展的战略。根据研究，我国人均 GDP 的地区差异在 1998—2004 年一直呈现扩大的趋势，而在 2004 年后逐步收敛。这种结果与中央政府相继提出

的“西部大开发”“振兴东北老工业基地”以及“中部崛起”等战略有较大关联。另外，中央在中、西部地区开展了大规模的基础设施建设，并加大了调整产业结构的力度。然而，尽管中央政府向中、西部地区的倾斜政策在一定程度上缩小了地区间的经济差距，但东部地区的产业和人力资本通过市场作用自发流向中、西部地区的趋势依然不明显，东部地区的集聚效应依然比较强势。根据国际经验表明，无论从产业空间集中程度还是从城市规模分布来看，我国目前的集聚水平都处于相对较低的水平，从这个意义上讲，政府采取干预措施平衡地区之间的经济水平并不是最有效率的。因此，在效率与公平之间应当遵循经济地理的演变规律，在要素跨界自由流动的条件下，地区间的经济差异并不是持续扩大的，解决我国地区差异的关键还在于坚持以市场为主导，通过推进行政体制改革克服不利于要素流动的障碍。

根据本书的研究结论，城市经济增长和生产率提升均存在空间负相关的现象，这种结果与中国现存的行政“玻璃门”和市场分割现象有关。行政边界和市场分割的形成在 20 世纪 90 年代表现得尤为充分，随着分税制的改革和干部人事制度的完善，各地的财政分权与政治激励趋于一致，从而导致地方政府间的“标尺竞争”不断加剧。另外，我国城市间劳动力流动也受到户籍制度的限制，导致劳动力市场的分割和公共服务水平的失衡。综上而言，我国应当通过行政体制改革，消除历史遗留的户籍限制问题，同时转变政府职能，搭建地方政府合作的桥梁并完善相应的政策体系，不以单一的指标评价官员政绩，遏制地方官员的政治“锦标赛”，从而促使要素跨区域自由流动，使得我国城市的集聚水平获得较大幅度的提升。尽管这个过程有可能扩大地区间的经济差异，但从长期来看，当集聚水平增加到一定程度后，要素将向落后地区转移，地区间的经济最终将趋于收敛，而且这种遵循市场规律的区域平衡比政府干预条件下的经济趋同更加稳定和持久。

8.2.2.2 增加人力资本积累，推进产业梯度转移

根据本书的研究可以发现，人力资本和教育支出对城市的生产率收敛均具有显著的促进作用，也就是说缩小东、中、西部地区城市经济的差异

可以通过增加中、西部地区教育的支出和人力资本的积累实现。如果中央政府仅通过转移支付增加西部地方政府的财政支出或给予所谓的产业优惠政策，则东部地区的产业向中、西部地区转移的动机则不会太明显，除非中、西部地区的人力资本得到根本好转。人力资本对经济收敛的促进作用存在理论基础。在Nelson和Phelps模型中，国家间增长率差异源于人力资本存量的差异，并导致国家间技术进步率的不同。一个国家（地区）如果具有较少的人力资本积累，则很可能陷入恶性循环，并长时间处于低人力资本存量的状态。反之，具有较多人力资本积累的国家（地区）能够进入经济增长的良性循环而获得持续的增长。因此，人力资本积累既是经济增长的源泉，同时也是落后国家（地区）进行后发赶超的动力。由于人力资本在积累过程中存在代际的传递效应，也就是说原来人力资本较高的地区，在未来往往也具有更高的人力资本积累，从而扩大地区之间的差异。研究表明，我国存在严重的劳动力错配，尤其表现在地区和部门之间（郑江淮和沈春苗，2015）。从这个角度考虑，则需要增加对落后地区的教育支出，通过完善教育基础设施和配备优质师资保障落后地区的人才培育。需要特别指出的是，中、西部地区产业急需专业性较强的技术人才，因此需要加大对中、西部地区的职业教育投入，增强校企合作，从而有针对性地保障企业的人才需求。

人力资本的积累不仅在于教育，同样来源于“干中学”。我国东部地区具有较高的人力资本积累，其较大程度上源自产业的集聚，从而汇集了大量的技术工人。随着东部地区劳动力成本和土地成本的增加，企业西迁的趋势开始逐步显现，因此，通过有序推进产业的转移带动人力资本的迁移也是增加中、西部地区人力资本积累的有效途径。在产业转移过程中，中、西部地区应当通过中央政府统筹产业布局，根据不同城市自身的优势梯度转移，避免产业同构的现象。笔者研究发现，在长江中游城市群和成渝城市群，存在邻近城市生产要素不利于城市自身经济增长的现象，该现象与我国中、西部地区普遍存在的产业布局不合理、同构现象严重、城市间缺乏专业化协作的现象密切相关。因此，对东部地区产业向中、西部地区的转移不能“一刀切”，而需要统筹规划，有序推进。另外，迁移成本也是阻碍人力资本跨地区流动的主要因素，需要通过户籍制度改革和推进公共服务一体化保障迁移人群的基本利益，并增加落后地区对人才的引进力度，使得人力资本积累真正成为推动中、西部地区后发赶超的“发动机”。

8.2.2.3 强化产业协同效应，构建城市价值链条

本书基于空间溢出效应发现城市间存在经济的不协调现象，城市经济的空间负相关在一定程度上反映了产业空间分布的不合理性。根据新经济地理理论，在规模经济、运输成本和垄断竞争模型的作用机制下将发生产业的集聚，在新经济地理学的框架下传统的地理因素也成为产业集聚的向心力，这些地理因素导致产业在某些地区聚集，随着循环累计效应的增强形成了产业集群。然而，我国的产业集聚存在特殊的制度背景，某些不利因素弱化了产业集群内部的协同效应。在改革开放初期，我国的经济体制从计划经济向市场经济跨越，市场机制促进要素向地理优势更加优越的东部沿海地区聚集，从而扩大了地区之间的差异。另外，随着我国政府权力的“下放”，加大了激励地方发展经济的动力，从而导致了区域间的强烈竞争，地方政府具有明显的资本投入动机和产业保护主义倾向，从而出现了城市重复建设和产业结构趋同的现象。这些因素也最终造成了产业空间分布的不合理。因此，随着我国经济步入新常态，产业布局将发生空间结构性调整，随着东部地区土地和劳动力成本的提高，以劳动密集型产业为主的格局将不可持续，而中、西部地区可以凭借成本优势引导要素资源流入。为了抓住进行产业再重组的机遇，中央政府应当统筹产业分布，注重产业间的前后向关联效应，避免产业在空间范围的同质竞争，打造具有区域特色的产业集群。

随着我国城市化水平的迅速提高，特别是2002年至今，我国城市化率从原来的41%提升至57%，城市已成为我国产业发展的重要载体。实现产业的协同发展需要先促进地方政府的协作，各省级隔裂的发展模式将不利于城市间的协同发展。在促进政府协作方面，应当完善城市间的协商机制，打破市场分割，消除行政边界对产业协同发展的不利因素，兼顾各方利益，通过推进市场一体化和公共服务一体化确保城市间要素的自由流

动，并充分发挥大城市的带动作用，促进城市间的技术溢出。另外，由于城市群由地理邻近、文化背景相似的城市组成，从而更易形成产业的协同效应。通过研究发现，城市群内部的经济收敛趋势更加明显，尽管城市间仍存在“挤占效应”。目前我国已建成七大国家级城市群，因此通过城市群打造城市的价值链条，从而促进产业价值链跨地区延伸，可以促进整个城市群经济水平的提升。此外，Hansen 和 Birkinshaw（2007）提出了“创新价值链”的概念，并将创新过程定义为一个从知识创新、科研创新到产品创新，包含多重创新要素投入的价值链。那么，通过城市价值链进一步构建城市间的创新价值链，不仅可以促进产业的转型升级，更可以提高城市群的生产率水平。

8.2.2.4 完善基础设施建设，推进城市同城发展

城市之间的联系较大程度依赖于基础设施的改善，尤其在于交通基础设施的建设。我国高铁技术已经具有一定的国际竞争力，并参与“一带一路”建设和国际产能合作。截至2016年年底，高铁技术的成熟也使得我国的高铁历程突破2万公里，占世界高铁总里程的60%以上。交通基础设施对要素资源的跨地区流动具有显著的促进作用，而且基础设施一体化可以在一定程度上降低由地方政府树立的区域贸易壁垒。从产业融合的角度考虑，制造业之间的产业集聚涉及上中下游的不同环节，基础设施的完善可以降低中间投入品的损耗和增强信息的透明度，促进城市间的产业分工协作，加强制造业的前后向联系。此外，交通基础设施建设还可以在一定程度上缩短城市间的时空距离，降低要素流动的时间成本，提升实现市场一体化水平和由此产生的规模收益（陆铭和陈钊，2006）。另外，交通基础设施的改善可以一定意义上扩大企业的市场需求，减小产品的积压风险，从而提高企业的生产率水平（Shirley 和 Winston，2004；李涵和黎志刚，2009）。根据本书的研究结果，长三角城市群的经济增长（包括夜间灯光数据）和生产率增幅均领先于其他城市群，而且京沪高铁、沪宁高铁、宁杭甬高铁在长三角地区的布局使长三角城市群成为高铁密度最大、客运量最多的地区。长三角地区的经济收敛水平高于其他城市群与长三角内部密集的交通基础设施存在较大关联。因此，为进一步促进城市间要素

的流动和提高市场一体化水平，应当继续增加基础设施建设，特别是增加对城市群内部交通基础设施网络的规划，以及其他基础设施投资，如信息网络的构建。需要特别指出的是，目前基础设施建设具有较强的跨区域外部性，一些高回报的基础设施建设往往在地方政府间的互相博弈下被搁置。因此，中央政府（城市群协调部门）应当统筹规划基础设施建设，保障城市间基础设施的互联互通，并通过引入市场机制提高基础设施的投资效率。

随着城市间基础设施的完善和时空距离的缩短，经济同城化发展的趋势不断增强。研究结果表明，我国城市空间的蔓延缩短了城市间的空间距离和时间距离，弱化了城市间的边界效应，从而显著地促进了经济的收敛，为同城化发展提供了先决条件。例如，长三角城市群内部已基本形成上海都市圈、南京都市圈和杭州都市圈的层级体系结构，而且中心城市与外围城市间的同城化水平呈不断上升的趋势（郝良峰和邱斌，2016）。同城化不只是地理相邻城市间的空间依赖，随着经济联系强度的增加、产业要素流动性的增强和公共服务一体化进程的推进，同城化有着更加广阔的地域范围和更加丰富的内涵，其还包括城市间的产业一体化、市场一体化以及公共服务一体化。由于我国的行政体制改革落后于经济体制改革，因此城市间依然存在行政壁垒、市场分割等历史遗留问题，从这个层面讲，我国同城化发展的水平还有较大的提升空间。促进经济同城化发展先需要提供制度保障。地方政府间的合作需要建立在利益共享的基础上，而目前的地方分权和政绩考核制度显然不利于资源的有效配置，这就需要中央政府（城市群协调部门）推动地方政府的合作。目前我国城市群的政府协调机制尚不成熟，还没有一个负责区域管理的综合性权威机构。尽管长三角城市群率先成立了长三角城市经济协调会，在一定程度上减少了城市间的恶性竞争，但仍缺乏一个级别更高的权威协调机构进行管理，而且需要对机构行使的权利进行立法保护等。在这方面，典型的国际化大都市圈都建立了某种协调机构或协调体系，如表 8. 1 所示。例如：东京都市圈成立了权威管理机构并完善了法律保障体系；纽约都市圈的各州政府通过提供法律、金融资助等帮助地方政府间不同机构进行协同合作，而且美国在 18

世纪中叶就开始发展行业协会组织，其作为行业利益的代表发挥了重要作用；伦敦都市圈具有环形放射的交通网络，并实现了产业的错位发展。以上世界三大城市群的发展尽管存在一定的历史背景和制度背景，但仍可为我国城市群的建设提供有益借鉴。

表 8.1　世界典型城市群的经验借鉴

指标 名称	基础设施建设	产业布局	制度建设
东京城市群	具有多样化的交通设施，主干线与支线联系紧密，交通系统信息化水平高，通勤人口多	产业结构呈梯度分布，城市间分工协作并优势互补，总部经济联动发展，并以东京为中心	成立关西经济联合会等权威机构，并有完善的法律保障体系
纽约城市群	拥有发达的公共交通系统，建有发达的地铁网络，并建有通勤铁路和城际铁路，公路系统发达	产业互补性强，包括纽约（金融中心）、华盛顿（政治中心）、波士顿（科研中心）、费城（制造中心），产业错位发展；商会组织作用突出	联邦政府参与城市群的发展，州政府采用资金战略支持，并有相关法律法规保障
伦敦城市群	具有环形放射状的交通网络，且郊区铁路运输容量较大	产业错位发展，同时发展新兴战略性产业，打造城市名片，并对周边城市的产业影响较大	早期成立巴罗委员会，并出台法律法规指导城市群发展

8.2.2.5　统筹城市规模分布，优化城市体系结构

本书研究的结果表明，我国城市既不存在规模效率的空间绝对 β 收敛或空间条件 β 收敛，也不存在大范围的规模效率空间俱乐部收敛。这种结果直接导致我国城市的技术效率存在较大差异，甚至呈现发散的趋势。我国城市的规模分布不均匀，而且明显呈现东部地区大规模城市较多，中、西部地区大城市较少，而整体城市规模不足的空间格局。随着北京、上海、广州、深圳等特大城市人口的聚集和土地的扩张，高物价、高房价以及高通勤成本等降低了当地城市居民的边际效应，城市拥挤现象和环境问题开始显现，一线城市的集聚经济效应开始逐步减小甚至趋于负值，城市

空间不断向外扩张，空间的溢出效应不断增强。与一线城市不同，以南京、杭州、天津、苏州等为代表的二线城市的规模迅速提升，生产要素不断向这些城市聚集，受益于优势资源的聚集和空间外部性，二线城市周边的中小城市也得到了迅速发展。然而，中、西部地区多数城市的规模扩张依然缓慢，经济集聚水平相对较低。另外，随着信息化水平的提高和基础设施的完善，城市间的空间溢出效应得到较大程度增强，区域的局部收敛现象可能更加严重，收敛俱乐部间的经济差异存在扩大的趋势。因此，应当在全域范围内统筹规划城市规模的分布，目前我国已确定北京、上海、广州、重庆、天津和成都为国家中心城市，下一步还需要重点增加东北地区和西北地区的城市规模，如沈阳、大连和西安的经济规模均存在较大上升空间，未来可以带动周边城市的发展。另外，我国城市规模普遍不大的原因还存在深层次的历史原因，例如户籍制度就在较大程度上限制了人口的流动，并抑制了城市规模的扩大。

在扩大城市规模的同时，还需要同时优化城市体系结构。例如，长三角城市群形成了以上海为中心、南京和杭州为副中心的城市层级体系，而京津冀城市群则形成了以北京和天津为增长极的单中心城市体系。本书通过实证分析发现，长三角城市群的层级城市体系结构更有利于城市规模效率的提高和利益的分配。京津冀城市群以北京和天津为中心城市，并未有效带动河北城市的发展，雄安新区的“应运而生”可以较大程度优化京津冀城市群的体系结构。另外，实证结果表明长江中游城市群和成渝城市群均存在中心城市规模远高于周边城市的现象，城市体系结构亟待优化。随着我国交通基础设施的完善，城市群的城市体系结构也随之发生演变，目前我国城市群开始由单中心城市体系向网络化城市体系演变。关于城市体系结构的优化问题也得到学者们的关注。Meijers 等（2016）从欧洲城市网络构建的视角重新审视集聚的概念，并发现城市间的连通性可以促进大都市区规模的扩张，而对中小城市发展的影响则取决于城市体系结构。Glaeser 等（2016）从理论的角度阐释了不同城市体系结构对城市效率的影响，并将创新的规模效应、住房弹性以及基础设施的重要性三个方面考虑在内，发现大城市规模收益的下降使得网络化的城市体系结构更具吸引力，且网络化的城市结构可以弱化大城市的成本带来的压力。因此，应当从全局和局部统筹规划城市规模的分布，明确城市的职能分工，进一步提供基础设施的硬件支撑和行政体制改革的软件支撑，最大限度地消除城市群内部的行政壁垒，注重产业的前后向关联，推进城市间的公共服务一体化。另外，由于空间溢出效应存在一定的地理范围，因此要促使城市空间分布从单增长极的城市体系向多增长极的城市体系演变。

本章小结

在对我国城市经济的空间收敛性进行研究的基础上，本书发现我国城市间存在显著的空间相关性，但在全域范围内并不存在显著的收敛，而是在控制一定条件后才趋向于稳态。围绕我国发展成熟的五大国家级城市群进行空间俱乐部收敛分析后发现，珠三角城市群不存在经济收敛，京津冀城市群不存在生产率收敛，其他三大城市群均存在不同程度的收敛特征。需要特别指出的是，城市间的经济增长或生产率提升并不唯一为正，而是存在负相关的情况。同时，相邻城市间也存在“挤占效应”，城市的发展仍然存在相互隔裂的现象。另外，我国城市的规模效率和技术效率不存在空间收敛，甚至存在一定程度的发散，与部分学者提出我国城市体系结构呈扁平化的结论不谋而合。在对我国城市经济的空间收敛性进行研究的基础上，本章结合我国的制度背景和城市发展现状提出了推动城市协同发展的可行路径和政策建议。针对我国长期存在的行政分割和市场分割现象，本书提出要推进行政体制改革，坚持市场机制的主导地位，促进要素跨地区的自由流动。针对中央政府对落后地区进行转移支付的举措，本书认为促进产业转移和落后地区后发赶超的关键在于积累人力资本，并提出要因地制宜地培养专业型人才。针对我国城市普遍存在的产业同构现象或产业价值链零散的现状，本书提出通过构建城市价值链推动产业协同发展，注重城市产业间的前后关联效应。围绕城市群的发展，本书提出要继续加快基础设施的建设，推进经济的同城化发展，成立协调城市群发展的权威机构并完善区域协调机制，通过立法保障权威机构权力的行使。应对我国城市规模分布不合理和城市规模整体偏小的问题，本书提出通过推进户籍制度改革，逐步扩大中小城市的人口规模和土地规模，重点增加中、西部地区中心城市的数量，通过具有一定辐射功能的中心城市带动周边城市的发展。另外，本书还提到要优化城市体系结构，促使城市空间分布从单增长极的城市体系向多增长极的城市体系演变。

参考文献

[1] Abramovitz, M. Catching Up, Forging Ahead, and Falling Behind [J]. The Journal of Economic History, 1986, 46 (2): 385-406.

[2] Abreu, M., Groot, H., Florax, R. Space and Growth: A Survey of Empirical Evidence and Methods [J]. Region Et Developpement, 2005, 21: 13-44.

[3] Acemoglu, D. Why Do New Technologies Complement Skills? Directed Technical Change and Wage Inequality [J]. Quarterly Journal of Economics, 1997, 113 (4): 1055-1089.

[4] Acemoglu, D., Aghion, P., Zilibotti, F. Distance to Frontier, Selection, and Economic Growth [J]. Journal of the European Economic Association, 2006, 4 (1): 37-74.

[5] Aghion, P., Howitt, P. A Model of Growth Through Creative Destruction [J]. Econometrica, 1989, 60 (2): 323-351.

[6] Aghion, P. Endogenous Growth Theory [J]. Canadian Journal of Economics, 1999, 32 (5): 1338.

[7] Anselin, L., Bera, A. Spatial Dependence in Linear Regression Models with an Introduction to Spatial Econometrics [J]. Revue Déconomie Industrielle, 1998: 19-44.

[8] Anselin, L. Spatial Externalities, Spatial Multipliers, and Spatial Econometrics [J]. International Regional Science Review, 2003, 26 (2): 147-152.

[9] Armstrong, H. An Appraisal of the Evidence from Cross – Sectional Analysis of the Regional Growth Process within the European Union. In Armstrong H, Vickerman R Convergence and Divergence among European Regions. Pion, 1995b, London.

[10] Badinger, H., Müller, W., Tondl, G. Regional Convergence in the European Union, 1985 – 1999: A Spatial Dynamic Panel Analysis [J]. Regional Studies, 2004, 38 (3): 241 – 253.

[11] Bandyopadhyay, S. Convergence Club Empirics: Some Dynamics and Explanations of Unequal Growth Across Indian States [J]. Social Science Electronic Publishing, 2003, 69: 1 – 37.

[12] Barrios, S., Strobl, E. The Dynamics of Regional Inequalities. Regional Science and Urban Economics, 2009, 39 (5): 575 – 591.

[13] Barro, R. J. Economic Growth in a Cross Section of Countries [J]. Quarterly Journal of Economics, 1991, 106 (2): 407 – 443.

[14] Barro, R. J,, Blanchard, O. J., Hall, R. E. Convergence across States and Regions [J]. Papers, 1991, (22): 107 – 182.

[15] Barro, R. J. Convergence [J]. Journal of Political Economy, 1992, 100 (2): 223 – 251.

[16] Barro, R. J., Sala – I – Martin, X. Technological Diffusion, Convergence, and Growth [J]. Journal of Economic Growth, 1997, 2 (1): 1 – 26.

[17] Baumol, W. J. Productivity Growth, Convergence, and Welfare: What the Long – Run Data Show [J]. American Economic Review, 1986, 76 (5): 1072 – 1085.

[18] Benhabib, J., Spiegel, M. The Role of Human – Capital in Economic – Development Evidence from Aggregat Cross – Country Data. [J]. Journal of Monetary Economics, 1994, 34 (2): 143 – 173.

[19] Bernard, A. B., Durlauf, S. N. Interpreting Tests of the Convergence Hypothesis [J]. Journal of Econometrics, 1996, 71 (1 – 2): 161 – 173.

[20] Bloom, D. E., Canning, D., Sevilla, J. Technological Diffusion,

Conditional Convergence, and Economic Growth [J]. NBER Working Papers, 2002.

[21] Bode, E. Regional Economic Interaction and the Role of Growth Poles in East Germany's Convergence Process [C]. International Conference on Policy Modeling, Brussels, 2002.

[22] Bräuninger, M., Niebuhr, A. Agglomeration, Spatial Interaction and Convergence in the EU [J]. Hwwa Discussion Papers, 2005, 128 (3): 329 - 349.

[23] Breinlich, H., Ottaviano, G. I. P., Temple, J. R. W. Regional Growth and Regional Decline [J]. Economics Discussion Papers, 2013, 2 (5): 683 - 779.

[24] Button, K. J, Pentecost, E. J. Testing for Convergence of the EU Regional Economies [J]. Economic Inquiry, 1995, 33 (4): 664 - 671.

[25] Boarnet, M. G. Spillovers and the Locational Effects of Public Infrastructure [J]. Journal of Regional Science, 1998, 38 (3): 381 - 400.

[26] Bond, S. R., Hoeffler, A., Temple, J. R. W. GMM Estimation of Empirical Growth Models [J]. CEPR Discussion Papers, 2001, 159 (1): 99 - 115.

[27] Bronfenbrenner, M., Gerschenkron, A. Economic Backwardness in Historical Perspective [J]. The Journal of Politics, 1963, 25 (3): 415 - 417.

[28] Canova, F., Marcet, A. The Poor Stay Poor: Non - Convergence Across Countries and Regions [J]. CEPR Discussion Papers, 1995.

[29] Carrington, A. A Divided Europe? Regional Convergence and Neighbourhood Spillover Effects [J]. Kyklos, 2003, 56 (3): 381 - 393.

[30] Carvalho, V. M., Harvey, A. C. Growth, Cycles and Convergence in US Regional Time Series [J]. International Journal of Forecasting, 2005, 21 (4): 667 - 686.

[31] Caselli, F., Esquivel, G., Lefort, F. Reopening the Convergence Debate: A New Look at Cross - Country Growth Empirics [J]. Journal of Eco-

nomic Growth, 1996, 1 (3): 363 -389.

[32] Cashin, P. Economic Growth and Convergence across the Seven Colonies of Australasia: 1861 -1991 [J]. Economic Record, 1995, 71 (2): 132 -144.

[33] Cassar, A., Nicolini, R. Spillovers and Growth in a Local Interaction Model [J]. The Annals of Regional Science, 2008, 42 (2): 291 -306.

[34] Coulombe, S., Lee, F. C. Regional Economic Disparities in Canada [J]. Access & Download Statistics, 1993: 170 -188.

[35] Cuadrado, J. R., Mancha T., Garrido, R. Regional Productivity Patterns in Europe: an Alternative Approach [J]. The Annals of Regional Science, 2000, 34 (3): 365 -384.

[36] Démurger, S., Sachs, J. D., Woo, W. T. Geography, Economic Policy and Regional Development in China [J]. Asian Economic Papers, 2001, 1 (1): 146 -197.

[37] Deardorff, A. V. Rich and Poor Countries in Neoclassical Trade and Growth [J]. The Economic Journal, 2001, 111 (470): 277 -294.

[38] Desdoigts, A. Patterns of Economic Development and the Formation of Clubs [J]. Journal of Economic Growth, 1999, 4 (3): 305 -330.

[39] Domingo, G. S, Borrás, B. C. International Trade, Technological Diffusion and Convergence [J]. Documents De Treball Del Departament Danàlisi Econòmica, 2002: 158 -170.

[40] Donaldson, D., Storeygard, A. The View from Above: Applications of Satellite Data in Economics [J]. Journal of Economic Perspectives, 2016, 30 (4): 171 -198.

[41] Dowrick, S., Rogers, M. Classical and Technological Convergence: Beyond the Solow - Swan Growth Model [J]. Oxford Economic Papers, 2002, 54 (3): 369 -385.

[42] Easterly, W., Levine, R. It's Not Factor Accumulation: Stylized Facts and Growth Models [J]. World Bank Economic Review, 2001:

221 – 224.

[43] Enflo, K. S. Productivity and Employment—Is There a Trade – off? Comparing Western European Regions and American States 1950 – 2000 [J]. The Annals of Regional Science, 2010, 45 (2): 401 – 421.

[44] Evans, P. , Karras, G. Do Economies Converge? Evidence from a Panel of U. S. States. [J]. Review of Economics & Statistics, 1996a, 78 (3): 384 – 388.

[45] Evans, P. , Karras, G. Convergence Revisited [J]. Journal of Economic Growth, 1996b, 37 (2): 249 – 265.

[46] Ertur, C. , Julie, L. G. , Catherine, B. The European Regional Convergence Process, 1980 – 1995: Do Spatial Regimes and Spatial Dependence Matter? [J]. International Regional Science Review, 2006, 29 (1): 3 – 34

[47] Fingleton, B. , López – Bazo, E. Empirical Growth Models with Spatial Effects [J]. Papers in Regional Science, 2006, 85 (2): 177 – 198.

[48] Fischer, M. M, Stirböck, C. Pan – European Regional Income Growth and Club – Convergence [J]. The Annals of Regional Science, 2006, 40 (4): 693 – 721.

[49] Fuente, A. D. L. Convergence Across Countries and Regions: Theory and Empirics [J]. CEPR Discussion Paper, 2000, No. 1543, CEPR, London.

[50] Fuente, A. D. L. On the Sources of Convergence: A Close Look at the Spanish Regions [J]. European Economic Review, 2002, 46 (3): 569 – 599.

[51] Fujita, M. , Krugman, P. R, Venables A J. The Spatial Economy: Cities, Regions, and International Trade [M]. MIT Press, 2001.

[52] Funke, M. , Strulik, H. Regional Growth in West Germany: Convergence or Divergence? [J]. Economic Modelling, 1999, 16 (4): 489 – 502.

[53] Gajwani, K. , Kanbur, R. , Zhang, X. Comparing the Evolution of Spatial Inequality in China and India: A Fifty – Year Perspective [C] Interna-

tional Food Policy Research Institute, 2006.

[54] Gallo, J. L., Ertur, C. Exploratory Spatial Data Analysis of the Distribution of Regional Per capita GDP in Europe, 1980 – 1995 [J]. Journal of Economics, 2003, 82 (2): 175 – 201.

[55] Galor, O., Zeira, J. Income Distribution and Macroeconomics [J]. Review of Economic Studies, 1993, 60 (1): 35 – 52.

[56] Getis, A., Griffith, D. A. Comparative Spatial Filtering in Regression Analysis [J]. Geographical Analysis, 2002, 34 (2): 130 – 140.

[57] Glaeser, E. L, Ponzetto, G. A. M, Zou, Y. Urban Networks: Connecting Markets, People, and Ideas [J]. Papers in Regional Science, 2016, 95 (1): 17 – 59.

[58] Groenewold, N., Lee, G., Chen, A. Inter – Regional Spillovers in China: The Importance of Common Shocks and the Definition of the Regions [J]. China Economic Review, 2005, 19 (1): 32 – 52.

[59] Hansen M T, Birkinshaw J. The Innovation Value Chain: A Logic for Fixing Your Company's Innovation Problems [J]. 2007: 163 – 179.

[60] Harvey, A., Carvalho, V. Models for Converging Economies [J]. Cambridge Working Papers in Economics, 2002.

[61] Hanushek, E. A, Kimko, D. D. Schooling, Labor – Force Quality, and the Growth of Nations [J]. American Economic Review, 2006, 90 (5): 1184 – 1208.

[62] Herrerías, M. J. Weighted Convergence and Regional Growth in China: An Alternative Approach (1952 – 2008) [J]. The Annals of Regional Science, 2012, 49 (3): 685 – 718.

[63] Hobijn, B., Franses, P. H. Asymptotically Perfect and Relative Convergence of Productivity [J]. Journal of Applied Econometrics, 2000, 15 (1): 59 – 81.

[64] Holl, A. Transport Infrastructure, Agglomeration Economies, and Firm Birth: Empirical Evidence from Portugal [J]. Journal of Regional Science,

2004, 44 (4): 693 –712.

[65] Hulten, C. R. , Wykoff, F. C. The Estimation of Economic Depreciation Using Vintage Asset Prices: An Application of the Box – Cox Power Transformation [J]. Journal of Econometrics, 1981, 15 (3): 367 –396.

[66] Kumar, S. , Russell, R. Technological Change, Technological Catch – up, and Capital Deepening: Relative Contributions to Growth and Convergence [J]. American Economic Review, 2002, 92 (3): 527 –548.

[67] Lall, S. V, Yilmaz, S. Regional Economic Convergence: Do Policy Instruments Make a Difference? [J]. The Annals of Regional Science, 2001, 35 (1): 153 –166.

[68] Lessmann C. Spatial Inequality and Development – Is there an Inverted – U Relationship? [C] CESifo Group Munich, 2011: 35 –51.

[69] Levin, A. , Lin, C. F, Chu, C. S. J. Unit Root Tests in Panel Data: Asymptotic and Finite – Sample Properties [J]. Journal of Econometrics, 2002, 108 (1): 1 –24.

[70] Lewis, D. , Enrique G. , Philip, M. The Economic Performance of European Cities and City Regions: Myths and Realities [J]. European Planning Studies, 2013, 21 (3): 334 –354.

[71] López – Bazo, E. , Vayá, E. , Mora, A. J. Regional Economic Dynamics and Convergence in the European Union [J]. The Annals of Regional Science, 1999, 33 (3): 343 –370.

[72] López – Bazo, E. , Vayá, E. , Artís, M. Regional Externalities and Growth: Evidence from European Regions [J]. Journal of Regional Science, 2004, 44 (1): 43 –73.

[73] Lucas, R. E. On the Mechanics of Economic Development [J]. Journal of Monetary Economics, 1989, 22 (1): 3 –42.

[74] Lucas, R. E. Externalities and Cities [J]. Review of Economic Dynamics, 2001, 4: 245 –274.

[75] López – Bazo, E. , Vayá, E. , Mora, A, J. Regional Economic Dy-

namics and Convergence in the European Union [J]. The Annals of Regional Science, 1999, 33 (3): 343 -370.

[76] López - Bazo, E. , Vayá, E. , Artís, M. Regional Externalities and Growth: Evidence from European Regions [J]. Journal of Regional Science, 2004, 44 (1): 43 -73.

[77] Maddison, A. Standardised Estimates of Fixed Capital Stock: A Six Country Comparison [J]. Ggdc Research Memorandum, 1994.

[78] Mankiw, N. G. , Romer, D. , Weil, D. N. A Contribution to the Empirics of Economic Growth [J]. NBER Working Papers, 1992, 107 (2): 407 -437.

[79] Márcio, L. , Eduardo, A. , Pedro, L. Valls, P. Income Convergence Clubs for Brazilian Marshall, Reinsdorf, Mariam Cover, Measurement of Capital Stocks, Consumption of Fixed Capital, and Capital Services [J]. Report on a Presentation to the Central American Ad Hoc Group on National Accounts, 2005.

[80] Martin, R. , Sunley, P. Slow Convergence? The New Endogenous Growth Theory and Regional Development [J]. Economic Geography, 1998, 74 (3): 201 -227.

[81] Maurseth, P. B. Convergence, Geography and Technology [J]. Structural Change & Economic Dynamics, 2001, 12 (3): 247 -276.

[82] Meijers, E. J, . Burger, M. J, Hoogerbrugge, M. M. Borrowing Size in Networks of Cities: City Size, Network Connectivity and Metropolitan Functions in Europe [J]. Papers in Regional Science, 2016, 95 (1): 181 -198.

[83] Melvyn. W. , James. Y. Y. Provincial Conditional Income Convergence in China, 1953 -1997: A Panel Data Approach [J]. 2003, 22 (1): 59 -77.

[84] Miller, S. M. , Upadhyay, M. P. Total Factor Productivity and the Convergence Hypothesis [J]. Journal of Macroeconomics, 2002, 24 (2): 267 -286.

[85] Milton, F. Do Old Fallacies Ever Die? [J]. Journal of Economic Literature, 1992, 30 (4): 2129 -2132.

[86] Nelson, R. R. , Phelps, E. S. Investment in Humans, Technological Diffusion, and Economic Growth [J]. Studies in Macroeconomic Theory, 1965, 56 (1 -2): 133 -139.

[87] Niebuhr, A. Convergence and the Effects of Spatial Interaction [J]. 2000, 21 (2): 113 -133.

[88] Nieuwerburgh, S. V. , Weill, P. O. Why Has House Price Dispersion Gone Up? [J]. Review of Economic Studies, 2010, 77 (4): 1567 -1606.

[89] Paci, R. , Pigliaru, F. Technological Diffusion, Spatial Spillovers and Regional Convergence in Europe [J]. Working Paper Crenos, 2001: 273 -292.

[90] Pfaffermayr, M. Conditional β - and σ - Convergence in Space: A Maximum Likelihood Approach [J]. Regional Science & Urban Economics, 2009, 39 (1): 63 -78.

[91] Pittau, M. G. Fitting Regional Income Distributions in the European Union [J]. Oxford Bulletin of Economics and Statistics, 2005, 67 (2): 135 -161.

[92] Pittau, M. G, Zelli, R. Empirical Evidence of Income Dynamics across EU Regions [J]. Journal of Applied Econometrics, 2006, 21 (5): 605 -628.

[93] Próchniak, M. , Witkowski, B. Time Stability of the Beta Convergence among EU Countries: Bayesian Model Averaging Perspective [J]. Economic Modelling, 2013, 30 (1): 322 -333.

[94] Quah, D. Galton's Fallacy and Tests of the Convergence Hypothesis [J]. Scandinavian Journal of Economics, 1990, 95 (4): 427 -443.

[95] Quah, D. Empirical Cross - section Dynamics in Economic Growth [J]. European Economic Review, 1993b, 37: 426 -434.

[96] Quah, D. Empirics for Economic Growth and Convergence [J]. European Economic Review, 1996a, 40 (6): 1353 -1375.

[97] Quah, D. T. Twin Peaks: Growth and Convergence in Models of Distribution Dynamics [J]. Economic Journal, 1996b, 106 (437): 1045 -1055.

[98] Quah, D. T. Convergence Empirics across Economies with (Some) Capital Mobility [J]. Journal of Economic Growth, 1996c, 1 (1): 95 -124.

[99] Quah, D. T. Historical Outcomes: Regional Cohesion from Local Isolated Actions [J]. 1997: 136 – 154.

[100] Ramajo, J., Márquez, M. A., Hewings, G. J. D. Spatial Heterogeneity and Interregional Spillovers in the European Union: Do Cohesion Policies Encourage Convergence across Regions? [J]. European Economic Review, 2008, 52 (3): 551 – 567.

[101] Rey, S. J, Brett, D. Montouri. US Regional Income Convergence: A Spatial Econometric Perspective [J]. Regional Studies, 1999, 33 (2): 143 – 156.

[102] Rey, S. J., Dev, B. σ – Convergence in the Presence of Spatial Effects [J]. Papers in Regional Science, 2006, 85 (2): 217 – 234.

[103] Rodríguez, P. A. Convergence or Divergence? Types of Regional Responses to Socio – Economic Change in Western Europe [J]. Tijdschrift Voor Economische En Sociale Geografie, 1999, 90 (4): 365 – 378.

[104] Romer, P. M. Increasing Returns and Long – Run Growth [J]. Journal of Political Economy, 1986, 94 (5): 1002 – 1037.

[105] Rummaya, W. W., Erlangga, A. L. Club Convergence & Regional Spillovers In East Java [J]. Ge Growth Math Methods, 2005, 17: 1315 – 1445.

[106] Solow, R. M. A Contribution to the Theory of Economic Growth [J]. Quarterly Journal of Economics, 1956, 70 (1): 65 – 94.

[107] Shirley, C., Winston, C. Firm Inventory Behavior and the Returns from Highway Infrastructure Investments [J]. Journal of Urban Economics, 2004, 55 (2): 398 – 415.

[108] Tobler W. On the First Law of Geography: A Reply [J]. Annals of the Association of American Geographers, 2004, 94 (2): 304 – 310.

[109] Tomljanovich, M., Vogelsang, T. J. Are U. S. regions converging? Using New Econometric Methods to Examine Old Issues [J]. Empirical Economics, 2002, 27 (1): 49 – 62.

[110] Tondl, G. The Changing Pattern of Regional Convergence in Europe [J]. Jahrbuch Für Regional Wissenschaft, 1999, 1 – 33.

[111] Tondl, G. Convergence after Divergence? Regional Growth in Europe [M]. Springer Vienna, 2001.

[112] Usabiaga, C., Hernándezsalmerón, E. M. Regional Growth and Convergence in Spain: Is the Decentralization Model Important? [J]. Ecomod, 2016, No. 9358.

[113] Valcarce, E. V., Lopezbazo, E., Moreno, R. Growth and Externalities across Economies. an Empirical Analysis Using Spatial Econometrics [J]. Working Papers in Economics, 2000: 433 -455.

[114] Ying, L. G.. Measuring the Spillover Effects: Some Chinese evidence [J]. Papers in Regional Science, 2000, 79 (1): 75 -89.

[115] Ying, L. G.. Understanding China' s Recent Growth Experience: A Spatial Econometric Perspective [J]. The Annals of Regional Science, 2003, 37 (4): 613 -628.

[116] 白重恩，张琼．中国的资本回报率及其影响因素分析 [J]. 世界经济，2014 (10): 3—30.

[117] 白俊红，王林东．政府科技资助与中国工业企业全要素生产率——基于空间计量模型的研究 [J]. 中国经济问题，2016 (3): 3—16.

[118] 蔡昉，都阳．中国地区经济增长的趋同与差异——对西部开发战略的启示 [J]. 经济研究，2000 (10): 30—37.

[119] 陈培阳，朱喜钢．中国区域经济趋同：基于县级尺度的空间马尔可夫链分析 [J]. 地理科学，2013，33 (11): 1302—1308.

[120] 蔡晓陈．中国二元经济结构变动与全要素生产率周期性——基于原核算与对偶核算 TFP 差异的分析 [J]. 管理世界，2012 (6): 8—16.

[121] 顾朝林，庞海峰．基于重力模型的中国城市体系空间联系与层域划分 [J]. 地理研究，2008，27 (1): 1—12.

[122] 邓明．人口年龄结构与中国省际技术进步方向 [J]. 经济研究，2014 (3): 130—143.

[123] 范金，严斌剑．长三角都市圈劳动生产率的收敛性检验：1991—2005 [J]. 世界经济文汇，2008 (3): 34—45.

[124] 傅晓霞，吴利学．中国地区差异的动态演进及其决定机制：基于随机前沿模型和反事实收入分布方法的分析［J］．世界经济，2009（5）：41—55.

[125] 范子英，彭飞，刘冲．政治关联与经济增长——基于卫星灯光数据的研究［J］．经济研究，2016（1）：114—126.

[126] 郭庆旺，贾俊雪．中国全要素生产率的估算：1979—2004［J］．经济研究，2005（5）：51—60.

[127] 洪国志，胡华颖，李郇．中国区域经济发展收敛的空间计量分析［J］．地理学报，2010，65（12）：1548—1558.

[128] 黄维海，袁连生．中国的人力资本水平“俱乐部”收敛了吗？［J］．中国人口资源与环境，2014，24（7）：123—132.

[129] 胡晓珍，杨龙．中国区域绿色全要素生产率增长差异及收敛分析［J］．财经研究，2011，37（4）：123—134.

[130] 黄勇峰，任若恩，刘晓生．中国制造业资本存量永续盘存法估计［J］．经济学（季刊），2002，1（1）：377—396.

[131] 简泽，段永瑞．企业异质性、竞争与全要素生产率的收敛［J］．管理世界，2012（8）：15—29.

[132] 江永宏，孙凤娥．中国 R&D 资本存量测算：1952—2014 年［J］．数量经济与技术经济研究，2016（7）：112—129.

[133] 柯善咨，向娟．1996—2009 年中国城市固定资本存量估算［J］．统计研究，2012，29（7）：19—24.

[134] 刘传江，董延芳．农民工的隐性失业——基于农民工受教育年限和职业学历要求错配的研究［J］．人口研究，2007（6）：9—15.

[135] 李宾，曾志雄．中国全要素生产率变动的再测算：1978—2007年［J］．数量经济与技术经济研究，2009（3）：3—15.

[136] 刘秉镰，武鹏，刘玉海．交通基础设施与中国全要素生产率增长——基于省域数据的空间面板计量分析［J］．中国工业经济，2010（3）：54—64.

[137] 陆大道．京津冀城市群功能定位及协同发展［J］．地理科学进

展，2015，34（3）：265—270.

［138］李涵，黎志刚．交通基础设施投资对企业库存的影响——基于我国制造业企业面板数据的实证研究［J］．管理世界，2009（8）：73—80.

［139］林光平，龙志和，吴梅．我国地区经济收敛的空间计量实证分析：1978—2002年［J］．经济学（季刊），2005，4（S1）：71—86.

［140］雷辉．我国东中西部外商直接投资对国内投资的挤入挤出效应——基于Panel Data模型的分析［J］．中国软科学，2006（2）：111—117.

［141］李静，孟令杰，吴福象．中国地区发展差异的再检验：要素累计抑或TFP［J］．世界经济，2006（1）：12—22.

［142］李建平，邓翔．中国地区经济趋异的非参数分析［J］．财经科学，2012（3）：68—76.

［143］陆铭，陈钊．中国区域经济发展中的市场整合与工业集聚［M］．上海：上海人民出版社，2006.

［144］李平，钟学义，王宏伟，郑世林．中国生产率变化与经济增长源泉：1978—2010年［J］．数量经济与技术经济研究，2013（1）：3—21.

［145］刘舜佳．国际贸易、FDI和中国全要素生产率下降——基于1952—2006年面板数据的DEA和协整检验［J］．数量经济技术经济研究，2008（11）：28—39.

［146］刘兴凯，张诚．中国服务业全要素生产率增长及其收敛分析［J］．数量经济技术经济研究，2010（3）：55—67.

［147］李效顺，曲福田，陈友偲．经济发展与城市蔓延的Logistic曲线假说及其验证——基于华东地区典型城市的考察［J］．自然资源学报，2012（5）：713—722.

［148］刘生龙，胡鞍钢．基础设施的外部性在中国的检验：1988—2007［J］．经济研究，2010（3）：4—15.

［149］李晓钟，王倩倩．研发投入、外商投资对我国电子与高新技术产业的影响比较——基于全要素生产率的估算与分析［J］．国际贸易问题，2014（1）：139—146.

［150］林毅夫，刘明兴．中国的经济增长收敛与收入分配［J］．世界

经济，2003（8）：3—14.

[151] 梁泳梅，董敏杰．中国经济增长来源：基于非参数核算方法的分析 [J]．世界经济，2015（11）：29—52.

[152] 梁琦．空间经济学：过去、现在与未来——兼评《空间经济学：城市、区域与国际贸易》[J]．经济学（季刊），2005，4（4）：1067—1086.

[153] 梁琦，陈强远，王如玉．户籍改革、劳动力流动与城市层级体系优化 [J]．中国社会科学，2013（12）：36—59.

[154] 罗雨泽，朱善利，陈玉宇，罗来军．外商直接投资的空间外溢效应：对中国区域企业生产率影响的经验检验 [J]．经济学（季刊），2008，7（2）：587—620.

[155] 马国霞，徐勇，田玉军．京津冀都市圈经济增长收敛机制的空间分析 [J]．地理研究，2007，26（3）：590—598.

[156] 彭国华．中国地区收入差距、全要素生产率及其收敛分析 [J]．经济研究，2005（9）：19—29.

[157] 彭国华．我国地区经济的"俱乐部"收敛性 [J]．数量经济技术经济研究，2008（12）：49—57.

[158] 潘文卿．中国区域经济差异与收敛 [J]．中国社会科学，2010（1）：72—84.

[159] 秦蒙，刘修岩．城市蔓延是否带来了我国城市生产效率的损失？——基于夜间灯光数据的实证研究 [J]．财经研究，2015，41（7）：28—40.

[160] 孙斌栋，丁嵩．大城市有利于小城市的经济增长吗？——来自长三角城市群的证据 [J]．地理研究，2016，35（9）：1615—1625.

[161] 孙传旺，刘希颖，林静．碳强度约束下中国全要素生产率测算与收敛性研究 [J]．金融研究，2010（6）：17—33.

[162] 石风光，李宗植．要素投入、全要素生产率与地区经济差距——基于中国省区数据的实证分析 [J]．数量经济技术经济研究，2009（12）：19—31.

[163] 单豪杰．中国资本存量 K 的再估算：1952—2006 年 [J]．数量

经济技术经济研究，2008（10）：17—31.

［164］沈坤荣，马俊．中国经济增长的“俱乐部收敛”特征及其成因研究［J］．经济研究，2002（1）：33—39.

［165］孙琳琳，任若恩．中国资本投入和全要素生产率的估算［J］．世界经济，2005（12）：3—13.

［166］邵敏，包群．政府补贴与企业生产率——基于我国工业企业的经验分析［J］．中国工业经济，2012（7）：70—82.

［167］宋学明．中国区域经济发展及其收敛性［J］．经济研究，1996（9）：38—44.

［168］舒元．中国经济增长分析［J］．复旦大学出版社，1993.

［169］覃成林．中国区域经济增长趋同与分异研究［J］．人文地理，2004，19（3）：36—40.

［170］覃成林，张伟丽．中国区域经济增长俱乐部趋同检验及因素分析——基于CART的区域分组和待检影响因素信息［J］．管理世界，2009（3）：21—35.

［171］覃成林，刘迎霞，李超．空间外溢与区域经济增长趋同——基于长江三角洲的案例分析［J］．中国社会科学，2012（3）：76—94.

［172］王成龙，刘慧，张梦天．行政边界对城市群城市用地空间扩张的影响——基于京津冀城市群的实证研究［J］．地理研究，2016，35（1）：173—183.

［173］王春杨，张超．我国城市专利产出的空间俱乐部收敛特征研究［J］．科研管理，2014，35（11）：1—7.

［174］魏后凯．中国地区经济增长及其收敛性［J］．中国工业经济，1997（3）：31—37.

［175］吴军．环境约束下中国地区工业全要素生产率增长及收敛分析［J］．数量经济技术经济研究，2009（11）：17—27.

［176］王珏，宋文飞，韩先锋．中国地区经济的收敛性分析——基于全要素生产率的视角［J］．制度经济学研究，2010（3）：101—113.

［177］王家庭，张俊韬．我国城市蔓延测度：基于35个大中城市面板

数据的实证研究［J］. 经济学家，2010（10）：56—63.

［178］王小鲁．中国经济增长的可持续性与制度变革［J］. 经济研究，2000（7）：3—15.

［179］吴玉鸣．中国省域经济增长趋同的空间计量经济分析［J］. 数量经济技术经济研究，2006，23（12）：101—108.

［180］王铮，葛昭攀．中国区域经济发展的多重均衡态与转变前兆［J］. 中国社会科学，2002（4）：31—39.

［181］王志刚，龚六堂，陈玉宇．地区间生产效率与全要素生产率增长率分解（1978—2003）［J］. 中国社会科学，2006（2）：55—66.

［182］徐康宁，陈丰龙，刘修岩．中国经济增长的真实性：基于全球夜间灯光数据的检验［J］. 经济研究，2015（9）：17—29.

［183］夏良科．人力资本与R&D如何影响全要素生产率——基于中国大中型工业企业的经验分析［J］. 数量经济技术经济研究，2010（4）：78—94.

［184］徐现祥，李郇．中国城市经济增长的趋同分析［J］. 经济研究，2004（5）：40—48.

［185］徐现祥，李郇．市场一体化与区域协调发展［J］. 经济研究，2005（12）：57—67.

［186］徐现祥，李郇，王美今．区域一体化、经济增长与政治晋升［J］. 经济学（季刊），2007，6（4）：1075—1096.

［187］许召元，李善同．近年来中国地区差距的变化趋势［J］. 经济研究，2006（7）：35—41.

［188］岳书敬，刘朝明．人力资本与区域全要素生产率分析［J］. 经济研究，2006（4）：90—96.

［189］杨翔，李小平，周大川．中国制造业碳生产率的差异与收敛性研究［J］. 数量经济技术经济研究，2015（12）：3—20.

［190］杨先明，秦开强．技术变迁、收入收敛的长期趋势与中国经济增长［J］. 经济学动态，2015（6）：78—86.

［191］余泳泽．中国省际全要素生产率动态空间收敛性研究［J］. 世

界经济，2015（10）：30—55.

[192] 张大永，刘子寅．中国城市房价非线性收敛机制研究［J］．南开经济研究，2015（1）：71—88.

[193] 张海峰，姚先国，张俊森．教育质量对地区劳动生产率的影响［J］．经济研究，2010（7）：57—67.

[194] 张军，吴桂英，张吉鹏．中国省际物质资本存量估算：1952—2000［J］．经济研究，2004（10）：35—44.

[195] 张健华，王鹏．中国全要素生产率：基于分省份资本折旧率的再估计［J］．管理世界，2012（10）：18—30.

[196] 郑京海，胡鞍钢．中国改革时期省际生产率增长变化的实证分析（1979—2001年）［J］．经济学（季刊），2005，4（1）：263—296.

[197] 郑江淮，沈春苗．部门生产率收敛：国际经验与中国现实［J］．中国工业经济，2016（6）：57—72.

[198] 张伟丽，覃成林，李小建．中国地市经济增长空间俱乐部趋同研究——兼与省份数据的比较［J］．地理研究，2011，30（8）：1457—1470.

[199] 张伟丽．中国区域经济增长俱乐部趋同及其演变分析——基于时空加权马尔科夫链的预测［J］．经济问题，2015（3）：108—114.

[200] 张学良．中国区域经济收敛的空间计量分析——基于长三角1993—2006年132个县市区的实证研究［J］．财经研究，2009，35（7）：100—109.

[201] 张晓旭，冯宗宪．中国人均GDP的空间相关与地区收敛：1978—2003［J］．经济学（季刊），2008（2）：399—414.

[202] 周亚虹，朱保华，刘俐含．中国经济收敛速度的估计［J］．经济研究，2009（6）：40—51.

[203] 张月玲，叶阿忠，陈泓．人力资本结构、适宜技术选择与全要素生产率变动分解——基于区域异质性随机前沿生产函数的经验分析［J］．财经研究，2016，41（6）：4—18.

后　记

“公平”和“效率”一直是国内外学者长期关注的焦点话题，两者像一把“双刃剑”，相互独立但又相辅相成，有时又相互矛盾，顾此失彼。改革开放以来，为迅速提升我国经济水平，做大社会“蛋糕”，国家提出了“效率优先，兼顾公平”的发展模式。随着东、中、西部地区之间经济差距的不断扩大，我国又在20世纪90年代提出了区域协调发展战略，更加注重社会公平。特别是党的十八大以来，国家始终将效率变革和区域协调放在国家调控政策的突出位置，但区域经济差异和居民收入差距依然是我国面临的棘手问题。

本书以城市作为研究我国区域协同发展的空间载体，在空间溢出效应的作用下研究我国城市经济的收敛性问题，包括经济规模、全要素生产率、俱乐部收敛等多个维度。本书的发现是偏向“乐观”的，也就是我国城市经济整体呈现收敛的趋势，但从全要素生产率收敛的深层次维度来看，其收敛的趋势并不明显，而且可以预测未来东部城市依然是引领效率提升和经济增长的重要力量。因此，从“公平”和“效率”双轮驱动的角度来看，在通过加快效率提升做大“蛋糕”的同时，采取审慎的宏观政策促进区域公平是本书核心的政策启示。

本书为研究城市经济协同问题提供了一个系统框架，其核心内容主要源于我在东南大学经济管理学院区域经济学专业攻读博士学位期间的研究成果。现在看来，尚有诸多可以拓展和进一步讨论的地方。例如，随着数据的更新和研究方法的改进，以及城市集群化发展模式的推进，关于区域协同发展的研究将迎来更多话题和操作空间。总而言之，共同富裕已被我国提升到更高的位置，其既是社会主义制度的本质要求，也是我国实现现代化目标的重要体现。“效率”和“公平”将继续成为学界关注的话题，但不管怎样，都应当立足中国国情，从我国要素禀赋结构和历史发展轨迹出发来开展研究，否则可能会得到错误的结论。

在书稿临将收尾之际，要特别感谢东南大学特聘教授、博士生导师邱斌对书中内容的修改建议，使本书的内容和结构得到大幅提升。同时，感谢东南大学刘修岩教授、杜聪博士，南京财经大学李松林博士，南京信息工程大学谷媛媛副教授，常州大学王美昌博士等在书稿写作过程中给予的指导和帮助。最后，特别感谢中国财政经济出版社对书稿严谨专业的编辑工作。

囿于个人水平，本书可能存在不足乃至谬误之处，敬请专家和各界同仁提出宝贵意见。

郝良峰

2021 年 11 月